北京市数学特级教师 司梁 主审力荐

扫清知识盲点
规避理解误区
识别题目陷阱

U0748622

100个

吃透易错题，

得分大赢家

数学篇

小数与分数

字在数学发展项目组 编绘

电子工业出版社·
Publishing House of Electronics Industry
北京·BEIJING

图书在版编目（CIP）数据

吃透易错题，得分大赢家. 数学篇 小数与分数 / 字在数学发展项目组编绘. —— 北京：电子工业出版社，2024.1

ISBN 978-7-121-46569-7

Ⅰ.①吃… Ⅱ.①字… Ⅲ.①小学数学课 – 教学参考资料 Ⅳ.①G624

中国国家版本馆CIP数据核字（2023）第205964号

责任编辑：赵　妍　季　萌
印　　刷：北京市大天乐投资管理有限公司
装　　订：北京市大天乐投资管理有限公司
出版发行：电子工业出版社
　　　　　北京市海淀区万寿路173信箱　邮编：100036
开　　本：889×1194　1/16　印张：34.5　字数：567.45千字　插页：40
版　　次：2024年1月第1版
印　　次：2024年1月第1次印刷
定　　价：208.00元（全8册）

凡所购买电子工业出版社图书有缺损问题，请向购买书店调换。若书店售缺，请与本社发行部联系，联系及邮购电话：（010）88254888，88258888。

质量投诉请发邮件至zlts@phei.com.cn，盗版侵权举报请发邮件至dbqq@phei.com.cn。

本书咨询联系方式：（010）88254161转1860，jimeng@phei.com.cn。

扫除易错点，轻松学数学

很多小学生经常在解题时出错，比如漏写符号、用错公式等，虽然努力采用"题海战术"去提高，但收效甚微。

要想提高做题准确率，就要找准易错点，有针对性地学习、练习。为此本套书精心设计了以下内容：

1. 归纳整理，全面攻克错题

精心筛选了教材中的典型易错题型，逐条细致地分析、讲解，帮助学生全面、快速地攻克易错点。

2. 错误预警，纠正解题思路

提前给出易错提示，有针对性地引导学生思考，再分步讲解思路，帮助建立解题模型，逐步订正错误思维。

3. 易错拓展，规避相似错误

每节都有相关解题技巧、题目陷阱规律拓展，方便学生举一反三。

4. 跟踪练习，及时巩固技巧

随书赠送跟踪练习题册，让学生巩固技巧，轻松应对变形题。

接下来，一起跟着示范，将易错点逐个击破吧！

目录

1. 小数的初步认识

买了这么多!

例 1

妈妈去逛超市,买了 14.7 千克红豆、68 千克大米,妈妈一共买了多少千克的粮食?

易错

列竖式计算小数时，相同数位需对齐，**得数的小数点要和加数的小数点对齐。**

妈妈一共买了：

14.7 + 68 = 82.7（千克）

$$\begin{array}{r} 1\,4.7 \\ +\ 6\,8 \\ \hline 8\,2.7 \end{array}$$

拓展

等等我，不能把我落下呀！

0.510

在小数计算中，整数部分计算得 0 时，0 不可以省略。

01. 整数加小数

列竖式时，整数与小数的整数部分要对齐。

$$
\begin{array}{r}
12.1 \\
+\;10 \\
\hline
22.1
\end{array}
$$

02. 小数加小数

列竖式时，小数部分十分位上的数相加满几十，就要向整数部分的个位进几。

$$
\begin{array}{r}
2.4 \\
+\;4.8 \\
\hline
7.2
\end{array}
$$

例 2

哥哥距离家 56.4 米, 妹妹距离家 55.6 米, 哥哥和妹妹谁离家近? 相差多少米?

思路

易错

计算小数减法时,**不要遗漏得数中整数部分的 0。**

56.4>55.6

妹妹比哥哥离家近。

相差的距离为:

56.4-55.6 = 0.8(米)

$$\begin{array}{r} 5\overset{.}{6}.4 \\ -\ 5\ 5.6 \\ \hline 0.8 \end{array}$$

计算小数与整数减法时，不要遗漏得数的小数点。

01. 整数减小数

列竖式时，小数的小数部分有几位小数，整数就要在小数点后补几个 0。

$$
\begin{array}{r}
5.00 \\
- 0.21 \\
\hline
\end{array}
$$

↓

$$
\begin{array}{r}
5.51 \\
- 3.00 \\
\hline
2.51
\end{array}
$$

02. 小数减整数

列竖式时，小数的小数部分直接落下来，整数部分再与整数相减即可。

2. 小数的意义和性质

它可真高!

我也想长高。

例 1

公园中有几棵树, 高度分别为 10.20 米、10.206 米、10.2 米、98.8 分米, 请把这几棵树按照从高到低进行排序。

易错

要注意小数的末尾添上 0 或者去掉 0，小数的大小不变。

98.8 分米 = 9.88 米

9.88 米 < 10.2 米

10.20 米 = 10.2 米

10.206 米 > 10.2 米

综上，它们的高度排序为：

10.206 米 > 10.2 米 = 10.20 米 > 98.8 分米

我们来比比谁大。

2.3786

4.5

一个小数包括整数部分和小数部分，小数的大小与小数的位数无关，位数多的小数不一定大。

你居然比我大！

2.3786

4.5

01. 整数部分

比较小数时，先比较整数部分，整数部分大的小数大。

4.5

4.957

02. 小数部分

如果整数部分相同，就比较小数部分，比较时要注意小数部分十分位是最高数位。

葡萄太多了，根本搬不完啊！

例2

　　商店里每天能卖出 345.63 千克葡萄。

　　（1）如果把单位换算成吨，每天卖出多少呢？（保留两位小数）

　　（2）过年时，葡萄的销量增长到原来的 100 倍，那么过年时每天能卖出多少千克葡萄呢？

易错

要注意小数扩大或缩小时，小数点也会随之移动，**移动的位数取决于小数扩大、缩小的倍数。**

（1）1 吨 = 1000 千克

345.63 千克 = 0.34563 吨 ≈ 0.35 吨

商店里每天卖出 0.35 吨葡萄。

（2）销量增长到原来的 100 倍后，每天卖出的葡萄为：

345.63 × 100 = 34563（千克）

想一想单位换算时,应该怎么移动小数点呢?

01. 化为低级单位

把高级单位换算成低级单位时,要乘进率,向右移动小数点。

02. 化为高级单位

把低级单位换算成高级单位时,要除以进率,向左移动小数点。

3. 小数的加法和减法

例1

一桶水连桶重 36 千克,倒出一半水后,连桶重 18.7 千克,那么桶重多少千克呢?

思路

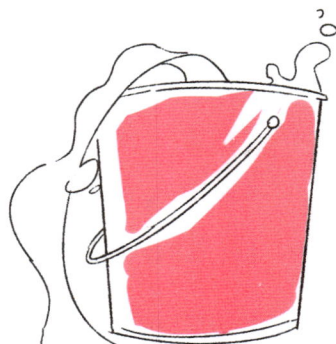

易错

计算小数加、减法时，如果小数位数不同，要**先在位数少的小数末尾补 0**。

一桶水连桶的质量 = 水的质量 + 桶的质量

半桶水的质量为：

36 - 18.7 = 17.3（千克）

$$\begin{array}{r} 3\dot{6}.\dot{0} \\ -\ 18.7 \\ \hline 17.3 \end{array}$$

水的质量为：

17.3 + 17.3 = 34.6（千克）

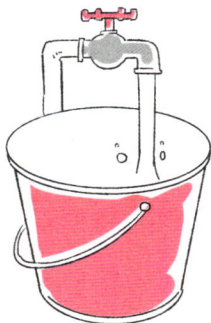

桶的重量为：

36 - 34.6 = 1.4（千克）

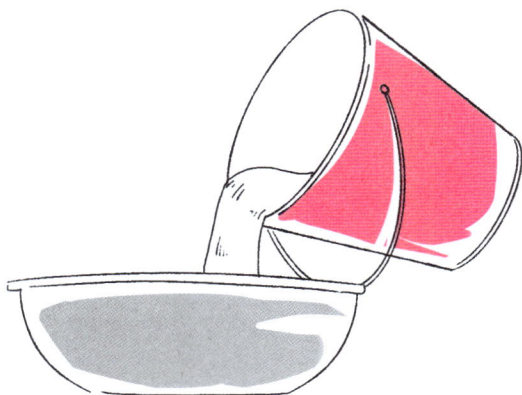

倒出一半水时，减少的质量是水质量的一半，而桶的质量始终不变。解答类似问题的关键是找到题目中不变的量，想一想在以下问题中，谁是不变的量呢？

01. 一筐苹果

一筐苹果的质量＝苹果的质量＋筐的质量，筐的质量不变。

02. 一桶豆油

一桶豆油的质量＝豆油的质量＋桶的质量，桶的质量不变。

例 2

　　周末，妈妈在超市买了 28.26 元的草莓和 24.24 元的香蕉，找回 15.8 元，妈妈一共带了多少钱？

易错

要注意小数的加减法混合运算顺序与整数相同，**无括号时从左往右按序计算**。

妈妈带的钱＝买草莓的钱＋买香蕉的钱＋找回的钱

所以妈妈一共带了：

28.26 ＋ 24.24 ＋ 15.8 ＝ 68.3（元）

拓展

计算小数加减法时,应该如何简便运算呢?

01. 运算定律

两个不相邻的数相加得整数时,可以用加法交换律或结合律来改变加数位置,调整运算顺序。

02. 运算性质

两个减数的和是整数时,可以应用减法运算性质,先算减数的和来简化运算。

4. 小数乘法

价格不是整数, 这要怎么算啊?

例 1

商店中, 1 千克苹果 14.2 元, 玲玲买了 0.9 千克苹果, 那么玲玲花了多少元呢?

思路

易错

两个因数中有几位小数，积就有几位小数，不要点错小数点哟。

$$
\begin{array}{r}
1\ 4\ .\ 2 \\
\times\quad 0\ .\ 9 \\
\hline
1\ 2\ .\ 7\ 8
\end{array}
$$

玲玲买苹果花的钱为：

14.2×0.9=12.78（元）

为乘积点小数点时,遇到以下情况,应该如何处理呢?

01. 积的末尾是0

先按位数点小数点,再将积末尾的 0 省略。

02. 积的小数位数不够

先在积的前面用 0 补位,再按位数点小数点。

例 2

　　某地区的电费计费规则为：25 千瓦时以内（包含 25 千瓦时）每千瓦时 1.8 元；超出 25 千瓦时的部分按每千瓦时 3 元收费（不足 1 千瓦时的按 1 千瓦时收费）。李爷爷家这个月共使用了 49 千瓦时电，那么李爷爷要交多少元电费呢？

易错

找准李爷爷用电符合的分段和电费单价是正确解题的关键。

李爷爷家这个月共使用了 49 千瓦时电，

25 千瓦时的电费：

$25 × 1.8 = 45$（元）

超出 25 千瓦时的电量：

$49 - 25 = 24$（千瓦时）

超出部分的电费：

$24 × 3 = 72$（元）

李爷爷一共要交：

$45 + 72 = 117$（元）

拓展

想一想题目中的这些关键词都代表什么意思呢?

01. 包含

"25千瓦时以内(包含25千瓦时)"是指用电量小于等于25千瓦时。

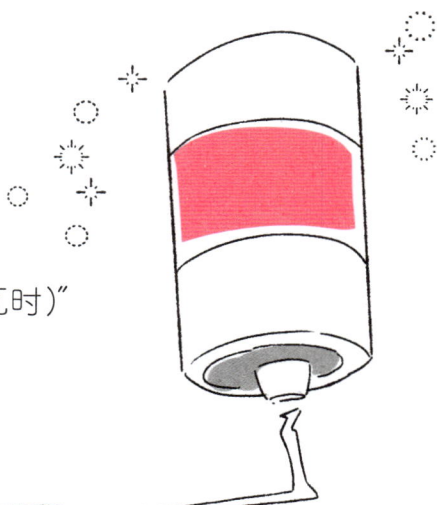

02. 不足

"不足1千瓦时的按1千瓦时收费"是指用电量小于1千瓦时也按1千瓦时进行收费。

5. 小数除法

例 1

　　动物园一共有 28 只猴子，它们每天要吃 47.6 千克桃子，那么一只猴子每天吃多少千克桃子呢？

思路

易错

计算时如果除数是整数，注意**不要遗漏商中的小数点。**

$$
\begin{array}{r}
1.7 \\
28\overline{)47.6} \\
28 \\
\hline
196 \\
196 \\
\hline
0
\end{array}
$$

一只猴子每天吃：

47.6÷28=1.7（千克）

列竖式太难啦!

列竖式计算小数除法,除数是整数时,商该怎么点小数点呢?

01. 整数部分够除

按照整数除法计算,商的小数点要和被除数对齐。

02. 整数部分不够除

在商的个位用 0 占位,并在 0 后面点上小数点。

吃了这么多香蕉，你来算算香蕉的单价是多少吧！

例2

爸爸在超市买了 4.05 千克香蕉，一共花了 14.58 元，那么每千克香蕉多少元呢？

易错

列竖式计算时,**被除数与除数的小数点移动位数要相同。**

每千克香蕉的价钱:

14.58÷4.05=3.6(元)

$$
\begin{array}{r}
3.6 \\
4.05\,\overline{\smash{)}\,14.58} \\
1215 \\
\hline
2430 \\
2430 \\
\hline
0
\end{array}
$$

拓展

$$5.12 \div 2.46$$

小数除以小数,商可能是整数,也可能是小数,小数可以分为以下两类:

01. 有限小数

有限小数的小数部分是可以数出来的,位数是有限的。

小数部分只有我们两位。

5.13

02. 无限小数

无限小数分为无限循环小数和无限不循环小数两种,它们的小数部分都无穷尽。

3.3333333333333……

我来买饮料咯!

例 3

丁丁带了 50 元去超市买饮料,一瓶饮料 4.5 元,他最多能买多少瓶饮料呢?

思路

易错

计算小数除法应用题时，**要根据实际情况取商的近似值**。

一瓶饮料 = 4.5 元，钱总数 ¥ = 50 元。

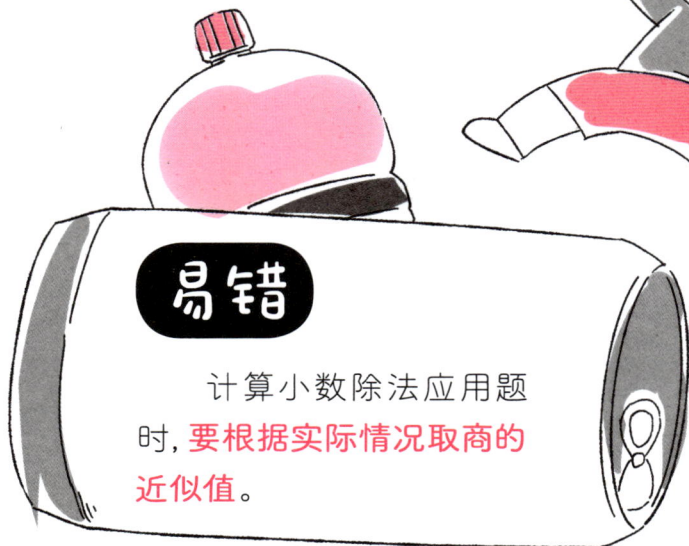

$$50 \div 4.5 = 11.\dot{1}（瓶）$$

只能买 11 瓶，不够买 12 瓶，所以他最多能买 11 瓶饮料。

计算小数除法应用题时,可以用"进一法"和"去尾法"来取商的近似值。

01. "去尾"

遇到购物、分东西等应用题,商是小数时,要"舍去尾数"取整数。

02. "进一"

遇到装东西、载客等应用题,商是小数时,要"进一"取整数。

拓展

33

6. 分数的 初步认识

例 1

中秋节到了，班级组织同学们吃月饼。瑶瑶吃了一块月饼的 $\dfrac{2}{6}$，琪琪吃了一块月饼的 $\dfrac{4}{6}$，她们两个谁吃得多呢？

我最喜欢吃月饼了。

我吃了一块月饼的 $\frac{2}{6}$。

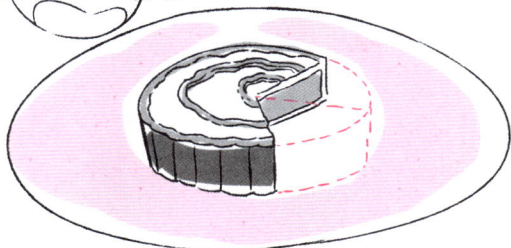

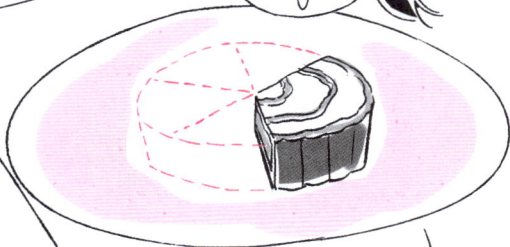

我吃了一块月饼的 $\frac{4}{6}$。

易错

在比较分数的大小时，要注意**观察分数的特点**，不要用错比较方法哟。

两个数的分母相同，比较分子：

$$\frac{4}{6} > \frac{2}{6}$$

因为 4 比 2 大，所以琪琪吃得多。

琪琪居然吃得比我多！

拓展

分数比拼大赛

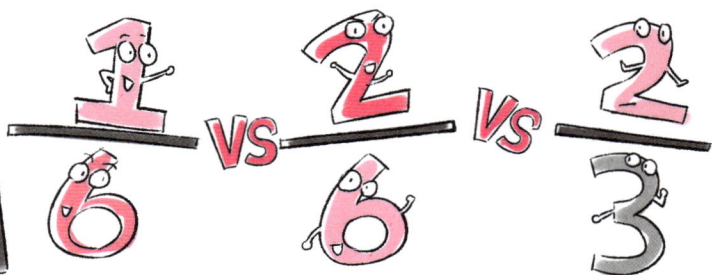

$$\frac{1}{6} \quad VS \quad \frac{2}{6} \quad VS \quad \frac{2}{3}$$

题目中有多个分数比较大小时,要先找分子相同或分母相同的分数进行比较。

01. 分母相同

两个分数分母相同时,分子越大,数越大。

$$\frac{2}{6} > \frac{1}{6}$$

02. 分子相同

$$\frac{2}{3} > \frac{2}{6}$$

两个分数分子相同时,分母越小,数越大。

跳绳玩完要收起来。

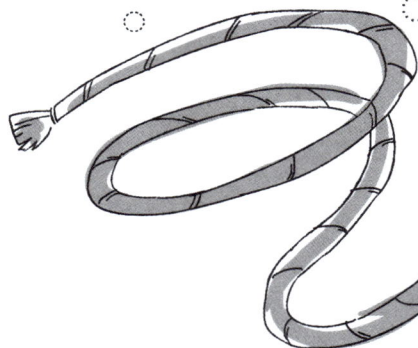

例2

　　玲玲把一根绳子连续对折 6 次，每段绳子的长度是全长的几分之几？

思路

快来帮忙！

易错

　　将绳子连续对折时，每次对折都将当前长度平均分成2段，所以**每对折一次就要乘一次2**。

玲玲把绳子对折 6 次，相当于把绳子平均分成了：

$$2 \times 2 \times 2 \times 2 \times 2 \times 2 = 64（段）$$

所以每段绳子的长度是全长的 $\dfrac{1}{64}$。

解绳子相关问题时，要看清题目中的
关键词是对折还是截断。

01. 对折

分成的段数 $= \underbrace{2 \times 2 \times 2 \cdots \cdots \times 2}_{\text{对折次数个2}}$

02. 截断

分成的段数 = 剪的次数 +1

7. 分数的意义和性质

例 1

中秋节到了，老师打算给五年一班的同学们发月饼。如果发 36 块月饼，能恰好分完；如果发 48 块月饼，也能恰好分完。那么五年一班最多有多少名同学呢？

思路

易错

明确题目**要求的是最小公倍数还是最大公因数**是正确解题的关键。

根据题意可知：

五年一班的最多人数是 36 与 48 的最大公因数。

$$
\begin{array}{r|ll}
2 & 36 & 48 \\
2 & 18 & 24 \\
3 & 9 & 12 \\
& 3 & 4
\end{array}
$$

36 与 48 的最大公因数：

$2 × 2 × 3 = 12$

所以五年一班最多有 12 名同学。

最大公因数 ？ 最小公倍数

计算应用题时，要怎么区分题目要求的是最大公因数还是最小公倍数呢？

01. 最大公因数

当题中出现多种情况下分发东西都能正好分完时，分的份数是不变量，要求最大公因数。

02. 最小公倍数

当题中每份数不变，总数随着情况变化时，要求最小公倍数。

修得可真快！

$\frac{45}{32}$ 米

2.6 米

例 2

　　某工程队要修铁路，第一天修了 $\frac{45}{32}$ 米，第二天修了 2.6 米，这两天哪天修得多呢？

思路

易错

小数与分数互化时，注意**不要弄丢小数的整数部分**。

将第二天修的长度化为分数：

$$2.6=\frac{260}{100}=\frac{13}{5}$$

将第一天和第二天修的长度进行通分：

$$\frac{45}{32}=\frac{225}{160},\quad \frac{13}{5}=\frac{416}{160}$$

比较：

$$\frac{225}{160}<\frac{416}{160}$$

所以第二天修得多。

拓展

$$\frac{2}{5} = 2.5$$

分数与小数进行互化时要注意些什么呢？

只需把我们化成小数！

01. 分数化成小数

分数化成小数时，如果是带分数，只需将分数部分化成小数，再加上整数部分。

$$1\frac{2}{5}$$

整十、整百都可以！

10

02. 小数化成分数

小数化成分数时，分母可以先写成整十或整百，注意最后要化成最简分数。

8. 分数的加法和减法

我们来帮爷爷!

例 1

夏天到了, 爷爷要把自己家门前的路重新修一下。

第一天修了 $\frac{4}{9}$ 米, 第二天修了 $\frac{13}{9}$ 米, 第三天修了 $\frac{8}{5}$ 米, 那么爷爷三天一共修了多少米呢?

思路

你帮爷爷算一算。

?!

易错

计算分数加减法时，**分母不同要先通分**哟。

三天一共修了：

$$\frac{4}{9} + \frac{13}{9} + \frac{8}{5} = \frac{17}{9} + \frac{8}{5} = \frac{85}{45} + \frac{72}{45} = \frac{157}{45} \text{（米）}$$

拓展

计算分数减法时，如果连续减去两个同分母的分数，可以变成减去这两个分数的和。

$$\frac{2}{7} - \left(\frac{3}{4} + \frac{1}{4} \right)$$

卖苹果啦!

销量真好,再摘一筐!

例2

兰兰在果园门口卖苹果,原来有 5 千克苹果,卖了 $\frac{4}{9}$ 千克后,兰兰又摘了 $\frac{8}{9}$ 千克,现在一共有多少千克的苹果呢?

易错

在分数加减混合运算中,要注意**运算顺序,分母相同的分数,可以放在一起计算。**

现在一共有:

$$5 - \frac{4}{9} + \frac{8}{9} = 5 + (\frac{8}{9} - \frac{4}{9}) = 5 + \frac{4}{9} = \frac{49}{9}（千克）$$

拓展

在分数加、减混合运算中,分母不同时,可以分步通分计算,也可以一次性通分计算,通分时要注意公分母为分母的最小公倍数。

9. 分数乘法

例1

超市中共有 36 千克草莓，第一天卖了 $\frac{6}{8}$ 千克，第二天卖了原有总数的 $\frac{1}{8}$，每千克草莓 $\frac{8}{6}$ 元，一共卖了多少钱呢？

草莓真好吃!

思路

易错

要注意第二天是卖了总数的 $\dfrac{1}{8}$，而不是卖了 $\dfrac{1}{8}$ 千克，不要混淆。

第二天卖的草莓：

$$36 \times \dfrac{1}{8} = \dfrac{9}{2}（千克）$$

一共卖的草莓：

$$\dfrac{9}{2} + \dfrac{6}{8} = \dfrac{42}{8}（千克）$$

一共卖了：

$$\dfrac{42}{8} \times \dfrac{8}{6} = 7（元）$$

计算分数乘法时，该怎么简便计算呢？

01. 约分

两个乘数分子与分母之间有公因数时，可以先约分再相乘（分数中如果有带分数，可以先化为假分数）。

02. 运算定律

不相邻的乘数之间能约分时，可以通过乘法运算定律来改变运算顺序。

例2

　　某工程队要修 48 米的马路，第一天修了全长的 $\dfrac{1}{6}$，第二天修了第一天的 $\dfrac{1}{7}$，第二天修了多少米呢？

思路

易错

利用分数解决实际问题时，**要找准"单位1"。**

第一天修的路 = 全长 × $\dfrac{1}{6}$

第二天修的路 = 第一天修的路 × $\dfrac{1}{7}$

第二天修了：

$$48 × \dfrac{1}{6} × \dfrac{1}{7} = \dfrac{8}{7}\ (米)$$

"单位1"一般在是、占、比字的后面，题目中出现多个"单位1"时，可以通过转化来计算。

01. 逐个

比如：A 占 B 的多少，B 占 C 的多少。

在 A 和 B 的关系中，B 为"单位1"；在 B 和 C 的关系中，C 为"单位1"。需要先求出 B，再求 C。

02. 统一

比如：A 占（B + C）的多少，B 占（A + C）的多少。

可以把"单位1"统一为（A + B + C），先求出（A + B + C），再求出 A、B、C 分别占（A + B + C）的多少。

我喜欢这件衣服!

我穿上一定很帅!

例3

一件上衣原售价 560 元, 商店促销, 先提价 $\frac{1}{8}$, 后降价 $\frac{1}{8}$。皮皮认为衣服的价格不变, 对吗?

你来计算一下衣服的价格！

易错

商品先提价、后降价时，要先求出现价，**不能直接根据提高、降低的分率去判断价格的变化。**

先提价$\frac{1}{8}$后的价格：

$$560 \times (1 + \frac{1}{8}) = 630（元）$$

再降价$\frac{1}{8}$后的价格：

$$630 \times (1 - \frac{1}{8}) = \frac{2205}{4}（元）= 551.25（元）$$

皮皮的想法不对，衣服降价了。

$$\frac{1}{8}$$

商品提价、降价时,价格每改变一次,"单位1"都随之发生了变化。

01. 提价

提价时,"单位1"是原价。

提价后的价格 = 原价 × (1 + 提高分率)

02. 降价

再降价时,"单位1"是提价后的价格。

再降价后的价格 = 提价后的价格 × (1 - 降低分率)

拓展

10. 分数除法

例1

一本故事书一共 155 页，乐乐今天看了这本故事书的 $\frac{2}{7}$，看了 $\frac{5}{7}$ 小时，那么乐乐每小时大约看多少页呢？

易错

　　运算中只有分数乘、除法时，要按照从左往右的顺序计算，注意**除法没有分配律**。

乐乐每小时看：

$$155 \times \frac{2}{7} \div \frac{5}{7}$$

$$= 155 \times \frac{2}{7} \times \frac{7}{5}$$

$$= 62（页）$$

拓展

求分数的倒数时, 需要交换分子与分母的位置, 那么其他数应该如何求倒数呢?

01. 整数

计算整数的倒数时, 只需把整数看作分母, 分子为1。

$$5 \rightarrow \frac{1}{5}$$

02. 小数

计算小数的倒数时, 先把小数化成分数, 再将分子与分母调换位置。

$$0.4 = \frac{2}{5} \rightarrow \frac{5}{2}$$

03. 带分数

计算带分数的倒数时, 先把它化成假分数, 再将分子与分母调换位置。

$$1\frac{1}{2} = \frac{3}{2} \rightarrow \frac{2}{3}$$

这里的花可真好看！

例2

公园中，玫瑰花有 240 株，是牡丹花的 $\frac{1}{4}$，牡丹花的株数又是蔷薇花的 $\frac{5}{6}$，那么公园中有多少株蔷薇花呢？

思路

易错

找准每个分率对应的总量是正确解题的关键。

玫瑰花 = 牡丹花 × $\frac{1}{4}$

牡丹花 = 蔷薇花 × $\frac{5}{6}$

蔷薇花的数量为:

$$240 ÷ \frac{1}{4} ÷ \frac{5}{6}$$

$$= 240 × 4 × \frac{6}{5}$$

$$= 1152（株）$$

在分数除法计算中，如果分数连续相除，计算时注意不要出现以下错误：

01. 转化错误

利用倒数的意义，将分数除法转化成分数乘法时，不要忘记换号。

02. 约分错误

分数相除时不能直接约分，要先转化成分数乘法，才能约分。

例3

艺术节要到了，同学们计划折些星星来装扮教室。玲玲单独完成需要 5 天，兰兰单独完成需要 6 天，那么玲玲和兰兰一起完成总数的 $\frac{11}{15}$ 需要多少天呢？

易错

解决工程问题时，注意**工作总量要与工作效率相匹配**。

可以把折星星的总量看作"1"，

玲玲和兰兰的效率和 $= \dfrac{1}{5} + \dfrac{1}{6}$，

她们需要折的星星数量 $= 1 \times \dfrac{11}{15}$。

她们一起完成需要的时间为：

$$1 \times \dfrac{11}{15} \div \left(\dfrac{1}{5} + \dfrac{1}{6} \right)$$

$$= 1 \times \dfrac{11}{15} \div \dfrac{11}{30}$$

$$= 2 \text{（天）}$$

工作总量 ÷ 工作效率和 = 合作时间

在工程问题中，找准工作总量与工作效率和是正确解题的关键。

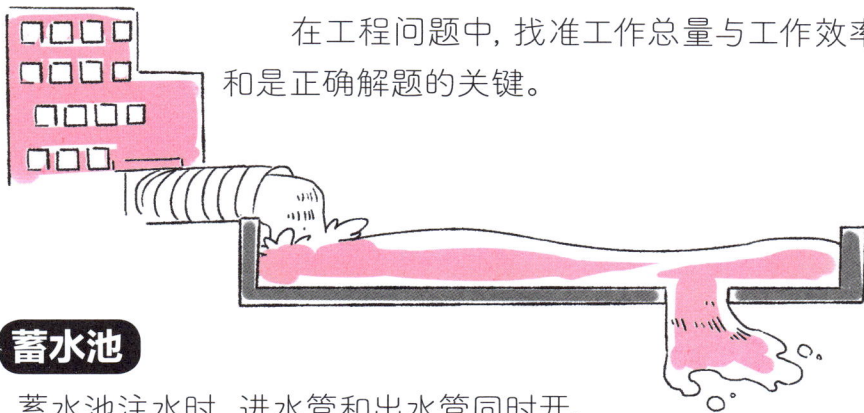

01. 蓄水池

蓄水池注水时，进水管和出水管同时开。

蓄水池的水量 ÷（注水效率 - 放水效率）= 注水时间

02. 修路

甲乙两个工程队，同时修路。

路长全长 ÷（甲修路效率 + 乙修路效率）= 修路时间

北京市数学特级教师 司梁 主审力荐

扫清知识盲点
规避理解误区
识别题目陷阱

100分

吃透易错题,
得分大赢家
数学篇

比和比例

字在数学发展项目组 编绘

电子工业出版社
Publishing House of Electronics Industry
北京·BEIJING

图书在版编目（CIP）数据

吃透易错题，得分大赢家. 数学篇 比和比例 / 字在数学发展项目组编绘. -- 北京 : 电子工业出版社，2024.1

ISBN 978-7-121-46569-7

Ⅰ.①吃… Ⅱ.①字… Ⅲ.①小学数学课 – 教学参考资料 Ⅳ.①G624

中国国家版本馆CIP数据核字（2023）第205962号

责任编辑： 赵 妍 季 萌
印　　刷： 北京市大天乐投资管理有限公司
装　　订： 北京市大天乐投资管理有限公司
出版发行： 电子工业出版社
　　　　　 北京市海淀区万寿路173信箱 邮编：100036
开　　本： 889×1194　1/16　印张：34.5　字数：567.45千字　插页：40
版　　次： 2024年1月第1版
印　　次： 2024年1月第1次印刷
定　　价： 208.00元（全8册）

凡所购买电子工业出版社图书有缺损问题，请向购买书店调换。若书店售缺，请与本社发行部联系，联系及邮购电话：（010）88254888，88258888。

质量投诉请发邮件至zlts@phei.com.cn，盗版侵权举报请发邮件至dbqq@phei.com.cn。

本书咨询联系方式：（010）88254161转1860，jimeng@phei.com.cn。

扫除易错点，轻松学数学

很多小学生经常在解题时出错，比如漏写符号、用错公式等，虽然努力采用"题海战术"去提高，但收效甚微。

要想提高做题准确率，就要找准易错点，有针对性地学习、练习。为此本套书精心设计了以下内容：

1. 归纳整理，全面攻克错题

精心筛选了教材中的典型易错题型，逐条细致地分析、讲解，帮助学生全面、快速地攻克易错点。

2. 错误预警，纠正解题思路

提前给出易错提示，有针对性地引导学生思考，再分步讲解思路，帮助建立解题模型，逐步订正错误思维。

3. 易错拓展，规避相似错误

每节都有相关解题技巧、题目陷阱规律拓展，方便学生举一反三。

4. 跟踪练习，及时巩固技巧

随书赠送跟踪练习题册，让学生巩固技巧，轻松应对变形题。

接下来，一起跟着示范，将易错点逐个击破吧！

目录

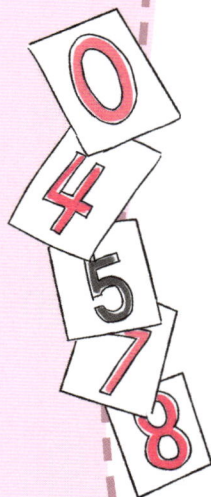

1. 比的意义

例

植树节到了，学校组织植树活动。五年级三班已经种植了 25.5 米^2 的树苗，还有 17 米^2 的树苗未种植，已种植面积与未种植面积的比值为（　　　　）。

思路

16 : 3

易错

计算比时注意**不要将最简比与比值混淆**，导致求解错误。

已种植的树苗面积为 25.5 米^2，未种植的树苗面积为 17 米^2。

已种植面积与未种植面积的比值为：

$$25.5 : 17 = 25.5 \div 17 = 1.5$$

比的前项除以比的后项所得的商叫作比值,把一个比化成最简单的整数比的过程叫作化简比。

01. 求比值

比值是具体的数,可以是整数、小数或分数。

02. 化简比

化简后得到的结果还是一个比,后项是 1 时,不能省略。

2. 比的基本性质

例

甲、乙两个数的比是 7∶11，当甲数增加到 49 时，要使比值不变，乙数应该增加多少？

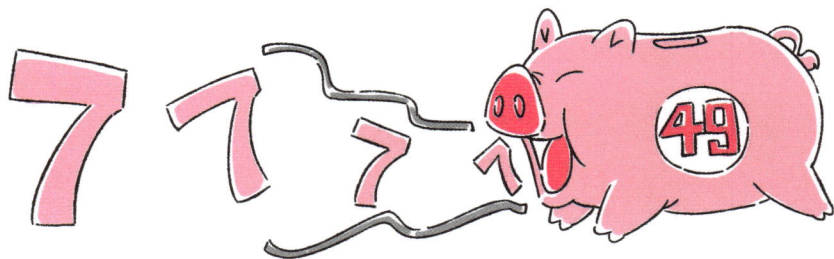

要注意比值不变时，**比的前项扩大了几倍，比的后项也要扩大几倍。**

$$49 \div 7 = 7$$

甲数由 7 增加到 49，扩大了 7 倍。
要使比值不变，乙数也应该扩大 7 倍。

扩大后的乙数为：

$$11 \times 7 = 77$$

乙数增加：

$$77 - 11 = 66$$

05

比的基本性质: 比的前项和后项同时乘或除以相同的数（0 除外），比值不变。

01. 后项不为0

$$a : b = a \div b = \frac{a}{b} \ (b \text{ 不等于 } 0)$$

除数、分母不能为 0，所以比的后项不能为 0，也不能乘以或除以 0。

02. 加减不适用

比的前项与后项同时加或减相同的数不具备比值不变的特性，不要将它们与比的基本性质混淆。

3. 比的应用

例

植树节时学校准备了一批树苗,计划把树苗按 5:3 的比例分配给男生组和女生组进行种植,实际上男生组种了全部树苗的 $\frac{3}{4}$,女生组种了 60 棵树苗。那么原计划男生组要种多少棵树苗?

思路

易错

解决按比分配的问题时，**总量、分配量和分配比例之间要一一对应。**

实际上女生组种的树苗占比为：

$$1 - \frac{3}{4} = \frac{1}{4}$$

树苗总量为：

$$60 \div \frac{1}{4} = 240 \text{（棵）}$$

原计划男生组要种的树苗数量为：

$$240 \times \frac{5}{5+3} = 150 \text{（棵）}$$

把总数按照 $a:b:c$ 的比例分为三部分，应该如何求每部分的数量呢？

01. 平均分法

把比的各项之和看作平均分的总份数。

每份 = 总数 $\div (a + b + c)$

三部分分别为：每份 $\times a$、每份 $\times b$、每份 $\times c$。

02. 转化法

求出各部分数量分别占总数的几分之几。三部分分别为：

$$总数 \times \frac{a}{(a + b + c)}、总数 \times \frac{b}{(a + b + c)}、总数 \times \frac{c}{(a + b + c)}。$$

4. 百分数

例 1

把 0.33, $\dfrac{1}{3}$, 3.33, 33.3%, 0.334 按从小到大的顺序排列。

易错

比较数的大小时，要注意**将数都化成同类型的数再比较**。

将数全部化成小数：

$\dfrac{1}{3}$ =0.33333……

33.3%=0.333

按从小到大的顺序排列为：

0.33<0.333<0.33333……<0.334<3.33

综上，可知：

0.33<33.3%< $\dfrac{1}{3}$ <0.334<3.33

拓展

把百分数化成小数的方法有哪些?

01. 通过分数转化

先把百分数写成分母是 100 的分数,再把分数化成小数。

02. 直接去百分号

把百分号直接去掉,同时把小数点向左移动两位,如果位数不够,要用"0"补位。

例 2

小兰在购物节期间花 180 元买了一条裙子，比原价便宜了 20%，这条裙子原价是多少钱？

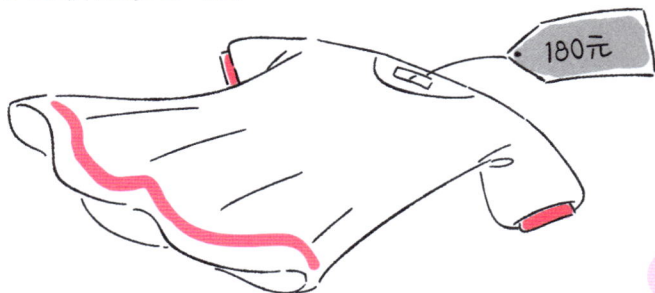

180元

思路

易错

"比原价便宜了20%"说明价格在原价基础上降低了20%，**应该把原价看作单位"1"。**

嘀

解：设这条裙子原价是 x 元，根据题意可列方程：

$$(1 - 20\%)x = 180$$
$$80\%x = 180$$
$$x = 225$$

答：这条裙子原价是 225 元。

商品提价或降价时，提高或降低的百分数都是相对于原价来说的。

01. 提升价格

（售价－原价）÷原价＝提价百分比

02. 降低价格

（原价－售价）÷原价＝降价百分比

降价12%

再降12%

例3

　　某电器商为在购物节抢占市场份额，连续两次降价12%，那么现价比原价降低了百分之几？

易错

商品连续两次降价时，要注意**第二次降价对应的单位"1"是第一次降价后的价格。**

假设原价为"1"，
第一次降价后的价格：

$1 \times (1-12\%) = 0.88$

第二次降价后的价格：

$0.88 \times (1-12\%) = 0.7744$

现价与原价相比降低：

$(1-0.7744) \div 1 \times 100\% = 22.56\%$

拓展

如果一件衣服连续两次提价 $a\%$，那么价格会如何变化呢？

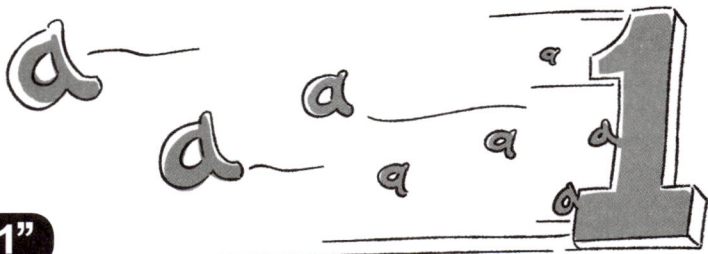

01. 设"单位1"

假设原价是"单位1"，算出现价后再与原价"1"比较。

第一次提价后价格 $= 1 \times (1 + a\%)$

第二次提价后价格 $= 1 \times (1 + a\%) \times (1 + a\%)$

02. 设未知数

设原价为未知数 x，算出现价后再与"x"比较。

第一次提价后价格 $= x \times (1 + a\%)$

第二次提价后价格 $= x \times (1 + a\%) \times (1 + a\%)$

5. 百分数和比的综合应用

例1

　　某运输队运送一批货物，第一天运的货物与货物总量的比是1∶4，如果再运30吨就可以运完这批货物的40%，这批货物一共有多少吨？

思路

易错

找准**已知数对应的分率**是正确求总量的关键。

$\dfrac{1}{4}$ 30 吨

货物总量"1"

40%

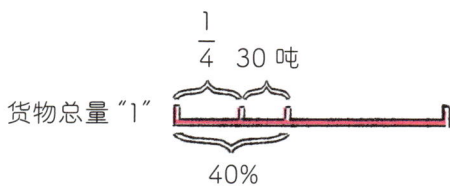

第一天运的货物占货物总量的$\dfrac{1}{4}$，这批货物一共有：

$$30 \div (40\% - \dfrac{1}{4})$$

$$= 30 \div (\dfrac{2}{5} - \dfrac{1}{4})$$

$$= 30 \div \dfrac{3}{20}$$

$$= 200 \ (吨)$$

-8%

-15%

-5%

-10%

解决生活中关于百分数的问题时,有哪些需要注意的地方呢?

01. 百分率

要注意增长率可超过 100%,发芽率、出勤率等不可超过 100%。

02. "单位1"

在百分数、比和分数综合应用的题目中,要注意找准每个占比关系中的"单位1"。

6. 折扣和成数

例1

　　某果园去年收获了 28 吨苹果，今年比去年增产三成五，那么今年收获的苹果有多少吨？

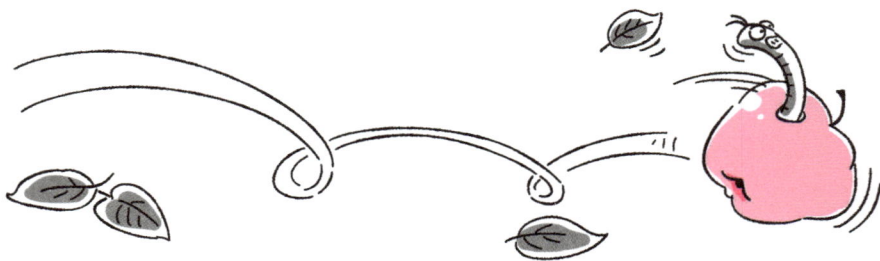

思路

易错

几成就是十分之几，也就是百分之几十，而**几成几就是百分之几十几**。

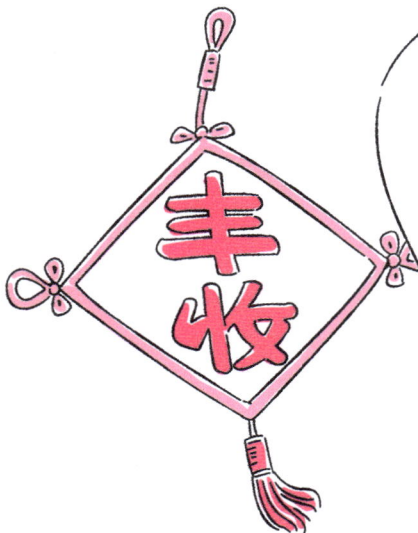

增产三成五是指产量增加35%，今年苹果的收成为：

28×（1+35%）
= 28×1.35
= 37.8（吨）

23

解决成数的实际问题时，要先把成数转化成分数或百分数，再计算。

01. 增加几成

已知总量为 A，增加 a 成。

增加后总量 $= A \times (1 + \dfrac{a}{10})$

02. 减少几成

已知总量为 A，减少 a 成。

减少后总量 $= A \times (1 - \dfrac{a}{10})$

例2

　　某饮料正常标价 6 元一瓶，甲、乙两家超市以不同的促销方式销售。甲超市直接按标价八五折进行售卖，乙超市每满 30 元减 3 元。如果东东要买 10 瓶饮料，在哪家超市买更划算？

思路

易错

"满减"和"打折"活动的**计算方式不同**，两者不能混淆。

若在甲超市购买，需要花的钱：

$6×10×0.85=51$（元）

若在乙超市购买，需要花的钱：

$6×10÷30=2$

$6×10-3×2=54$（元）

$51<54$

所以在甲超市买更划算。

解决购物相关的问题时，如果有多种促销活动可选择，需要分别计算出每种活动的售价，选择参加价格最优惠的活动。

01. 满减活动

满 a 元减 b 元，即购物金额里包含几个 a 元，就可以减去几个 b 元。

若购物金额未达到 a 元，则不能参与活动。

02. 打折活动

原价 a 元的商品打 b 折，需要在原价的基础上乘以折扣。

几折就是十分之几，也就是百分之几十。

7. 税率和利率

例 1

东东爸爸的月工资是 7800 元, 超过 5000 元的部分需要按 3% 缴纳个人所得税, 他每个月应缴纳多少元?

易错

要注意应纳税的部分是爸爸的月工资**扣除5000元后的部分，不是月工资总数。**

应缴纳的个人所得税为：

（7800-5000）×3%
= 2800×3%
= 84（元）

拓展

缴纳的税款叫作应纳税额，并不是所有的收入都要进行纳税，按照国家的要求，只需要对收入中应该纳税的部分进行纳税计算即可。

01. 个人所得税

个人所得税 =（工资总数 - 免征税额）× 适用税率

02. 营业税

营业税 = 计税营业额 × 适用税率

例 2

东东把压岁钱 5000 元存入银行两年, 若银行的年利率为 1.75%, 到期时东东共可以取回多少钱?

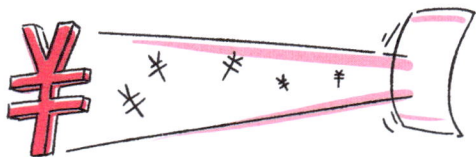

思路

易错

要注意存款到期时，东东**取出的钱除了利息，还有本金。**

到期时取回的钱＝本金＋利息

到期时东东共可以取回：

$5000+5000\times1.75\%\times2$

$=5000+175$

$=5175（元）$

拓展

解决利息相关的问题时, 需要注意的地方有哪些?

01. 存期

在计算利息时, 若利率为年利率, 存期应以年为单位; 若利率为月利率, 存期应以月为单位。

年

02. 转存

若存款中途要取出后再转存, 要注意转存时是否包含前一次存款获得的利息。若不包含, 则本金不变; 若包含, 则需先算出利息, 再将第一次存款时的本金和利息的和作为第二次存款的本金。

8. 比例

例 1

在下面的式子中，（ ）是比例。

A. $4:3 = \dfrac{1}{4} : \dfrac{1}{3}$

B. $1:6 = 6:1$

C. $8:4 = 2$

D. $\dfrac{1}{6} : 4 = 1:24$

易错

要注意在比例中，**等号左右两边的比要相等**。

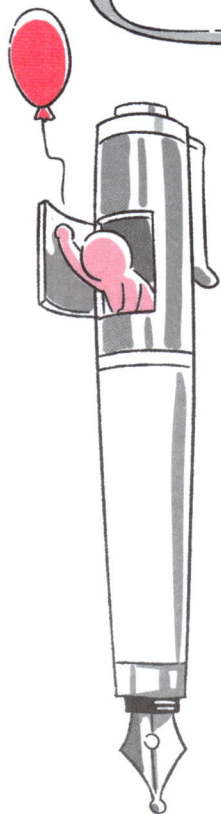

选项 A、B 中，等号两边的比不相等，根据比例的意义，可直接排除。

选项 C 中，等号右边是比值，不是比，也排除。

选项 D 中，等号左边 $= \dfrac{1}{6} : 4 = \dfrac{1}{24}$，

等号右边 $= 1 : 24 = \dfrac{1}{24}$，

比值相等，两个比组成的等式是比例。

拓展

表示两个比相等的式子叫作比例,如何分辨一个式子是不是比例呢?

1:3

01. 比

等号两边都必须是比,不能某一边是比值。

02. 比值

等号两边比的比值要相等。

例 2

在比例 $4 : 7 = 16 : 28$ 中, 如果给 4 加上 6, 要使比例依然成立, 16 应该怎样变化?

思路

易错

　　要使比例依然成立，那么就要保证16改变后，**两个内项之积还等于两个外项之积。**

4 加上 6 后，两个外项之积为：

（4+6）×28=280

所以 16 应变为：

280÷7=40

那么 16 应该增加的值为：

40-16=24

所以 16 应该增加 24 变为 40。

拓展

比例中的某一项发生改变时,要想比例依然成立,
应该怎么做呢?

01. 乘(或除以)一个数

当某一内项乘(或除以)一个数时,
那么外项中的某一项需要乘(或除以)
相同的数(0 除外)。

02. 加(或减)一个数

当内项加(或减)一个数时,不可
直接在外项加(或减)相同的数计算,
应该根据内项积等于外项积,来计算外
项应该加(或减)多少。

9. 解比例

例 1

　　大扫除时，花花用 100 毫升消毒液和 400 毫升水配置了一瓶 500 毫升的低浓度消毒水。小熊想配置相同浓度的消毒水，但只剩下 50 毫升消毒液了，那么他应该用多少毫升的水进行配置呢？

易错

要注意关键词相同浓度的消毒水,说明他们配置的消毒水中**消毒液和水的比例相同**。

解:设小熊需要 x 毫升水。

$$50 : x = 100 : 400$$
$$100x = 50 \times 400$$
$$x = 200$$

所以小熊应该用 200 毫升水进行配置。

拓展

H_2O

C_2H_5OH

小熊想要配置相同浓度的消毒水,那么可知:

小熊用的消毒液 : 小熊用的水 = 花花用的消毒液 : 花花用的水。

01. 已知溶质,求溶剂

小熊有一定量的消毒液,要用的水为:

小熊用的水 = 小熊用的消毒液 × 花花用的水 ÷ 花花用的消毒液

02. 已知溶剂,求溶质

小熊有一定量的水,要用的消毒液为:

小熊用的消毒液 = 小熊用的水 × 花花用的消毒液 ÷ 花花用的水

例 2

解比例： $\dfrac{0.15}{x} = \dfrac{4.8}{16}$

思路

易错

注意不要混淆比例中的内项和外项。

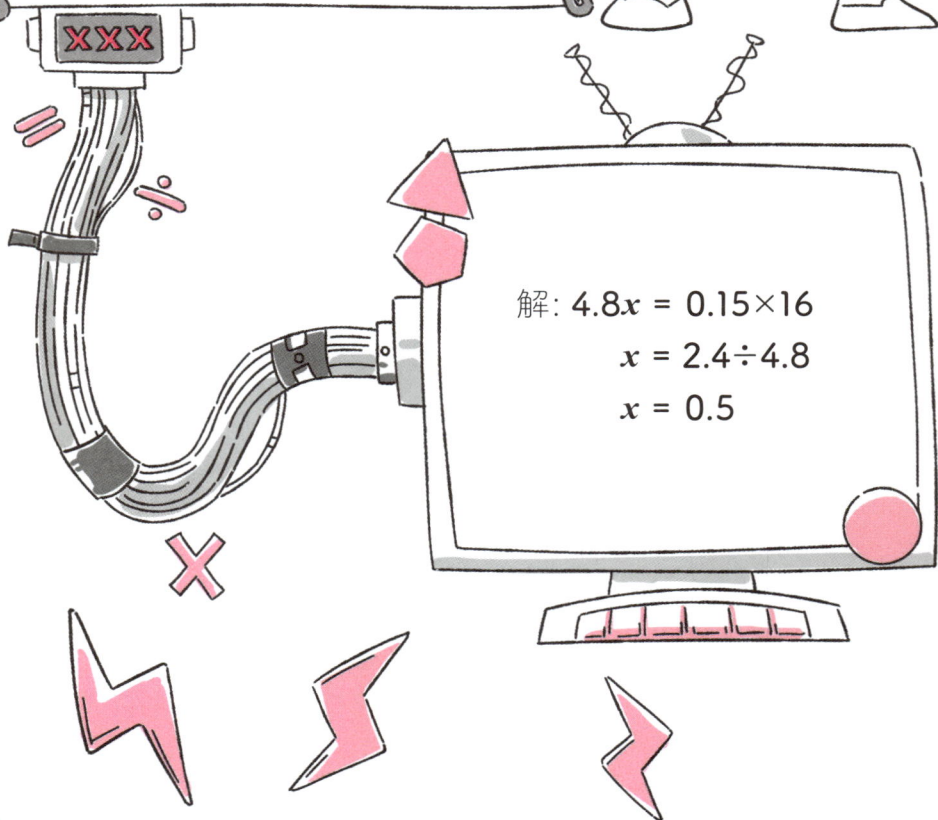

解: $4.8x = 0.15 \times 16$

$x = 2.4 \div 4.8$

$x = 0.5$

解分数形式的比例时,先改写成"两个外项的积=两个内项的积"的形式,再求解。

01. 步骤规范

解比例时,首先要写"解",过程中注意等号要对齐。

02. 简算技巧

计算过程中,不要急着算出内项之积或外项之积,能约分时先约分,这样可以简化计算。

10. 正比例

例

东东骑行 3 千米用了 12 分钟,照这样的速度又骑行 9.6 千米后, 东东停车休息,那么他一共骑行了多少时间呢?

易错

速度×时间=路程，要注意速度不变时，**路程与时间成正比例**关系。

解：设东东共骑车行驶了 x 分钟。

$$(3 + 9.6) : x = 3 : 12$$
$$3x = 12.6 \times 12$$
$$x = 50.4$$

拓展

一种量随着另一种量的变化而变化（同时扩大或同时缩小），则它们成正比例。那么实际问题中的正比例关系有哪些呢？

01. 价格问题

单价 × 数量＝总价

单价一定时，总价与数量成正比例关系。

02. 工程问题

工作效率 × 工作时间＝工作总量

工作效率一定时，工作总量与工作时间成正比例关系。

48

11. 反比例

例

　　某广场计划用边长 1.2 米的正方形大理石铺地，需要 880 块，如果改用边长为 0.8 米的正方形大理石，又需要多少块？

思路

易错

每块大理石的面积×块数＝广场面积，要注意在广场总面积一定的前提下，**每块大理石的面积与块数成反比例关系。**

解：设需要 x 块边长 0.8 米的正方形大理石。

$$(0.8×0.8)x = (1.2×1.2)×880$$
$$x = 1980$$

一种量增加（减少）时，另一种量随着减少（增加），它们成反比例。那么实际问题中的反比例关系有哪些？

01. 行程问题

路程 ÷ 速度 = 时间

路程一定时，速度与时间成反比例关系。

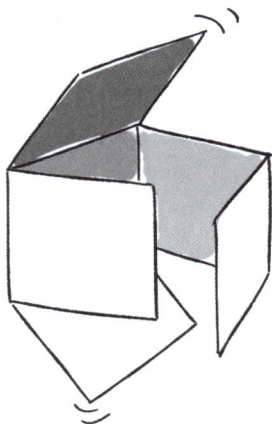

02. 面积问题

长方形的面积 ÷ 长 = 宽

面积一定时，长方形的长与宽成反比例关系。

12. 比例尺

例 1

在比例尺为 1∶100 的图纸上，一个正方形的边长是 3 厘米，那么这个正方形的实际面积是多少？

易错

比例尺=图上距离:实际距离,要注意**这个比例尺是长度比例尺,不是面积比例尺。**

解:设正方形的实际边长为 x 厘米。

$$3 : x = 1 : 100$$
$$x = 300$$

正方形的面积为:

$$300 \times 300 = 90000 （厘米^2）$$

比例尺一般可以分为数值比例尺和线段比例尺。

01. 数值比例尺

数值比例尺不带单位名称，比如 1：500，含义是图上 1 厘米表示实际 500 厘米。

02. 线段比例尺

先用直尺量出图上所求距离的实际长度，如果题目给出下面的比例尺，说明图上每段这样的长度都代表实际距离 500 厘米。

0 ⌐_____⌐ 500cm

例 2

在一幅比例尺为 1：400000 的地图上，某城市地铁 1 号线的长度约为 13.5 厘米，那么这条地铁 1 号线的实际长度是多少千米？

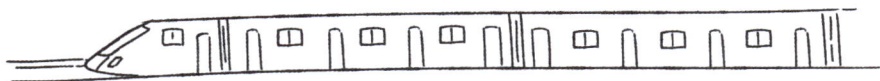

思路

易错

比例尺地图上的单位和实际长度的单位不一致时，**解比例后不要忘了换算。**

解：设地铁1号线的实际长度是 x 厘米。

$$13.5 : x = 1 : 400000$$
$$x = 13.5 \times 400000$$
$$x = 5400000$$

换算可得实际长度为：

5400000 厘米 = 54000 米 = 54 千米

比例尺＝图上距离÷实际距离，如何判断比例尺是放大还是缩小呢？

01. 放大比例尺

一般代表实际距离的项为 1 时，比例尺为放大比例尺，图纸上画的尺寸比实际物体的尺寸大，如：零件比例尺。

02. 缩小比例尺

一般代表图上距离的项为 1 时，比例尺为缩小比例尺，图纸上画的尺寸比实际物体的尺寸小，如：地图比例尺。

13. 图形的放大与缩小

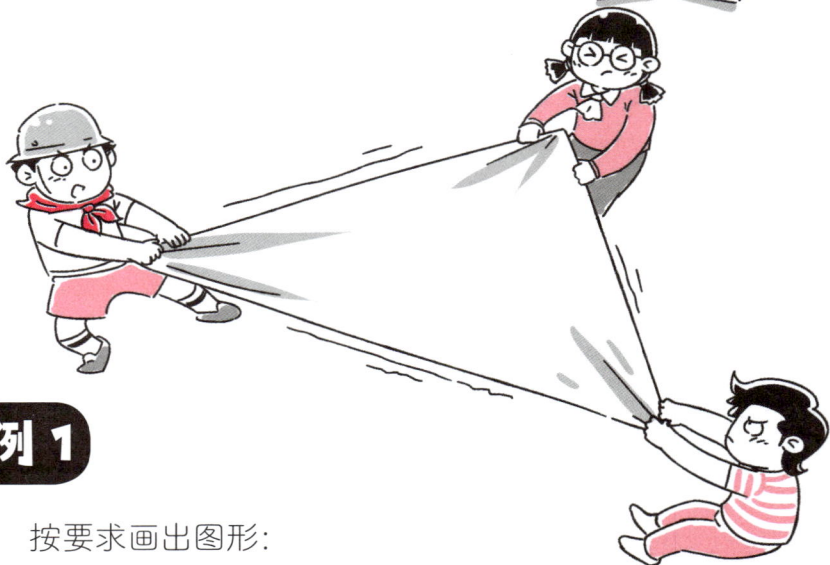

例1

按要求画出图形：

(1) 按 1：3 画出长方形缩小后的图形；

(2) 按 2：1 画出三角形放大后的图形。

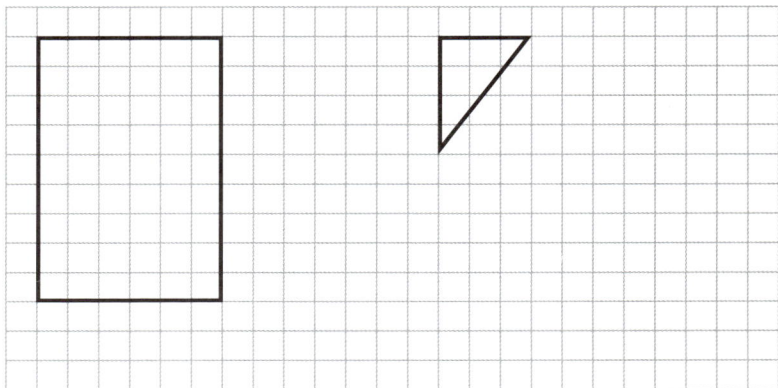

易错

图形在放大或缩小的过程中，要注意**每条边都按比例放大或缩小**。

按 1：3 画出长方形缩小后的图形，即把原长方形的长和宽分别缩小到原来的 $\frac{1}{3}$。

按 2：1 画出三角形放大后的图形，即三角形的边长分别扩大到原来的 2 倍。

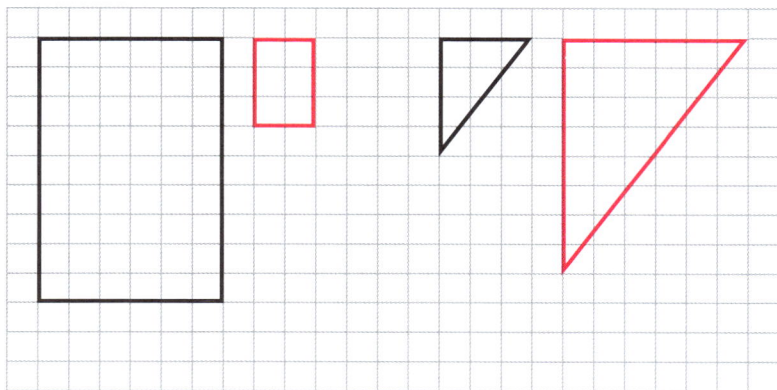

拓展

图形按一定比例放大或缩小时，要注意以下问题：

01. 长度变化

是把图形各边的长度进行放大或缩小，不是把图形的面积进行放大或缩小。

02. 形状不变

图形放大或缩小后的图形与原图形相比，大小改变，但形状不变。

扫清知识盲点
规避理解误区
识别题目陷阱

100分

吃透易错题，得分大赢家

数学篇

方程

字在数学发展项目组 编绘

电子工业出版社·

Publishing House of Electronics Industry

北京·BEIJING

图书在版编目（CIP）数据

吃透易错题，得分大赢家. 数学篇 方程 / 字在数学发展项目组编绘. —— 北京：电子工业出版社，2024.1

ISBN 978-7-121-46569-7

Ⅰ.①吃… Ⅱ.①字… Ⅲ.①小学数学课 – 教学参考资料 Ⅳ.①G624

中国国家版本馆CIP数据核字（2023）第205961号

责任编辑：赵　妍　季　萌
印　　刷：北京市大天乐投资管理有限公司
装　　订：北京市大天乐投资管理有限公司
出版发行：电子工业出版社
　　　　　北京市海淀区万寿路173信箱　邮编：100036
开　　本：889×1194　1/16　印张：34.5　字数：567.45千字　插页：40
版　　次：2024年1月第1版
印　　次：2024年1月第1次印刷
定　　价：208.00元（全8册）

　　凡所购买电子工业出版社图书有缺损问题，请向购买书店调换。若书店售缺，请与本社发行部联系，联系及邮购电话：（010）88254888，88258888。

　　质量投诉请发邮件至zlts@phei.com.cn，盗版侵权举报请发邮件至dbqq@phei.com.cn。

　　本书咨询联系方式：（010）88254161转1860，jimeng@phei.com.cn。

扫除易错点，轻松学数学

很多小学生经常在解题时出错，比如漏写符号、用错公式等，虽然努力采用"题海战术"去提高，但收效甚微。

要想提高做题准确率，就要找准易错点，有针对性地学习、练习。为此本套书精心设计了以下内容：

1. 归纳整理，全面攻克错题

精心筛选了教材中的典型易错题型，逐条细致地分析、讲解，帮助学生全面、快速地攻克易错点。

2. 错误预警，纠正解题思路

提前给出易错提示，有针对性地引导学生思考，再分步讲解思路，帮助建立解题模型，逐步订正错误思维。

3. 易错拓展，规避相似错误

每节都有相关解题技巧、题目陷阱规律拓展，方便学生举一反三。

4. 跟踪练习，及时巩固技巧

随书赠送跟踪练习题册，让学生巩固技巧，轻松应对变形题。

接下来，一起跟着示范，将易错点逐个击破吧！

目录

1. 用字母表示

例1

请用线把左、右两边相等的式子连起来。

$a \times a$ $2a$

$a+a+a+a$ $4a$

$a+a$ a^2

3^2 3×2

$3+3$ 3×3

易错

用字母表示数时，注意**不要混淆两数相加、两数相乘和一个数的平方**的含义。

a^2 表示 2 个 a 相乘，即 $a^2 = a \times a$。

$2a$ 表示 2 个 a 相加，即 $2a = a+a$。

以此类推，可得：

$a \times a$ $2a$

$a+a+a+a$ $4a$

$a+a$ a^2

3^2 3×2

$3+3$ 3×3

用字母表示数或数量关系时，需要注意什么呢？

01. 取值范围

用字母表示年龄、身高等实际数时，取值范围不能超出实际。

02. 表示含义

在同一个式子里，同一个字母只能表示一个数。

例2

化简 $3 \times a + 8 \times a - a \times 5$，下列结果正确的是（　　）。

A. $3a+8a-5a$　　B. $6a^2$　　C. $16a$　　D. $6a$

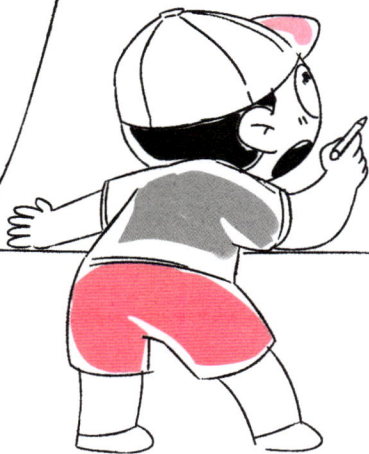

易错

化简的关键是看相加、相减的式子中**是否有相同的因数**。

各式子中有相同的因数 a，可以运用乘法分配律化简：

$$3 \times a + 8 \times a - a \times 5$$
$$= 3a + 8a - 5a$$
$$= (3 + 8 - 5)a$$
$$= 6a$$

化简后的结果为选项 D。

对于含有相同字母的式子,化简时可以先合并它们的系数,再寻找式子中的运算规律。

01. 合并

化简时,只能将含有相同字母的式子合并,不同类的式子不能相加、减。

比如:$8x-5a+3x=11x-5a$

02. 应用运算定律

应用乘法分配律时,如果括号外面是字母,那么括号里面的每一项都要与字母相乘。

比如:$(24-6x)x=24x-6x^2$

2. 方程的意义

帮我夹一个方程玩偶吧。

哪个是方程啊?

6=x+2

3+5

a^2

6÷2

例

下面式子中是方程的有_____。

① $2a+4=8$;   ② $3×2=6$;   ③ $4m+5$;

④ $9n-n=8$;   ⑤ $2.5+3.5x$;   ⑥ $8a-3>5$。

易错

了解**方程及等式的关系**是正确解题的关键。

① $2a+4=8$

④ $9n-n=8$

①④是包含未知数的等式,是方程;

② $3×2=6$

②不包含未知数,只是等式,不是方程;

③ $4m+5$

⑤ $2.5+3.5x$

③⑤包含未知数,不是等式,也不是方程;

⑥ $8a-3>5$

⑥包含未知数,是不等式,不是方程。

综上,只有①④是方程。

方程一定是等式,但等式不一定是方程。要如何区分它们呢?

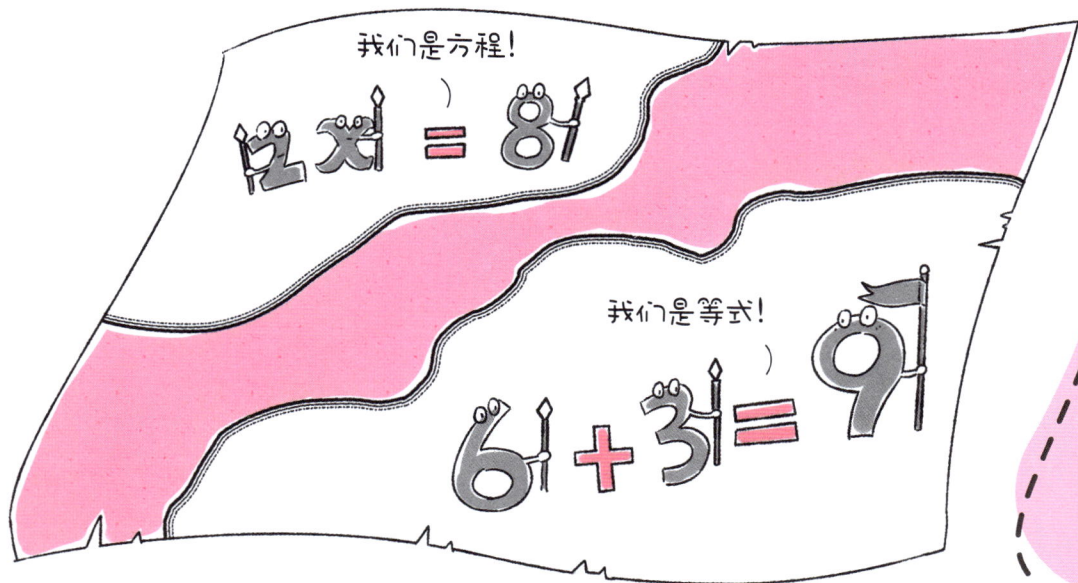

我们是方程!

2x = 8

我们是等式!

6 + 3 = 9

01. 等式

式子中有等号且等号成立才是等式。

6 + 3 = 9

02. 方程

等式中含有未知数才是方程。

2x = 8

3. 简单方程

例

解方程：$x+1.7=8-2.3$。

易错

要注意方程也是等式，**等式两边同时加上或减去同一个数，左右两边仍然相等**。

$x+1.7=8-2.3$

解： $x+1.7-1.7=8-2.3-1.7$

$x=8-(2.3+1.7)$

$x=8-4$

$x=4$

拓展

解方程过程中，以下地方注意不要马虎哟。

01. 写"解"

解方程的第一步要写"解"字，不要遗漏。

02. "="对齐

解方程的过程中，每一个步骤里的"="都要对齐。

4. 复杂方程

例 1

解方程：$4.5x+2.7\times5=36$。

思路

我们是一个整体!

$5x + 1 = 26$

易错

计算时，注意要**把x和系数看作一个整体**。

$4.5x + 2.7 \times 5 = 36$

解: $\quad 4.5x + 13.5 = 36$

$4.5x = 36 - 13.5$

$4.5x = 22.5$

$x = 5$

解方程之前要先简化方程, 将含有相同未知数的式子合并。

01. 未知数放左边

一般把含有未知数的式子移到方程左边, 把不含未知数的常数移到方程的右边。

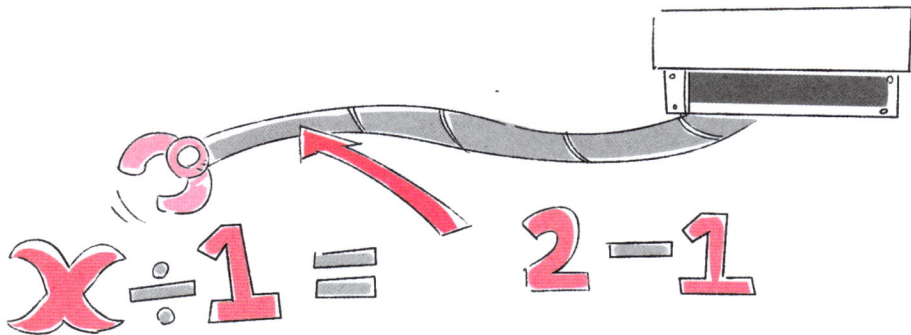

$$x \div 1 = 2 - 1$$

02. 方程检验

将方程的解代入方程中, 看方程的左右两边是否相等, 来检验解是否正确。

例 2

解方程: $3x+2.5=15-2x$。

易错

等式两边都有未知数时，要先利用等式的性质**将未知数合并**。

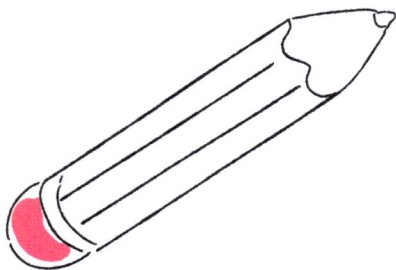

$3x+2.5=15-2x$

解：$3x+2.5+2x=15-2x+2x$

$5x+2.5=15$

$5x=12.5$

$x=2.5$

在方程中, 等号两边都有未知数时, 要把未知数合并到同一边。

01. $ax+3=bx+4$

等式两边同时减去 bx, 可得: $(a-b)x=1$。

02. $a(2x-4)=ax$

等式两边同时除以 a, 可得: $2x-4=x$。

5. 含括号的方程

例 1

解方程：$5 \times (3x+2) = 40$。

3(8+2a

不要忘了我啊!

易错

去括号时, 括号前面如果有系数, **不要忘乘系数。**

$5×(3x+2)=40$

解: $5×3x+5×2=40$

$15x+10=40$

$15x=30$

$x=2$

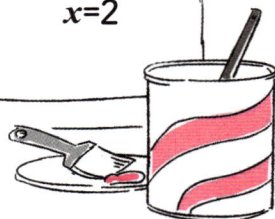

方程中有括号时，如何去括号能简便运算呢？

01. $a×(x+1)=5a$

此时括号前面的系数可以被等式右边的数整除，可以把括号看作一个整体，在等式两边同时除以 a。

02. $(x+1)÷a=5$

此时展开括号计算较复杂，可以把括号看作一个整体，在等式两边同时乘以 a。

例 2

解方程：12.5-(2.6x+3.3)=4。

易错

去括号时，要注意**括号前面系数的符号**。

$$12.5-(2.6x+3.3)=4$$

解：
$$12.5-2.6x-3.3=4$$
$$9.2-2.6x=4$$
$$2.6x=5.2$$
$$x=2$$

解方程遇到括号时，一般要先去掉括号，再求解。

01. 括号前是"+"

括号前的系数符号是"+"时，去掉括号，括号内的各项乘以系数后不变号。

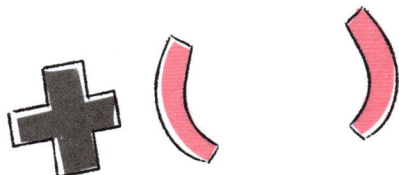

02. 括号前是"-"

括号前的系数符号是"-"时，去掉括号，括号内的各项乘以系数后要变号。

6. 带分母的方程

例 1

解方程：$\dfrac{x+2}{4} + \dfrac{2x}{3} = 6$。

思路

易错

含有分数的方程，解方程前要先"去分母"，**等式两边要同时乘以所有分母的最小公倍数。**

$$\frac{x+2}{4} + \frac{2x}{3} = 6$$

解：$(x+2) \times 3 + 2x \times 4 = 6 \times 3 \times 4$

$$3x + 6 + 8x = 72$$

$$11x = 66$$

$$x = 6$$

$$3+x$$

含有分数的方程在解方程时, 应该如何"去分母"呢?

01. $\dfrac{1}{a}+\dfrac{x}{b}=1$

去分母时, 每一项都要乘以所有分母的最小公倍数, 注意不含分数的式子也不能遗漏。

02. $x+\left(\dfrac{1}{a}+\dfrac{1}{b}\right)=1$

括号里的分数不包含未知数时, 可以先算括号里面的, 再去分母。

7. 列简易方程

例 1

瑶瑶在商场买了一条裤子和一条裙子,一条裙子112元,裙子的价格比裤子价格的 2 倍还贵 8 元,那么一条裤子多少钱?

易错

列方程解应用题时，要注意先**找到题中的等量关系**。

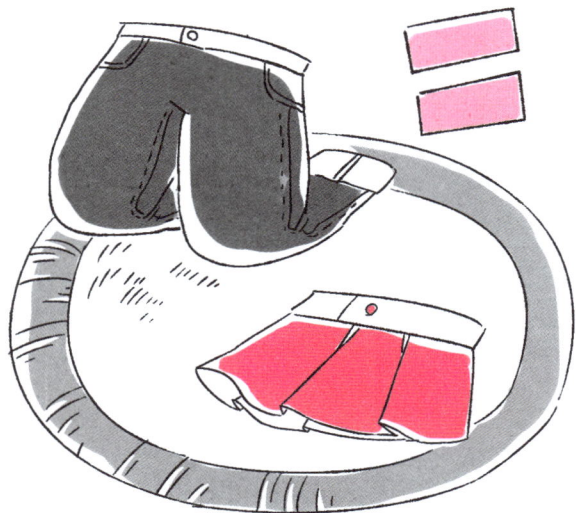

解：设一条裤子 x 元。

$2x+8=112$

$2x=112-8$

$2x=104$

$x=52$

答：一条裤子 52 元。

在实际应用题中，常见的等量关系有哪些呢？

01. 相加求和

若几个量相加等于一个固定的数值，列方程时注意先统一单位，再把和放在等号右边。

02. 数量相等

若两个量存在相等关系，列方程时一般把两个量分别放在等号的两边，注意等号的某一边不能只有一个"x"。

例 2

　　某小学组织跳绳比赛, 共有 198 人进入初赛, 其中男生人数正好是女生人数的 1.25 倍, 那么进入初赛的男生和女生各有多少人?

思路

易错

要注意题目中有两个未知数，**将两个未知数都用x表示**出来是正确解题的关键。

解：设进入初赛的女生人数为 x，则进入初赛的男生人数为 1.25x。

根据题意可列方程：

x+1.25x=198

解方程可得：

x=88

1.25x=110

答：进入初赛的女生有 88 人，男生有 110 人。

如果题中有两个未知数,列方程时,要根据未知数之间的关系确定设谁为 x。

01. 倍数关系

两个未知数成倍数关系,一般设"1 倍量"为 x,更便于计算。

比如:甲是乙的 5 倍,可以设乙为 x。

02. 和差关系

两个未知数存在和差关系,一般设较小的量为 x,更便于计算。

比如:东东比玲玲大 4 岁,可以设玲玲的年龄为 x。

03. 无直接关系

两个未知数之间无数量关系时,可选择将与二者均有直接关系的一个量设为 x,间接求出它们的值。

比如:甲是丙的 3 倍,乙是丙的 2 倍,可以设丙为 x。

8.列方程解实际问题

例 1

今年,哥哥的年龄比东东年龄的 2 倍小 4 岁,5 年前,哥哥和东东的年龄之和正好是 37 岁,你能算出今年哥哥和东东的年龄吗?

我的年龄比较小，设为x计算更简便。

2023
2022
2021
2020
2019
2018
2017

易错

列方程时要注意**年龄的等量关系是否成立**。

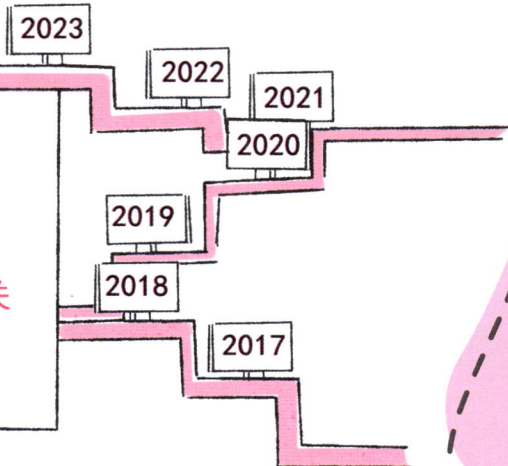

解：设今年东东的年龄为x，则今年哥哥的年龄为$2x-4$。

根据题意可列方程：

$$x-5+(2x-4-5)=37$$

解方程可得：

$$x=17$$

$$2x-4=30$$

答：今年东东17岁，哥哥30岁。

2x-4

拓展

列方程解年龄问题时，要抓住以下几点规律：

01. 年龄差

无论在哪一年，两个人的年龄差不变。

02. 年龄增长

过 n 年，所有人都增长 n 岁。两人之间年龄的倍数关系也随之变化。

例2

　　甲、乙两个工程队同时开凿一条 770 米的隧道,他们从隧道的两端同时相向施工,55 天挖通隧道。已知甲工程队每天开凿 6 米,那么乙工程队每天开凿多少米?

思路

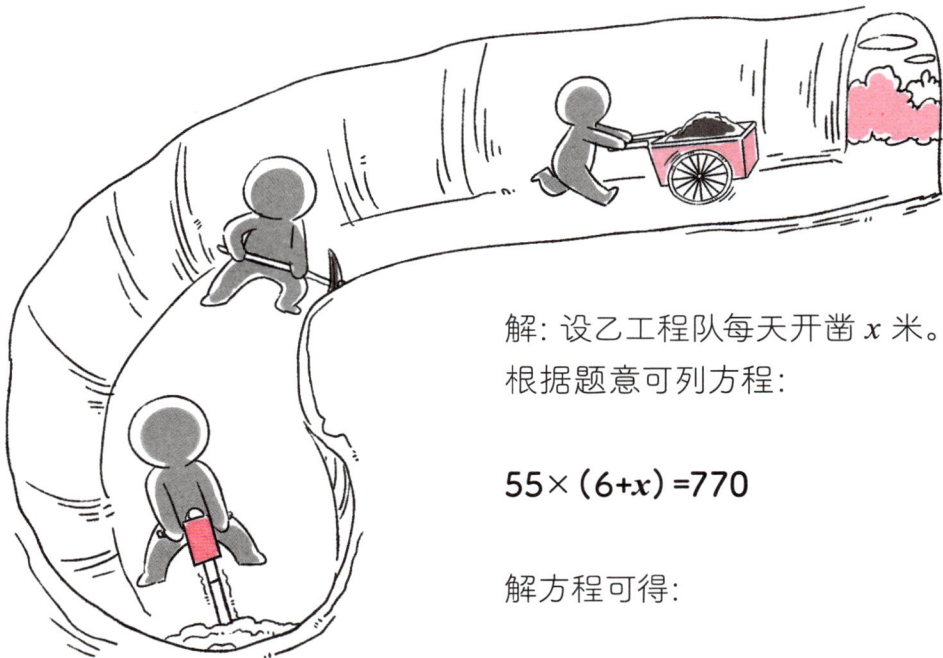

易错

关键词"相向施工"指甲、乙两个工程队分别在隧道的两端**面对面地同时挖隧道**。

解：设乙工程队每天开凿 x 米。

根据题意可列方程：

$$55 \times (6+x) = 770$$

解方程可得：

$$x = 8$$

答：乙工程队每天开凿 8 米。

工作总量＝工作效率 × 工作时间

列方程解工程问题时，如果工作总量不变，那么一般围绕工作效率和工作时间的变化来列方程。

01. 单独工作

提高工作效率，提前完成工作：

原工作效率 × 原工作时间＝现工作效率 × 现工作时间

工作总量 ÷ 现工作效率－工作总量 ÷ 原工作效率＝提前时间

02. 两者合作

甲、乙工作效率不同，工作时间相同：

（甲工作效率＋乙工作效率）× 工作时间＝工作总量

甲、乙工作效率不同，工作时间不同：

甲工作效率 × 甲工作时间＋乙工作效率 × 乙工作时间＝工作总量

例3

东东家和丁丁家相距 8000 米，东东从家骑车去丁丁家，每分钟骑行 170 米，同一时间丁丁从家出发，骑车去迎接东东，每分钟骑行 150 米，经过多长时间两人能正好相遇？

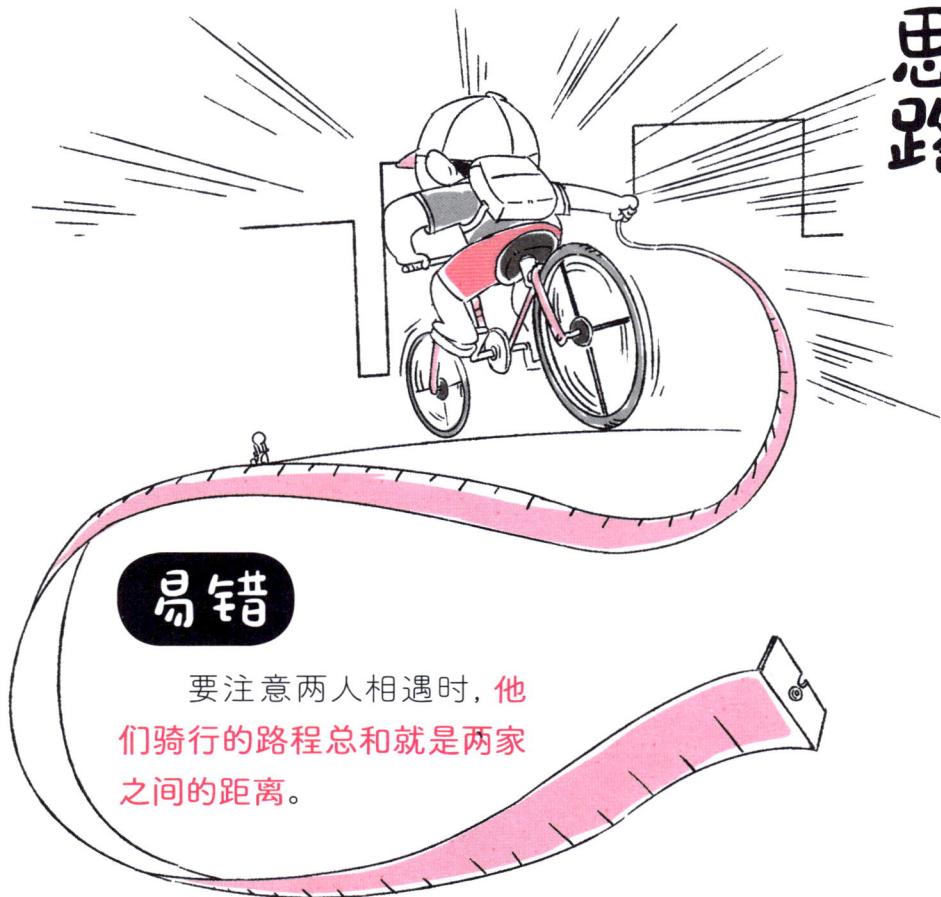

易错

要注意两人相遇时,他们骑行的路程总和就是两家之间的距离。

解: 设经过 x 分钟两人能正好相遇。
根据题意可列方程:

$$170x+150x=8000$$

解方程可得:

$$x=25$$

答: 经过 25 分钟两人能正好相遇。

拓展

解行程问题时，需要根据实际情境分析人或事物的运动方向：运动方向相反，为相遇问题；运动方向相同，为追及问题。

01. 相遇问题

两人面对面行进，若正好相遇，则路程和＝两人距离；
若还有一定距离相遇，则路程和＋相差距离＝两人距离。

02. 追及问题

两人同向行进，若一段时间后速度快的追上速度慢的，
则快者行程＝相差距离＋慢者行程。

例 4

商店将某种商品按盈利 50% 定价,然后再打八折出售,结果每件商品仍可获利 20 元,那么每件商品的进价是多少元?

思路

易错

找准题目中售价、定价和进价之间的数量关系是正确解题的关键。

X 元

解: 设每件商品的进价是 x 元。

根据题意可列方程:

$$(x+50\%x)\times80\%-x=20$$

解方程可得:

$$x=100$$

答: 每件商品的进价是 100 元。

拓展

列方程解实际生活中的利润问题时，要看商品是否打折。

01. 不打折

利润 = 售价 - 进价

利润率 = $\dfrac{利润}{进价} \times 100\%$

02. 打折

利润 = 售价 × 折扣 - 进价

利润率 = $\dfrac{（售价 × 折扣 - 进价）}{进价} \times 100\%$

例 5

　　兰兰把压岁钱存入银行,存期为 3 年,年利率是 2.75%,到期后兰兰共取出 5412.5 元,兰兰存入银行的压岁钱是多少?

易错

要注意存款到期后**取出的钱包括本金和利息**。

解：设兰兰存入银行 x 元压岁钱。
根据题意可列方程：

$x×2.75\%×3+x=5412.5$

解方程可得：

$x=5000$

答：兰兰存入银行 5000 元压岁钱。

解实际生活中的利息问题时，掌握利息、本金之间的等量关系，才能准确地列方程。

01. 利息

利息 = 本金 × 利率 × 时间

02. 本息和

本息和 = 本金 + 利息

03. 利息税

利息税 = 利息 × 利息税率

例6

　　甲、乙两个工程队同时修建一条 200 千米的公路，甲工程队计划每天修建 4.5 千米，乙工程队计划每天修建 5.5 千米。实际上甲工程队每天修建 3.5 千米，两队完成时间比计划晚了 5 天。那么乙工程队实际每天修建多少千米？

思路

易错

列方程时要注意修建的效率和时间改变时，**公路的总长度不变。**

解：设乙工程队实际每天修建 x 千米。

根据题意可列方程：

$$(3.5+x)\times[200\div(4.5+5.5)+5]=200$$

解方程可得：

$$x=4.5$$

答：乙工程队实际每天修建 4.5 千米。

实际与计划不一致时,要看哪些是变化的量,哪些是不变的量,找等量关系列方程。

01. 时间不变

时间不变,效率提高时,工作总量会相应提高。

计划效率 × 工作时间 + 增加产量 = 实际效率 × 工作时间

02. 总量不变

工作总量不变时，如果效率提高，那么工作时间就会相应减少。

计划效率 × 计划时间＝实际效率 × 实际时间

北京市数学特级教师 司梁 主审力荐

扫清知识盲点
规避理解误区
识别题目陷阱

100个

吃透易错题,
得分大赢家
数学篇

平面图形

字在数学发展项目组 编绘

电子工业出版社
Publishing House of Electronics Industry
北京·BEIJING

图书在版编目（CIP）数据

吃透易错题，得分大赢家. 数学篇 平面图形 / 字在数学发展项目组编绘. —— 北京：电子工业出版社，2024.1

ISBN 978-7-121-46569-7

Ⅰ. ①吃… Ⅱ. ①字… Ⅲ. ①小学数学课 – 教学参考资料 Ⅳ. ①G624

中国国家版本馆CIP数据核字（2023）第205960号

责任编辑：赵　妍　季　萌
印　　刷：北京市大天乐投资管理有限公司
装　　订：北京市大天乐投资管理有限公司
出版发行：电子工业出版社
　　　　　北京市海淀区万寿路173信箱　邮编：100036
开　　本：889×1194　1/16　印张：34.5　字数：567.45千字　插页：40
版　　次：2024年1月第1版
印　　次：2024年1月第1次印刷
定　　价：208.00元（全8册）

凡所购买电子工业出版社图书有缺损问题，请向购买书店调换。若书店售缺，请与本社发行部联系，联系及邮购电话：（010）88254888，88258888。

质量投诉请发邮件至zlts@phei.com.cn，盗版侵权举报请发邮件至dbqq@phei.com.cn。

本书咨询联系方式：（010）88254161转1860，jimeng@phei.com.cn。

扫除易错点，轻松学数学

很多小学生经常在解题时出错，比如漏写符号、用错公式等，虽然努力采用"题海战术"去提高，但收效甚微。

要想提高做题准确率，就要找准易错点，有针对性地学习、练习。为此本套书精心设计了以下内容：

1. 归纳整理，全面攻克错题

精心筛选了教材中的典型易错题型，逐条细致地分析、讲解，帮助学生全面、快速地攻克易错点。

2. 错误预警，纠正解题思路

提前给出易错提示，有针对性地引导学生思考，再分步讲解思路，帮助建立解题模型，逐步订正错误思维。

3. 易错拓展，规避相似错误

每节都有相关解题技巧、题目陷阱规律拓展，方便学生举一反三。

4. 跟踪练习，及时巩固技巧

随书赠送跟踪练习题册，让学生巩固技巧，轻松应对变形题。

接下来，一起跟着示范，将易错点逐个击破吧！

目录

1. 角的初步认识

例 1

用三角尺量一量，在括号中填入合适的序号。

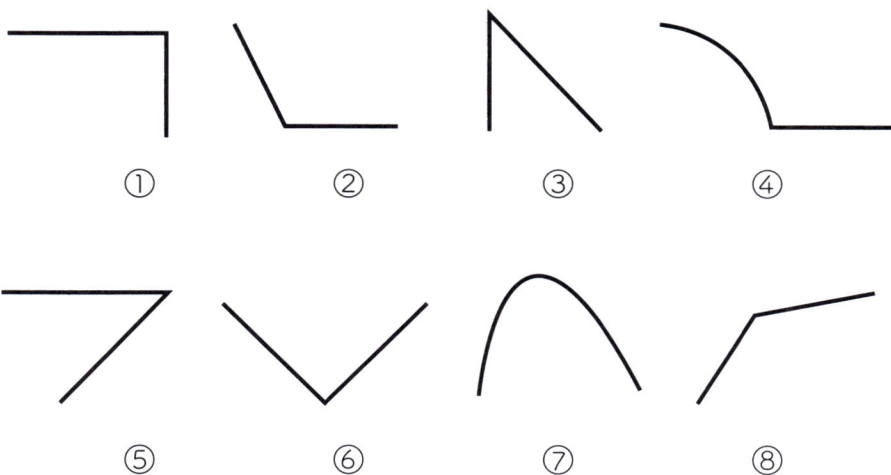

① ② ③ ④

⑤ ⑥ ⑦ ⑧

上述图形中，（　　）是锐角，（　　）是直角，（　　）是钝角。

思路

易错

角有一个顶点且两条边是直线，不符合这些特点的图形不是角。

④和⑦的边不是直线，且⑦没有顶点，所以④和⑦不是角。

用三角尺上的直角去比较时，锐角比直角小，钝角比直角大，由此可以区分：

①⑥为直角，

②⑧为钝角，

③⑤为锐角。

用三角尺判断角时，要注意将三角尺的直角顶点与角的顶点重合，并将三角尺的一条直角边与角的一条边重合。

01. 直角

如果角的另一条边与三角尺的另一条边重合，那么这个角就是直角。

直角的大小是固定不变的，与物体的大小没有关系。

02. 锐角

如果角的另一条边在三角尺的内侧，说明这个角比直角小，是锐角。

03. 钝角

如果角的另一条边在三角尺的外侧，说明这个角比直角大，是钝角。

一起来玩吧!

例 2

观察图形，数一数图中钝角、直角、锐角各有几个。

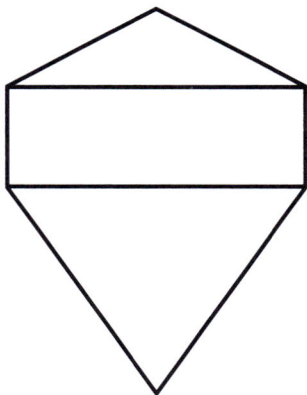

易错

数角时注意**不要多数或漏数组合角**。

角太多，数不清了。

J 点处只有 1 个钝角。

J

I 点处有 1 个锐角和 1 个直角，组合后是 1 个钝角。

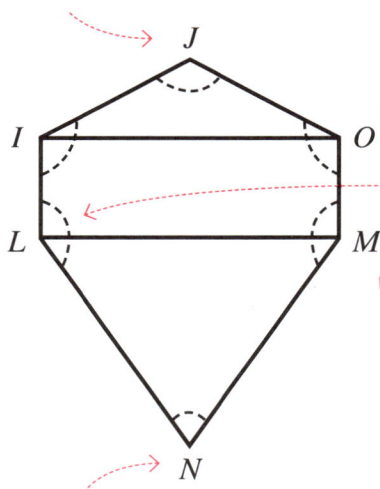

I 　　　　　O

L 　　　　　M

L 点、O 点、M 点处和 I 点处一样。

N

N 点处只有 1 个锐角。

综上，锐角有 5 个，直角有 4 个，钝角有 5 个。

拓展

数组合图形中有多少角时,只数图形内部的内角,不数图形外部的角。

01. 锐角+直角

锐角和直角组合后一定是钝角。

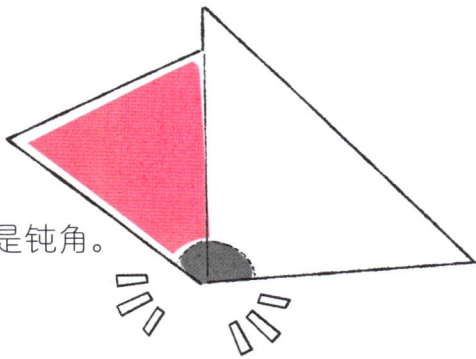

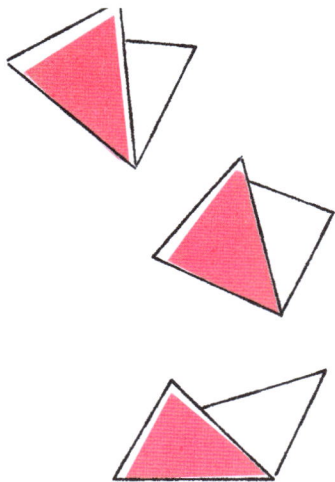

02. 锐角+锐角

锐角和锐角组合后,可能是锐角、直角或钝角,需要结合锐角的度数判断。

07

2. 轴对称图形

请画出图中轴对称图形的另一半。

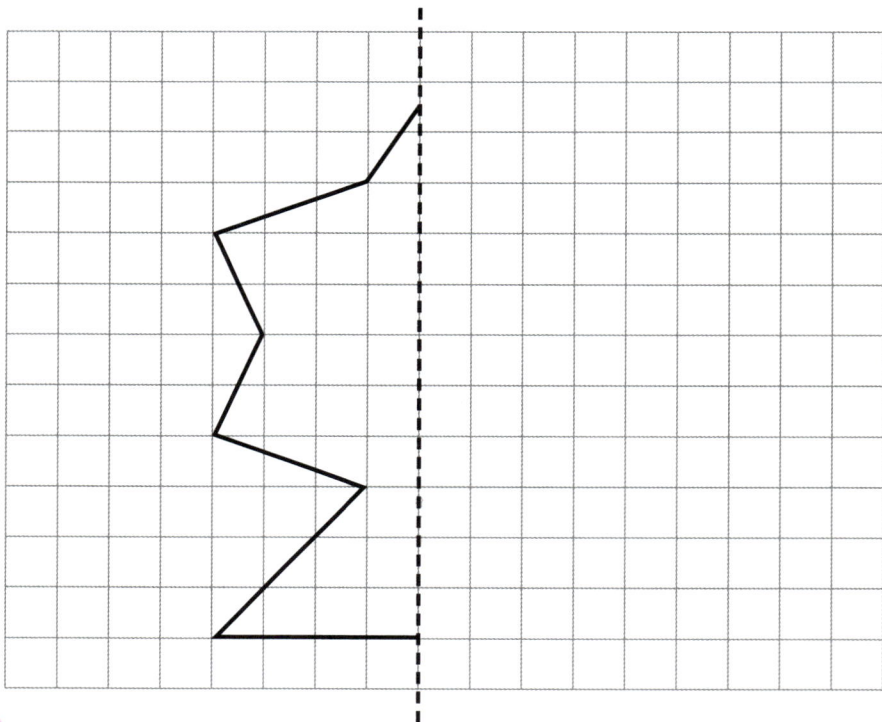

易错

　　画图时要注意根据对称轴**找准关键点的对称点**，保证它们连线后**沿对称轴对折可完全重合**。

先找到关键点的对称点，再顺次连接。

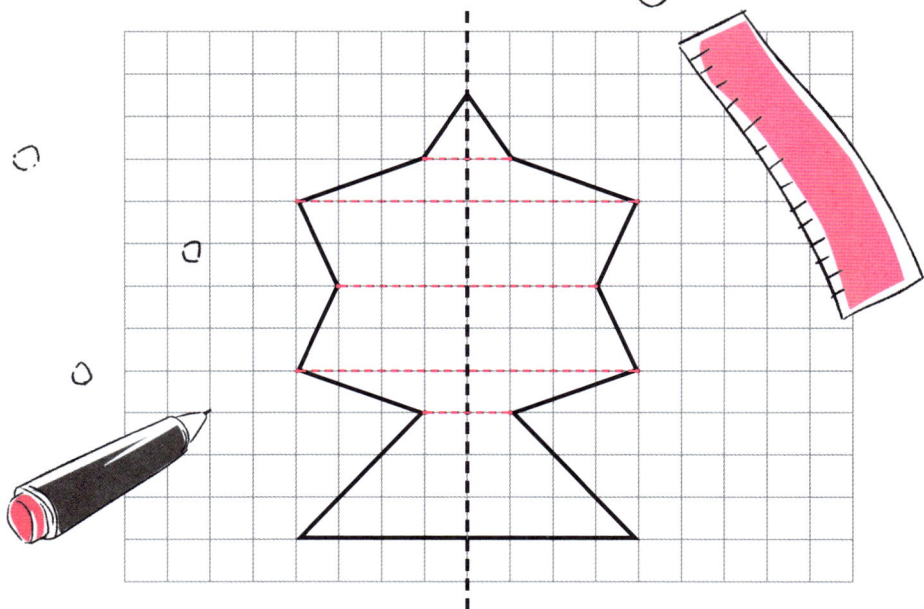

拓展

任意一个轴对称图形都至少有一条对称轴，不同图形的对称轴数量不同。

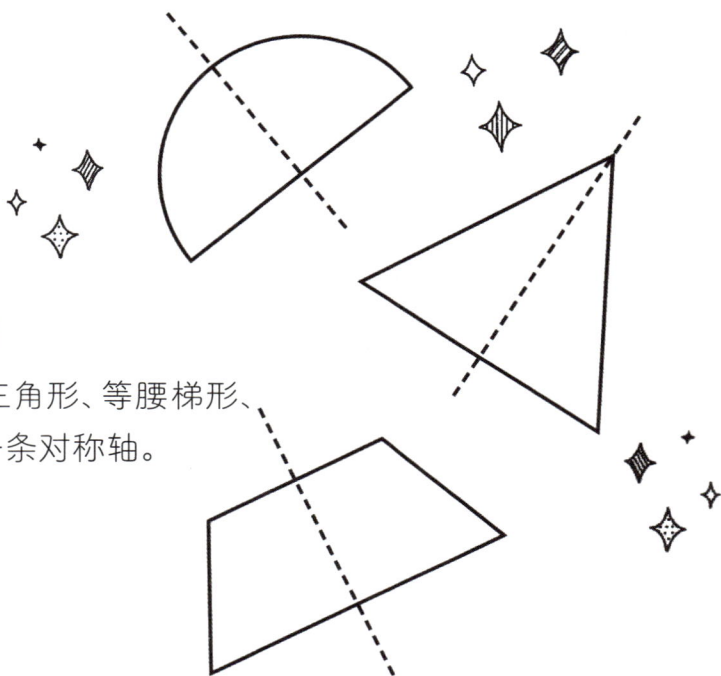

01. **一条**

等腰三角形、等腰梯形、半圆只有一条对称轴。

02. 两条

长方形、菱形有两条对称轴。

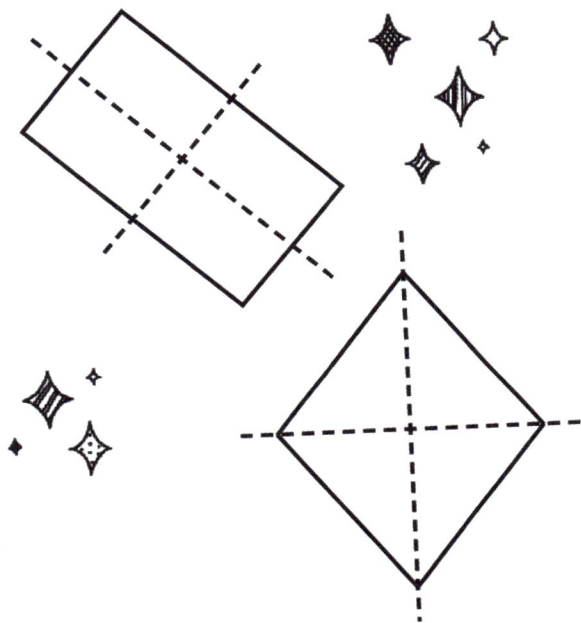

03. 三条

等边三角形有三条对称轴。

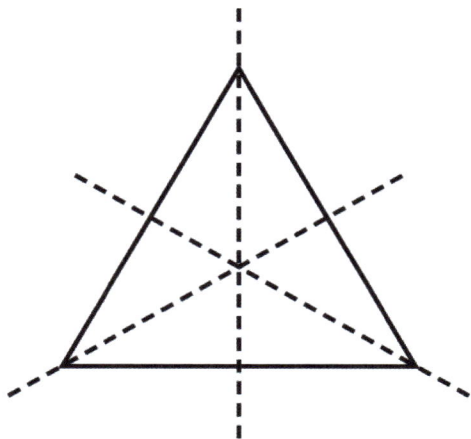

3. 测量

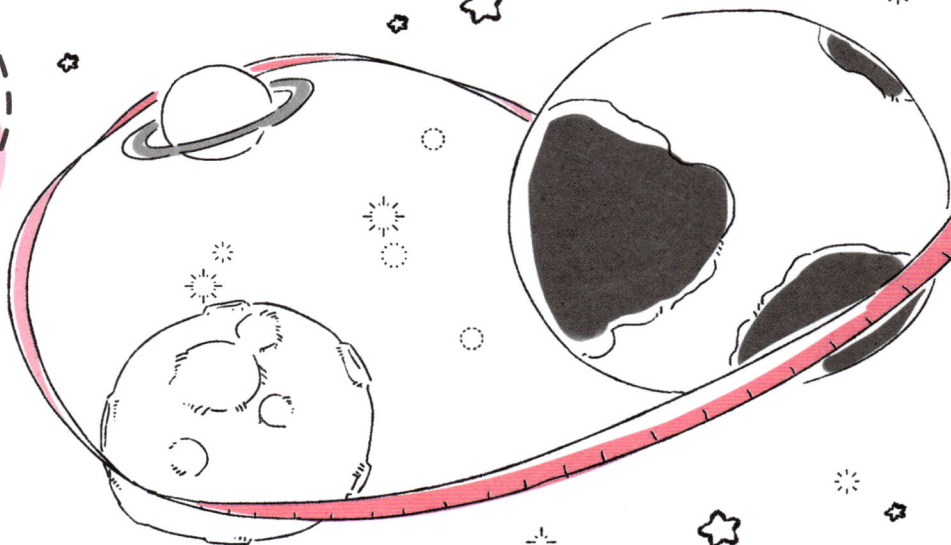

例 1

在下列横线中填入正确的数字。

2 千米 = _____ 米　　15 米 = _____ 厘米

8 分米 = _____ 厘米　3 厘米 = _____ 毫米

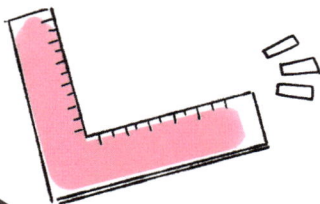

易错

注意不要弄错各长度单位之间的进率。

2 千米 = 2×1000 米 = 2000 米

15 米 = 15×100 厘米 = 1500 厘米

8 分米 = 8×10 厘米 = 80 厘米

3 厘米 = 3×10 毫米 = 30 毫米

拓展

长度单位从大到小排列分别是千米、米、分米、厘米、毫米，其中千米的旧称是公里。

01. 相邻单位

1 千米 =1000 米，1 米 =10 分米，1 分米 =10 厘米，1 厘米 =10 毫米，不是所有相邻长度单位进率都一致。

02. 不相邻单位

1 米 =100 厘米，1 米 =1000 毫米，1 分米 =100 毫米。

例2

东东家院子里有五堆玉米,第一堆 450 千克,第二堆 600 千克,第三堆 400 千克,第四堆 300 千克,第五堆 200 千克。现有一辆可以载重 1 吨的货车,想要两次把所有玉米运走,应该怎样装呢?

思路

易错

要注意每次货车运载的总质量**不能超过货车的载质量**。

把五堆玉米分成两组，每组不超过 1 吨，即 1000 千克。

分组 1：第二堆 + 第三堆

$$600 + 400 = 1000（千克）$$

分组 2：第一堆 + 第四堆 + 第五堆

$$450 + 300 + 200 = 950（千克）$$

我们来比比谁比较重。

一起来看看比较物体质量大小时,应该注意哪些问题吧。

01. 材质不同

比较质量大小时,不要被物体材质给人的固有印象所影响,注意,1千克棉花和1千克铁块一样重。

我们居然一样重!

02. 单位不同

单位不同的物体比较质量时,应先统一单位,再进行比较。

比如1吨钢铁和1000千克铝合金,需要先将单位统一成千克或吨,再比较。

4. 长方形和正方形的周长

例 1

豆豆家有一块长方形的菜地，他准备在菜地中开辟一块正方形的区域用来种辣椒。要想使辣椒的种植区域最大，正方形的周长应该是多少？

8 米

3 米

易错

长方形对边相等，正方形四条边都相等，**长方形中的最大正方形边长取决于长方形的宽。**

要想正方形区域最大，则需要正方形的边长最长。

在不超出长方形区域的前提下，正方形的边长最大长度为长方形的宽。

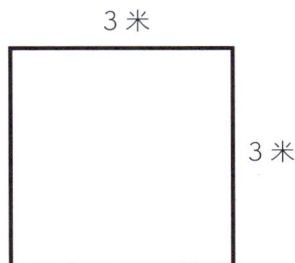

3 米

3 米

所以正方形的周长为：

3×4 = 12（米）

长方形和正方形都是四边形, 正方形是特殊的长方形。

我的四条边都相等,
但我不是正方形。

01. **分辨正方形**

　　四条边都相等的四边形不一定是正方形, 还需要四个角都是直角。

02. **分辨长方形**

　　四个角都是直角且对边相等的四边形不一定是长方形, 也可能是正方形。

我是特殊的长方形。

例 2

　　一块长方形地板，长 13 分米，宽 9 厘米，这块地板的周长是多少？

思路

你来算算它的周长。

易错

计算周长时要注意长方形的各边长**单位是否统一**。

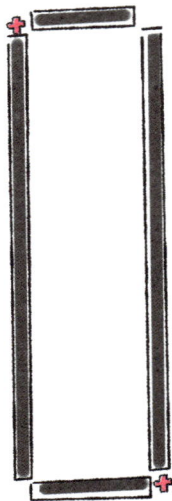

宽: 9 厘米

长: 13 分米

长方形的周长 =（长 + 宽）× 2

地板的长换算为：

13 分米 = 130 厘米

地板的周长为：

（130+9）× 2=278（厘米）

计算长方形或正方形的周长时，要注意所求的长度是否包含所有边。

01. 靠墙围篱笆

围篱笆时，靠墙的一边不需要计算，只需要计算三边即可；若两面靠墙，只需要计算另外两边。

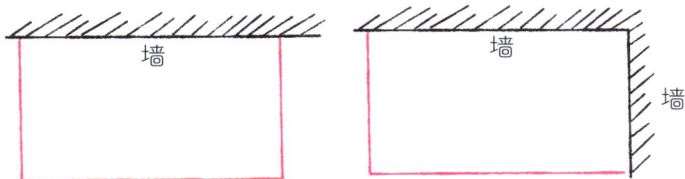

02. 拼接图形

若两个或多个长方形拼接后求周长，拼接时重合的边一般不需要计算。

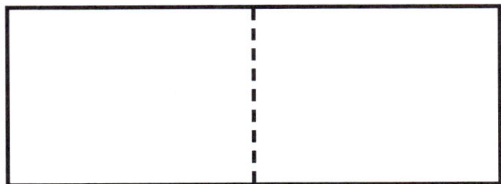

23

扩建后的周长怎么算?

增加了 1 米

增加了 1.5 米

例 3

一块长方形花坛需要扩建，原来花坛的长为 6 米,宽为 3.5 米,扩建后长增加了 1 米,宽增加了 1.5 米,那么扩建后花坛的周长增加了多少?

易错

长方形的长和宽增加后，求周长时注意先**求出变化后的长和宽**。

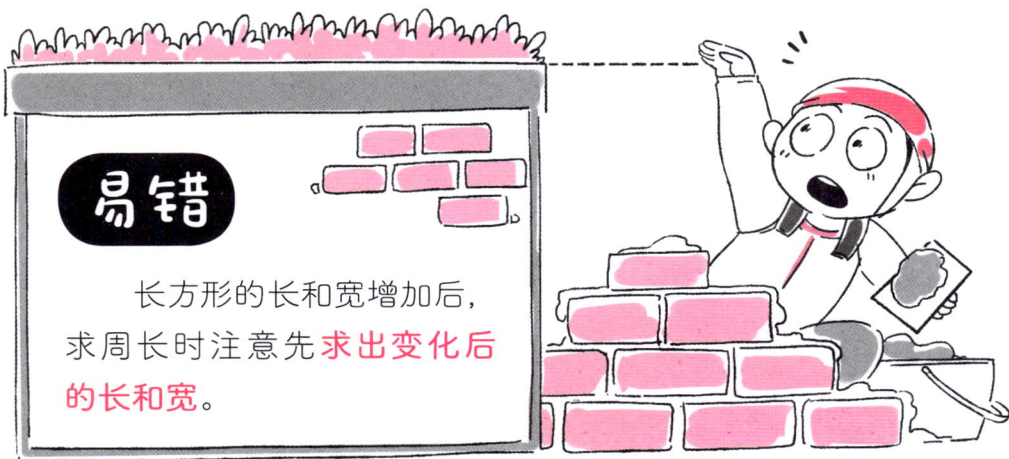

原来这样算!

原来的周长：$(6+3.5)×2=19$（米）

扩建后的长：$6+1=7$（米）

扩建后的宽：$3.5+1.5=5$（米）

扩建后的周长：$(7+5)×2=24$（米）

周长增加了：$24-19=5$（米）

图形的边长增加时,要看是"增加了"还是"增加到",关键词不同,题目含义也不同。

01. 增加了

边长由 a 米增加了 b 米,则增加后的边长为 $a+b$ 米。

02. 增加到

边长由 a 米增加到 b 米,则增加后的边长为 b 米。

5. 长方形和正方形的面积

例 1

玲玲有一张长 50 厘米、宽 25 厘米的红色的长方形纸，如果从纸上剪下一块边长 15 厘米的正方形来剪窗花，那么余下纸的周长、面积与原长方形相比有什么变化？

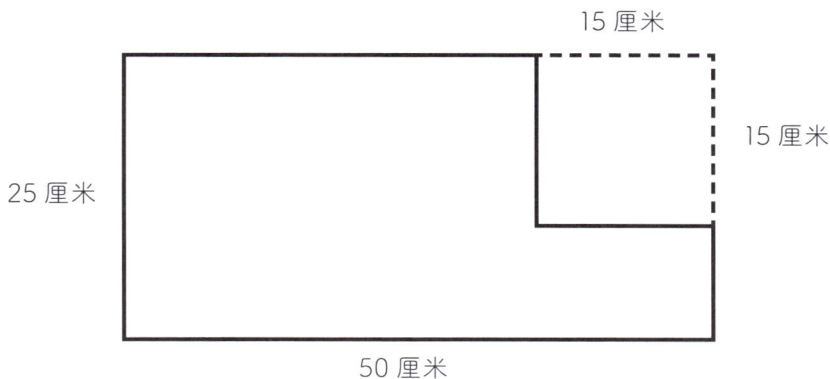

15 厘米

15 厘米

25 厘米

50 厘米

思路

易错

从图形中剪去一部分，**面积一定会减少，但周长不一定会减少**，可能不变甚至增加。

面积减少：

$15×15=225$（厘米²）

周长情况：

如图所示，将线段 a 向右平移，将线段 b 向上平移。

平移后恰好填补原长方形周长缺失部分，所以周长不变。

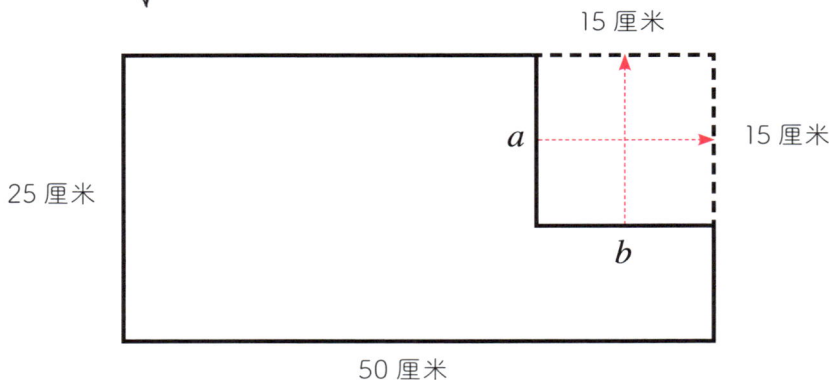

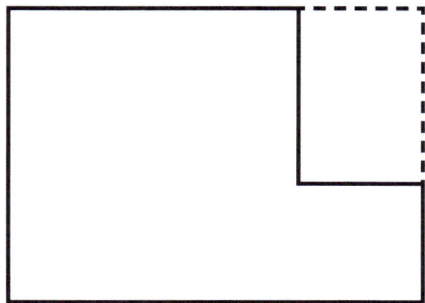

拓展

对图形进行裁剪和拼接时，新图形周长的变化主要取决于裁剪位置和拼接方式。

01. 裁剪

裁剪掉同样大小的图形，位置不同时，周长变化也不同，可通过平移来看周长变化了多少。

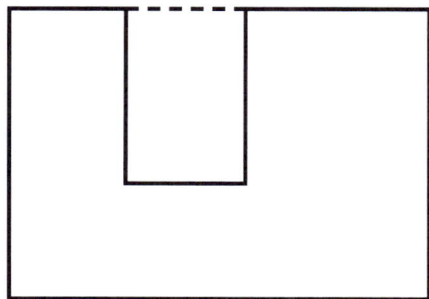

（周长不变）　　　　　　　（周长增加）

02. **拼接**

同样的图形拼接时, 重合部分不同, 周长变化也不同。

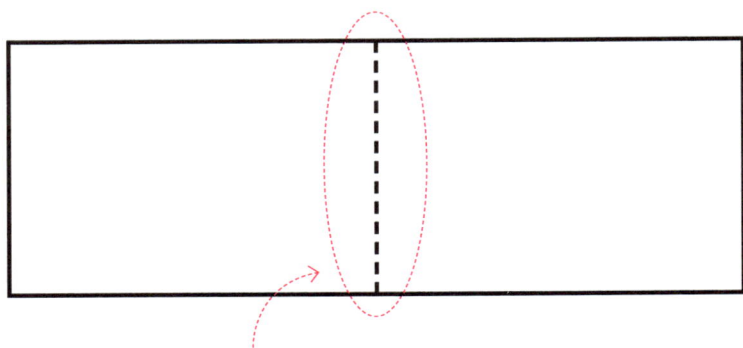

（周长减少两条"宽"）

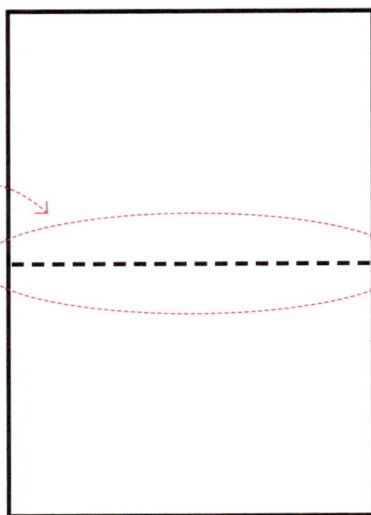

（周长减少两条"长"）

真好玩!

例 2

一个正方形喷泉的周长为 32 米, 那么这个喷泉的面积是多少呢?

思路

要注意"32米"为正方形的周长，不是边长，不能直接求面积。

正方形喷泉的周长为 32 米，则正方形的边长为：

32÷4=8（米）

正方形喷泉的面积为：

8×8=64（米²）

已知长方形的面积求周长时，要先求出未知的边长。

01. 已知长

宽＝长方形的面积 ÷ 长

长方形的周长＝（长＋宽）×2

02. 已知宽

长＝长方形的面积 ÷ 宽

长方形的周长＝（长＋宽）×2

我们来拍照吧!

例3

公园有一个边长为 8 米的正方形池塘, 计划在池塘四周围上宽度为 10 分米的花坛, 你能算出花坛的面积是多少吗?

思路

易错

解题前**要注意先画图**，结合图示找到要求的图形面积。

池塘和花坛的简单结构示意图如下图所示：

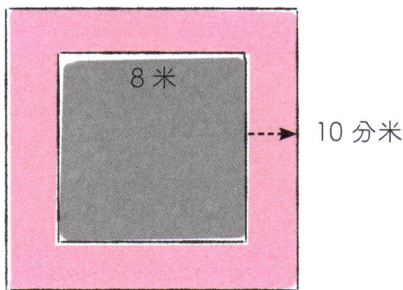

8 米

10 分米

小正方形的面积为：8×8=64（米²）

花坛的宽度为：**10 分米 = 1 米**

大正方形的边长为：**8+1×2=10（米）**

大正方形的面积为：**10×10=100（米²）**

花坛面积为：**100-64=36（米²）**

两个图形套在一起，求外圈面积时，要注意避免出现以下问题：

01. 混淆内外边长

先判断题目中给出的边长，是内圈图形的边长，还是外圈图形的边长，不要混淆。

02. 忽略单位统一

已知内圈图形边长单位为米时，如果增加宽度单位为分米，求解前需要先统一单位。

6. 公顷和平方千米

例 1

　　一辆扫雪车的扫雪宽度是 2.5 米, 扫雪车每分钟行驶 200 米, 沿直线道路行驶 1 小时后, 能清理的雪地面积是多少公顷?

思路

扫雪车 1 小时行驶的路程为：

$$200 \times 60 = 12000（米）$$

扫雪车清理的面积可看作一个长为 12000 米，宽为 2.5 米的长方形。

清理的雪地面积是：

$$12000 \times 2.5 = 30000（米^2）$$

30000 平方米 = 3 公顷

生活中遇到求面积问题时,需要先分析要求的是什么图形。

01. 洒水面积

洒水车洒水时,洒水面积一般为长方形。洒水宽度对应长方形的宽,行驶距离对应长方形的长。

02. 收割面积

收割机收割时,收割面积一般为长方形。收割机宽度对应长方形的宽,行驶距离对应长方形的长。

7. 角的度量

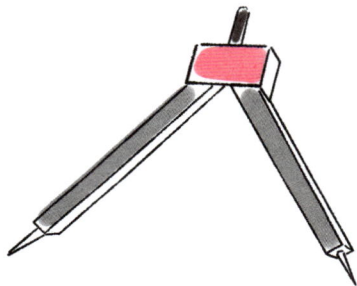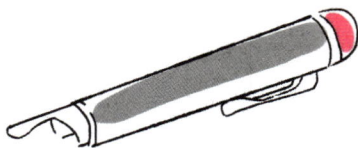

观察这些图形, 在横线中填入正确的序号。

① ② ③ ④

⑤ ⑥ ⑦ ⑧

_____是直线, _____是射线, _____是线段。

易错

要注意线段、直线和射线都是直的，不可以是弯的。

图①只有一个端点，是射线；

图②是一条曲线；

图③有两个端点，是线段；

图④没有端点，是直线；

图⑤没有端点，是直线；

图⑥有两个端点，是线段；

图⑦是一条曲线；

图⑧只有一个端点，是射线。

综上，④⑤是直线，①⑧是射线，③⑥是线段。

拓展

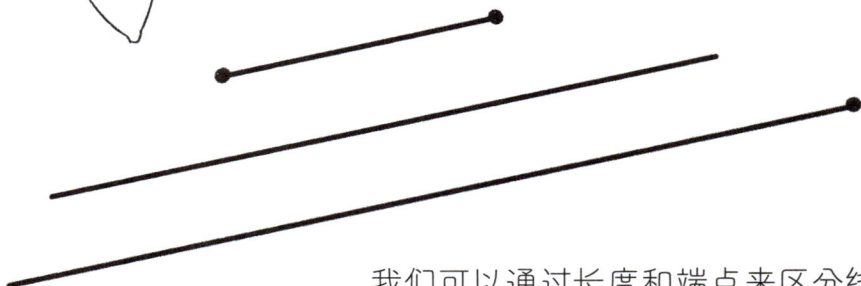

我们可以通过长度和端点来区分线段、直线和射线。

01. 长度

直线向两端无限延伸，射线向一端无限延伸，都不能量出具体长度，只有线段能量出长度。

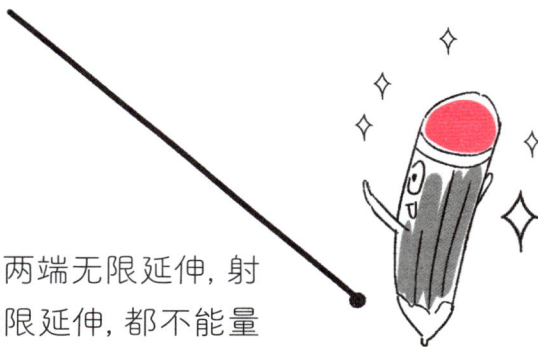

02. 端点

线段有 2 个端点，射线只有 1 个端点，直线没有端点。

42

例2

时钟的时针和分针在不同时间会组成不同的角,你能判断下列时间时针和分针的成角么?

请在横线上填上成角的种类。

① 04:00 _____　② 10:00 _____

③ 06:00 _____　④ 09:00 _____

思路

借助草图，先**画出指定时间下时针和分针的位置**，再判断它们之间的成角。

04:00 是钝角。

10:00 是锐角。

06:00 是平角。

09:00 是直角。

拓展

根据角的大小,可把角分为锐角、直角、钝角、周角、平角,注意不要混淆它们的关系。

01. 直角、平角、周角

1 周角(360°)=2 平角(180°)=4 直角(90°)

 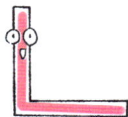

02. 大小关系

锐角<直角(90°)<钝角<平角(180°)<周角(360°)

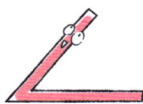 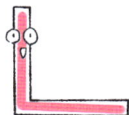 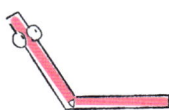 

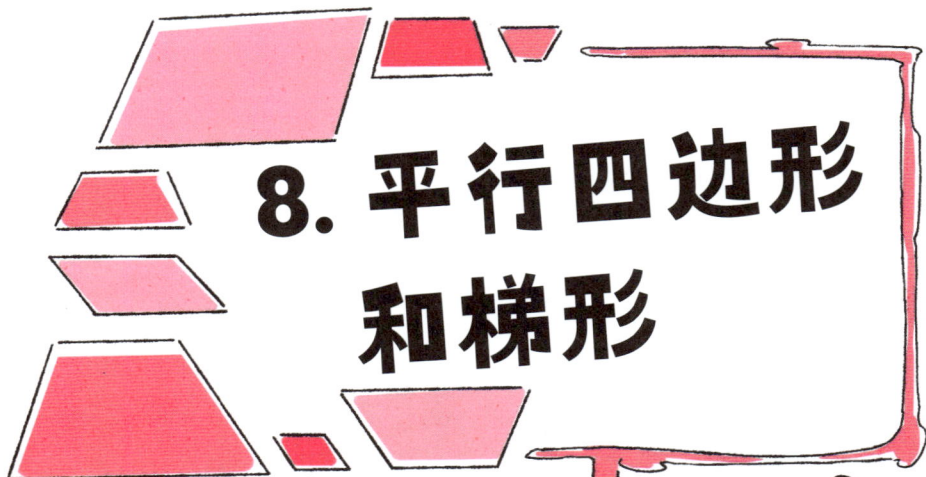

8. 平行四边形和梯形

例1

观察图形，回答问题：

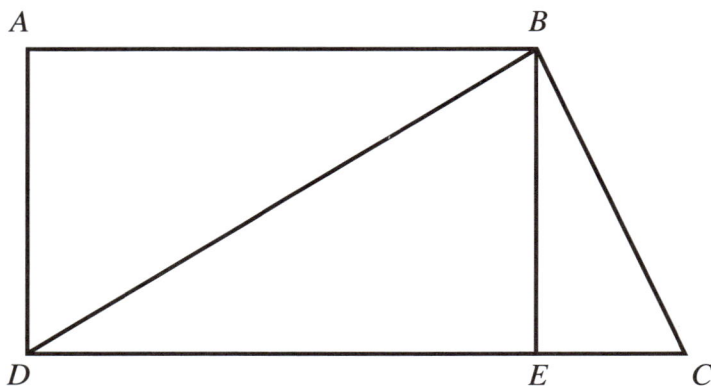

（1）哪条线段所在的直线与 DE 所在的直线永远都不会相交？

（2）从 B 点到 DC 的几条线段中，哪条最短？

易错

理解两条直线互相平行或垂直的意义是正确解题的关键。

（1）平行的两条直线不相交。

在长方形 *ABED* 中，*AB* 平行于 *DE*，因此所求的线段是 *AB*。

（2）从直线外一点到这条直线的垂直线段最短。

B 为直线 *DC* 外一点，在线段 *BD*、*BE* 和 *BC* 中，只有 *BE* 垂直于 *DC*，因此所求最短线段为 *BE*。

拓展

判断同一平面里的两条直线平行和垂直关系
是否成立时，注意谨慎区分以下两种情况：

01. 不一定平行

不相交的两条线不一定是
平行线，不相交的两条直线才是
平行线。

（不平行）

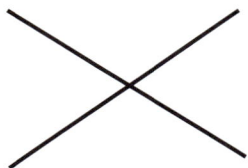

（不垂直）

02. 不一定垂直

相交的两条直线不一定垂直，
两条直线相交后成直角才算垂直。

例 2

①   
②   
③

④   
⑤   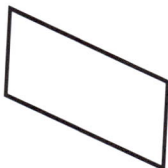
⑥   
⑦

观察这些图形，其中平行四边形有＿＿＿个，

梯形有＿＿＿个。

易错

要注意区分平行四边形和梯形的特征。

图①⑤⑥两组对边分别平行, 是平行四边形;

图②⑦没有对边平行, 不是平行四边形也不是梯形;

图③④只有一组对边平行, 是梯形。

综上, 平行四边形有 3 个, 梯形有 2 个。

判断一个四边形的形状时，要看它对边的关系。

01. 对边平行

"只有一组"对边平行的四边形是梯形，"有一组"对边平行的四边形可能是梯形也可能是平行四边形。

02. 对边相等

平行四边形的两组对边都相等，梯形平行的一组对边不相等，等腰梯形的两腰相等。

9. 三角形

例 1

小蒙家里有四根木条,长度分别为 20 厘米、15 厘米、12 厘米、8 厘米, 要从其中选出三根木条组成三角形做稳定支架,小蒙共有多少种选择方法呢?

易错

解题的关键是掌握三角形三条边之间的数量关系，**只有当任意两边的长度之和大于第三边时，才能围成三角形。**

先选定一边作为三角形最长边，另两边的长度之和大于最长边即可。

当 20 厘米作为最长边时，另两边可以是 15 厘米、12 厘米，或 15 厘米、8 厘米，不能是 12 厘米、8 厘米，此时共有 2 种选择;

当 15 厘米作为最长边时，另两边可以是 12 厘米、8 厘米，只有 1 种选择;

12 厘米和 8 厘米无法作为最长边。综上，小蒙共有 3 种选择。

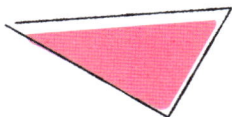

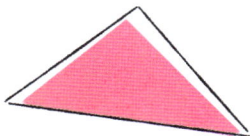

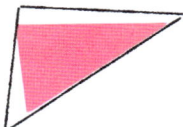

拓展

挑选三条边组成三角形时, 要警惕以下两种情况:

01. 两边和等于第三边

当三角形任意两边的长度和等于或小于第三边时, 都不能组成三角形。

你们没我高, 不能和我组成三角形。

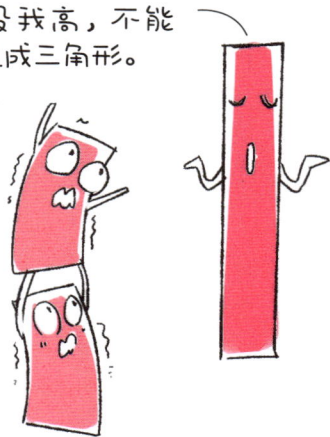

02. 重复计数

先选定一条边, 再选取另两条边时注意不要与前面选过的重复, 以免出现重复计数。

例2

量一量，在下列横线上填入正确的三角形序号。

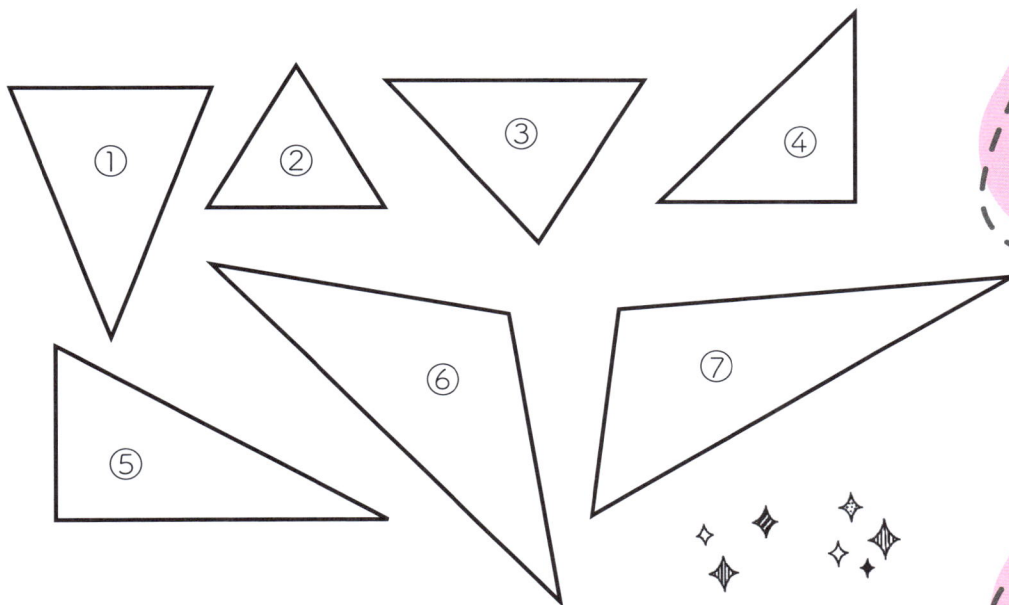

锐角三角形有＿＿＿＿；

直角三角形有＿＿＿＿；

钝角三角形有＿＿＿＿；

等腰三角形有＿＿＿＿；

等边三角形有＿＿＿＿。

思路

易错

注意区分按角分类的三角形和按边分类的三角形，**不要混淆每种三角形的特点**。

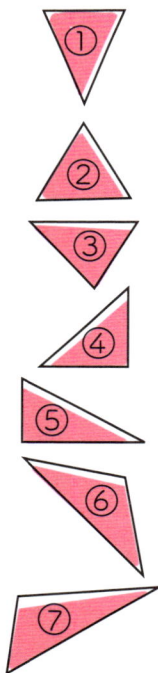

图①两条边相等，三个角都是锐角；

图②三条边相等，三个角都是锐角；

图③三条边均不相等，三个角都是锐角；

图④两条边相等，一个角为直角；

图⑤三条边均不相等，一个角为直角；

图⑥两条边相等，一个角为钝角；

图⑦三条边均不相等，一个角为钝角。

综上，锐角三角形有①②③，直角三角形有④⑤，钝角三角形有⑥⑦，等腰三角形有①②④⑥，等边三角形有②。

你知道等边三角形与等腰三角形、锐角三角形的关系吗?

01. 与等腰三角形的关系

等边三角形是等腰三角形的特殊情况,等边三角形一定是等腰三角形,但等腰三角形不一定是等边三角形。

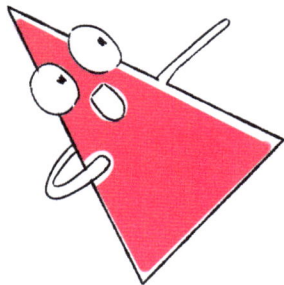

02. 与锐角三角形的关系

等边三角形每个内角都是 60°,所以其一定是锐角三角形,但锐角三角形不一定是等边三角形。

例3

等腰三角形的一个底角为 74°，则其顶角的度数为？

易错

解题的关键是掌握**三角形内角和是180°**这一重要知识点。

等腰三角形内角和 = 顶角 + 底角 ×2

顶角 = 等腰三角形内角和 − 底角 ×2

等腰三角形的顶角度数为:

$180° - 74° × 2 = 32°$

根据三角形的内角和,可以求出未知角的度数,进而判断三角形的类型。

01. 最多只有1个钝角或直角

如果一个三角形中有 1 个角是钝角或直角,那么其余两个角一定是锐角。

02. 内角和与边的关系

任何三角形的内角和都是 180°,与边的长短没有关系。

10. 图形的平移

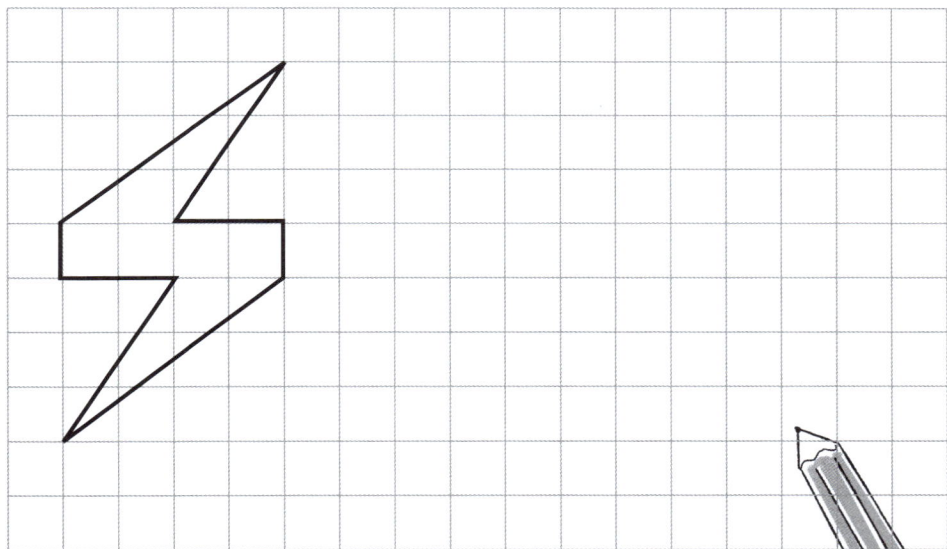

例

将"闪电图形"向右平移 8 格后,再向下平移 8 格,画出平移后的图形。

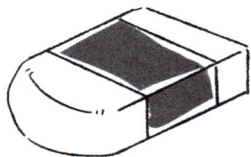

易错

　　解题的关键是理解平移的要求，弄清**平移的顺序、方向和格数**。

数格数时一定要仔细。

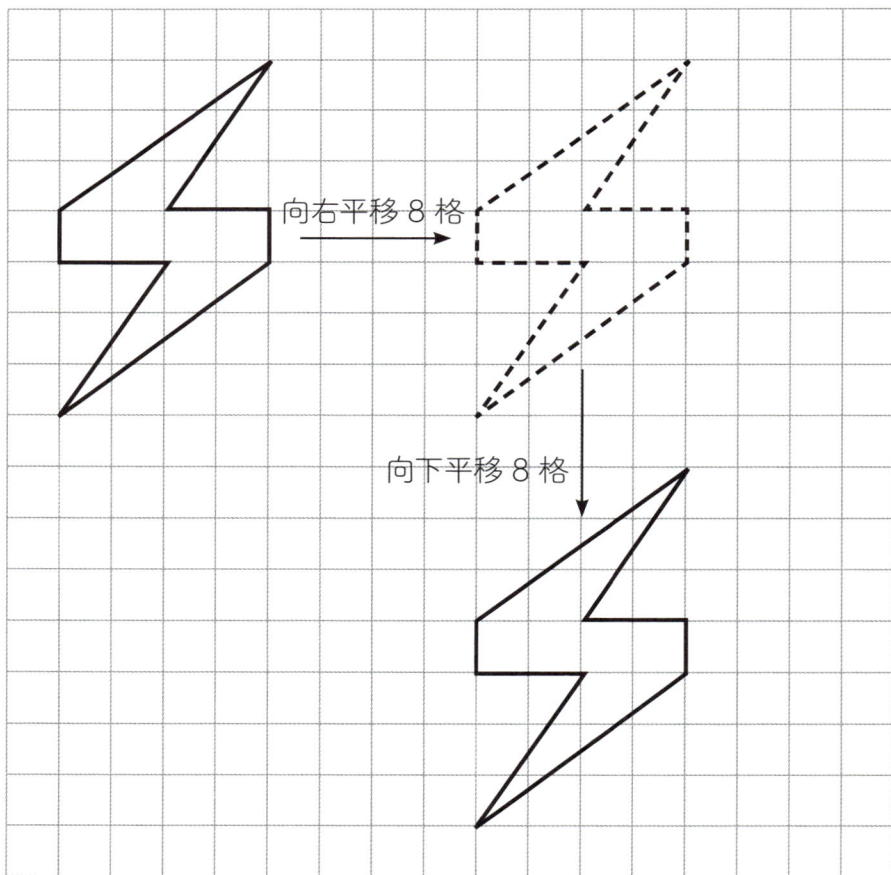

向右平移8格

向下平移8格

图形多次平移时，要按顺序逐步平移。在平移过程中，每个点移动的距离都相等。

01. 混淆平移图形

图形平移两次时，要注意是将第一次平移后的图形进行第二次平移，而不是再次平移原图形。

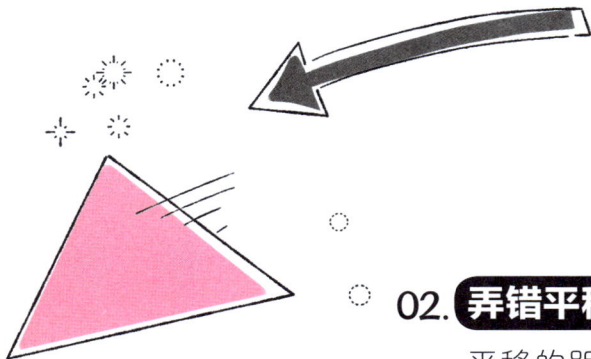

02. 弄错平移距离

平移的距离指平移前后对应点之间的距离，而不是平移前后图形间的距离。

11. 多边形的面积

例 1

公园新建了一个平行四边形花坛，规划了三条步行道 AB、AC 与 AD，其中 AB = 10 米，AC = 8 米，AD = 16 米，你能算出花坛的周长吗？

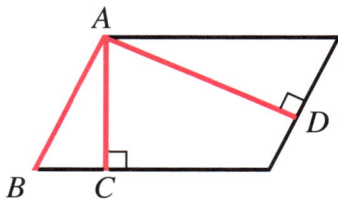

易错

　　要注意准确使用平行四边形的周长公式和面积公式，

周长=相邻两边长度之和×2，
面积=底×高。

　　若以 *AB* 为底，*AD* 为高，可得平行四边形的面积为：

16 × 10 = 160（米²）

　　若以 *AC* 为高，可得对应边长为：

160 ÷ 8 = 20（米）

　　所以，花坛的周长为：

（10 + 20）× 2 = 60（米）

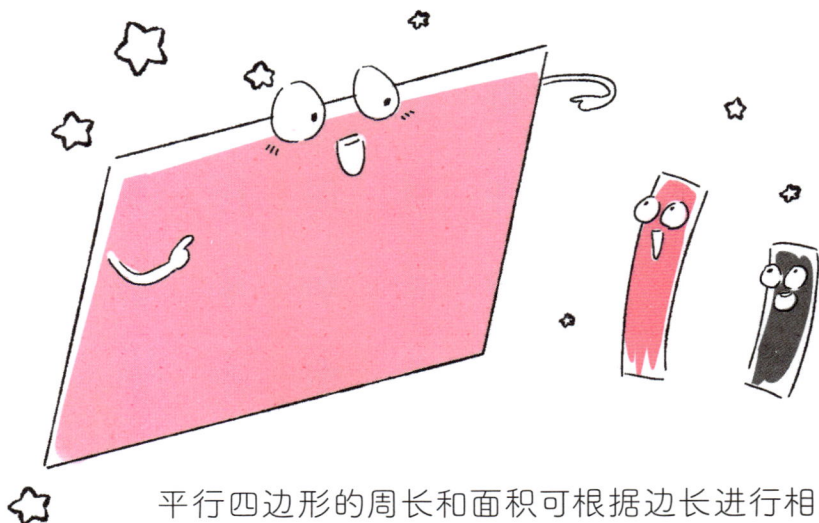

平行四边形的周长和面积可根据边长进行相互转化，转化过程中需要注意要求的边与哪条高对应。

要先求出平行四边形的未知边长。

01. 已知面积，求周长

相邻未知边 = 面积 ÷ 对应高

周长 = （相邻已知边 + 相邻未知边）×2

02. 已知周长，求面积

未知边 = 周长 ÷2 - 已知边

面积 = 未知边 × 对应高

例2

　　如图，已知平行四边形 *ABCD* 的一边长度为 20 米，对应高为 10 米，那么三角形 *ADC* 的面积是多少呢？

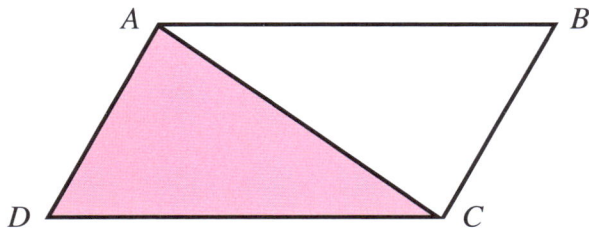

思路

易错

要注意题中的**三角形与平行四边形等底等高。**

三角形与平行四边形等底等高时:

三角形的面积 = 平行四边形的面积 ÷ 2 = 底 × 高 ÷ 2

所以三角形的面积为:

10 × 20 ÷ 2 = 100(米²)

三角形与平行四边形等底等高时，如果高已知，如何求底呢？

01. 除以"2"

已知平行四边形的面积：

三角形的底＝平行四边形的面积 ÷2÷ 高

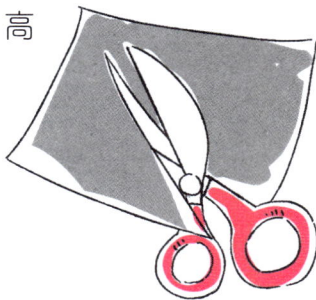

02. 乘"2"

已知三角形的面积：

平行四边形的底＝三角形的面积 ×2÷ 高

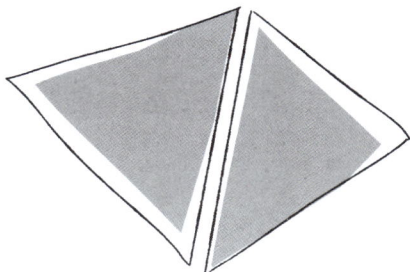

例3

东东发现灯罩的一面恰好是梯形,已知这个梯形的面积是 240 厘米^2,高为 15 厘米,上底为 8 厘米,那么它的下底长度是多少呢?

易错

逆向应用梯形的面积公式时，**要把"÷2"变为"×2"。**

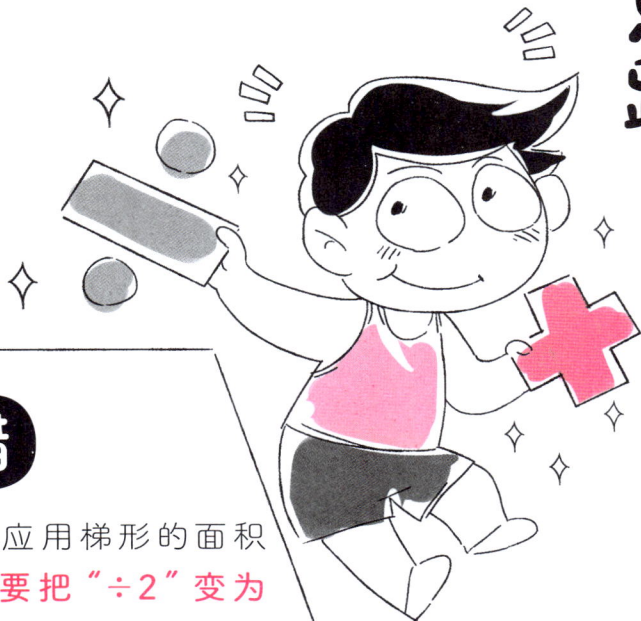

根据梯形的面积公式可推导出：

下底 = 梯形的面积 ×2÷ 高 - 上底

所以梯形的下底长度为：

240 × 2 ÷ 15 - 8 = 24（米）

拓展

正向应用和逆向应用梯形的面积计算公式时，要注意运算顺序。

01. 正向应用

梯形的面积 =（上底 + 下底）× 高 ÷2

应用梯形的面积公式计算时，不要忘记除以 2。

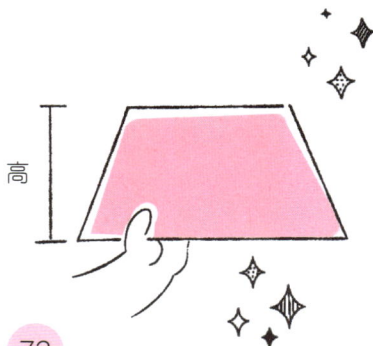

02. 逆向应用

高 = 梯形的面积 ×2÷（上底 + 下底）

逆向应用梯形的面积公式求高时，梯形的面积要乘 2。

爷爷，我们回来啦!

例4

　　爷爷在后院开辟了一块菜地，经测量，菜地的各个边长如图所示，你能计算出菜地的面积吗?

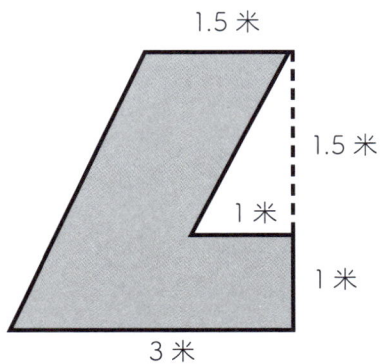

1.5 米

1.5 米

1 米

1 米

3 米

思路

易错

注意不要直接计算不规则图形的面积，要**先通过切割或转换等方式，将其转化为规则图形**，再计算。

作辅助线如图，将图形分割成一个平行四边形和一个梯形。

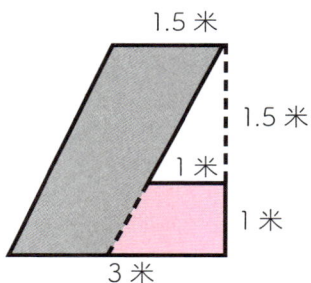

平行四边形的底为 1.5m，高为 1.5+1=2.5（米），所以平行四边形的面积为：

$$1.5 \times 2.5 = 3.75（米^2）$$

梯形的上底为 1 米，下底为 3-1.5=1.5（米），高为 1 米，所以梯形的面积为：

$$(1 + 1.5) \times 1 \div 2 = 1.25（米^2）$$

菜地的面积为：

$$3.75 + 1.25 = 5（米^2）$$

求组合图形的面积时,可以用"切割法"或"添补法",把它补成规则图形。

01. 切割法

连接辅助线后,如果没有把图形切割为规则图形,说明辅助线的位置不恰当,应该及时调整。

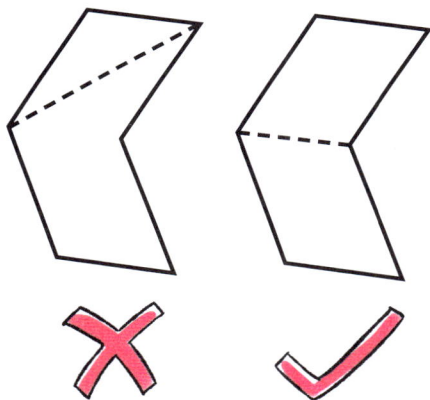

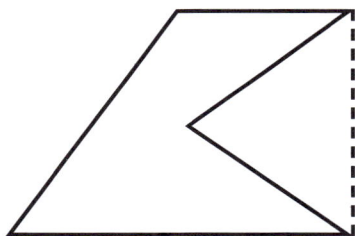

02. 添补法

通过添加合适的辅助线,将图形补成规则图形,这样更方便计算。

不规则图形的面积=梯形的面积-三角形的面积

75

12. 图形的旋转

例

下图可以看作一个三角形绕____，____旋转，由旋转后的图形可知，三角形在旋转过程中，每次均旋转_____度。

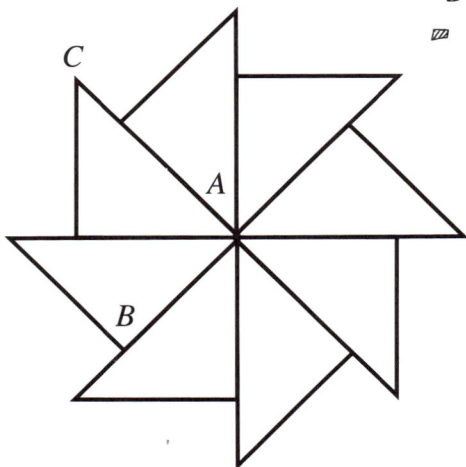

以下哪个选项符合题目要求呢？（　　　）

A. 点 *A*，顺时针，45

B. 点 *A*，逆时针，90

C. 点 *B*，逆时针，90

D. 点 *C*，顺时针，45

易错

观察图形时,要先**找准旋转中心**,然后再**确定旋转的方向和角度**。

点 A 在旋转中一直不动,是图形旋转的中心。

因为旋转后的图形恰好组成一个完整的中心对称图形,所以旋转方向顺时针或逆时针都可以。

在旋转点 A 处,恰好 8 个角平分了 360°,则旋转角度为:

360÷8=45(度)

综上,题目选 A。

拓展

根本停不下来。

旋转中心是图形旋转时唯一不动的点, 图形旋转后, 形状和大小不会发生变化。

01. 旋转次数

一个图形通过多次旋转形成整体图形, 数旋转次数时, 注意不要忽视原图形。

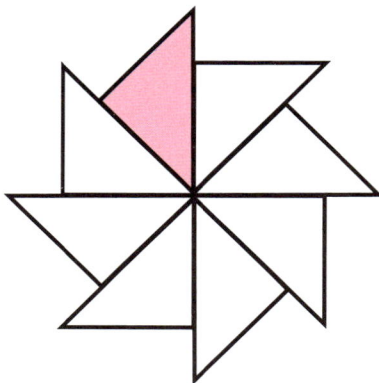

（三角形旋转七次后形成, 而非旋转八次）

02. 旋转角度

  同一个图形绕相同的中心点旋转到同一位置时，顺时针旋转的角度和逆时针旋转的角度可能是不同的。

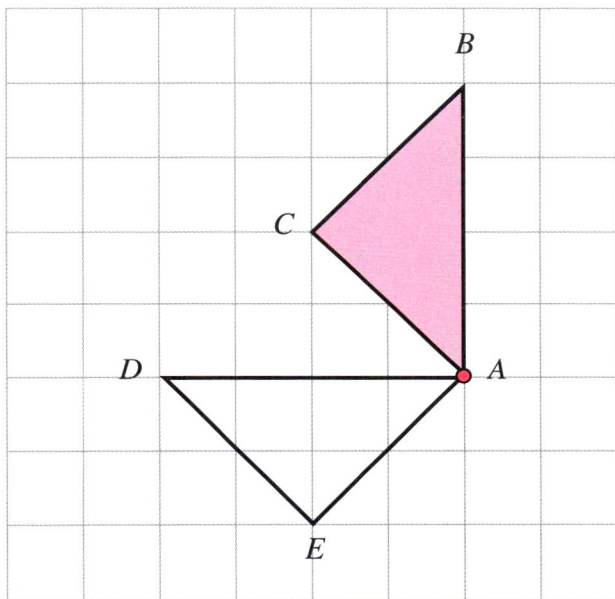

  （△ *ABC* 绕点 *A* 旋转，逆时针旋转 90°，顺时针旋转 270°，都能到达△ *ADE* 的位置）

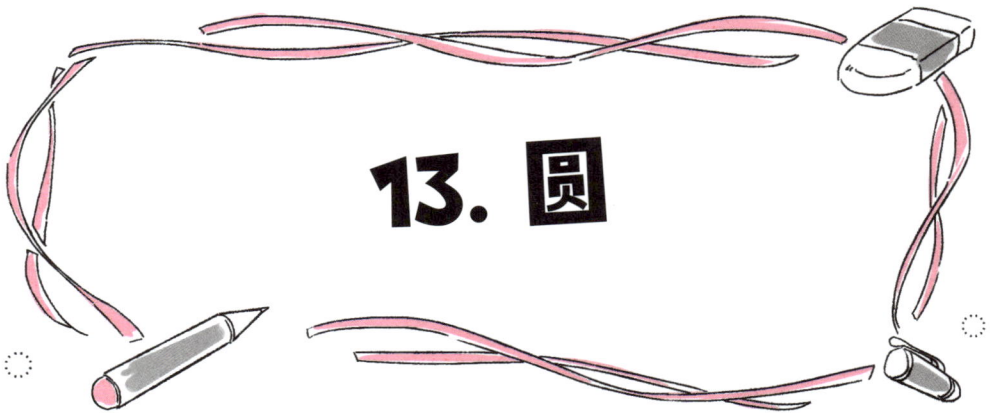

13. 圆

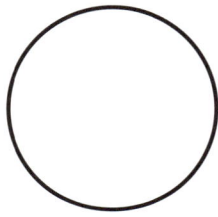

A

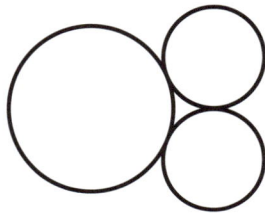

B

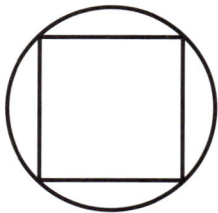

C

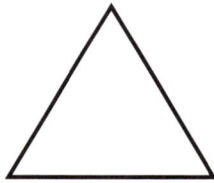

D

例 1

以上图形中，对称轴数量最少的是（　　）

易错

圆有无数条对称轴，但与其他图形组合时**要考虑整体形状，不能只看各部分图形对称轴的数量。**

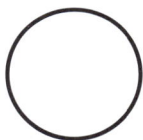

A 选项是圆形，有无数条对称轴；

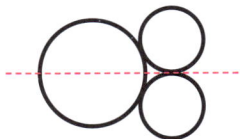

B 选项只有 1 条对称轴；

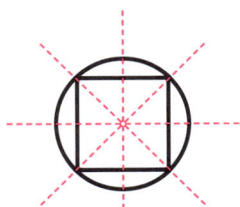

C 选项是圆内套了一个正方形，圆有无数条对称轴，正方形有 4 条对称轴，结合后图形共有 4 条对称轴；

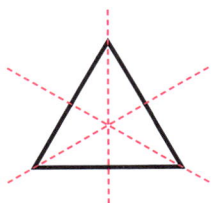

D 是正三角形，有 3 条对称轴；

综上，对称轴数量最少的是 B 选项。

圆与其他图形组合时，整体图形的对称轴数量需要结合其他图形的对称轴数量去判断。

01. 圆与圆组合

对称轴数量主要根据各圆的圆心位置来判断。

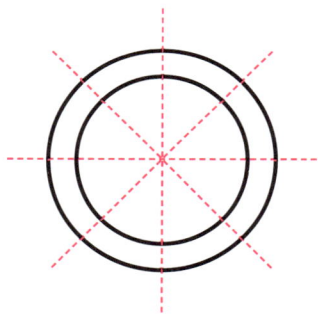

（无数条对称轴）

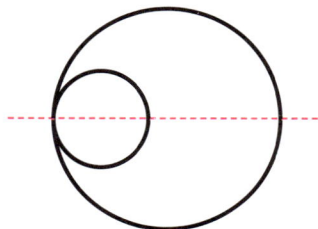

（1 条对称轴）

02. 圆与其他图形组合

对称轴数量主要根据除圆之外的图形的对称轴数量来判断。

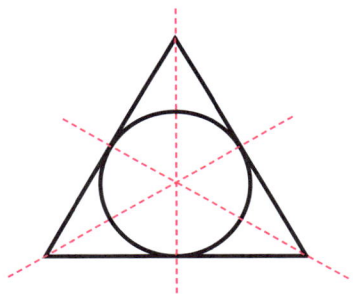

（3 条对称轴）

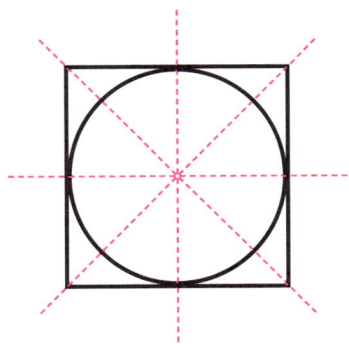

（4 条对称轴）

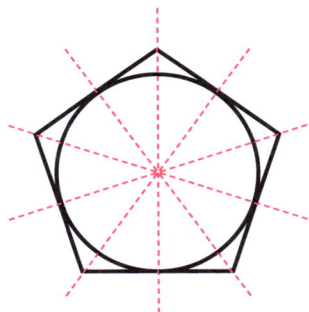

（5 条对称轴）

例 2

　　人行道两旁有两个大小相同的半圆形花坛,工人们计划给每个花坛围一圈小栅栏,半圆形花坛的直径为 8 米,将两个花坛都围起来至少需要多少米小栅栏(保留整数)?

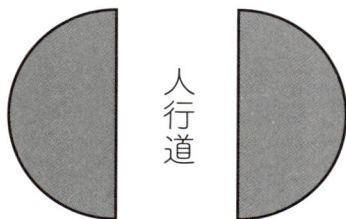

人行道

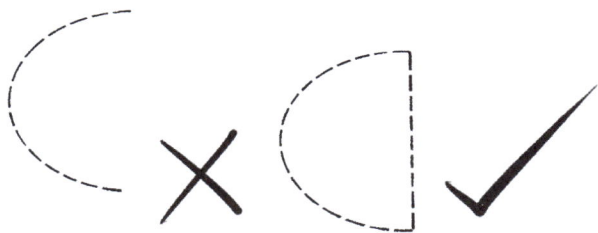

易错

　　要注意半圆形花坛的周长包括直径，**不要混淆半圆的周长和周长的一半。**

半圆形花坛的直径为 8 米，
则一个花坛的周长为：

$$8 + \frac{1}{2} \times (8\pi) = 8 + 4\pi = 20.56\,(米)$$

则两个半圆形花坛的周长为：

$$20.56 \times 2 = 41.12\,(米)$$

保留整数后，至少需要 42 米小栅栏。

如果要给半圆形花坛围小栅栏，那么栅栏的长度取决于是否要围上半圆直径的那条边。

01. 半圆的周长

栅栏的长度 = 圆形周长的一半 + 一条直径长度

02. 圆周长的一半

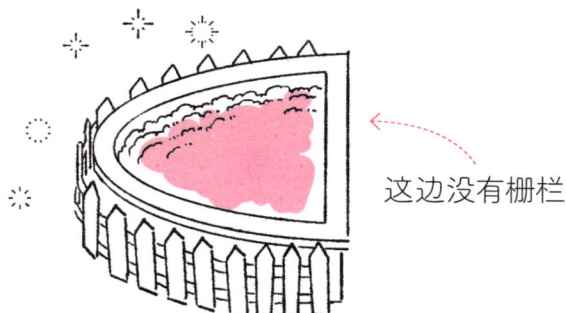

这边没有栅栏

栅栏的长度 = 圆形周长的一半，不额外加直径的长度

例3

东东上学骑车到学校需要 10 分钟, 车轮每分钟转 100 圈。已知车轮的半径是 35 厘米, 那么东东家到学校的路程是多少米?

易错

要注意**车轮每分钟转的总长度就是东东骑车每分钟行驶的路程**，即东东骑车的速度。

车轮滚动一圈的长度等于车轮的周长。
车轮的周长为：

$3.14 \times 2 \times 35 = 219.8$（厘米）

东东骑车的速度为：

$219.8 \times 100 = 21980$（厘米／分钟）$= 219.8$（米／分钟）

东东家到学校的路程：

$219.8 \times 10 = 2198$（米）

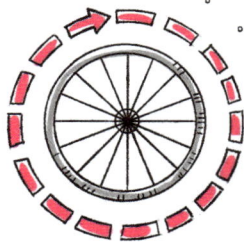

把行程问题转化成求圆的周长时, 需要先找到
实际问题中哪个条件对应圆的半径及周长。

01. **自行车**

车辐条长度 = 圆的半径
车轮转动一圈 = 圆的周长

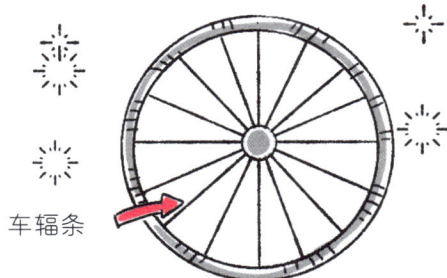

车辐条

02. **摩天轮**

摩天轮拉索的长度 = 圆的半径
摩天轮转动一周 = 圆的周长

拉索

例 4

　一个圆环的外直径为 30 厘米，内直径为 20 厘米，请你算一算这个圆环的面积是多少。

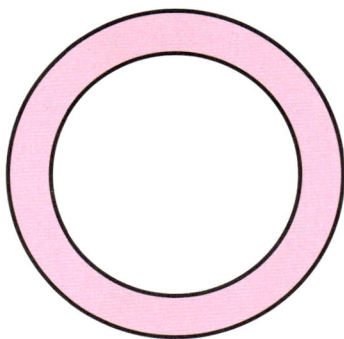

外圆

内圆

思路

易错

圆环的面积 = $\pi R^2 - \pi r^2$，注意不要混淆圆环的内外直径。

圆环的外直径为 30 厘米，则外圆的半径为 15 厘米，内直径为 20 厘米，则内圆的半径为 10 厘米。

所以圆环面积为：

$$\pi \times 15^2 - \pi \times 10^2 = 125\pi = 392.5（厘米^2）$$

如果没有直接给出圆环内外圆的半径,需要通过其他条件来转化,那么使用面积公式时注意不要代错数值。

01. 混淆半径和直径

把内外圆直径的长度代入时,需要先除以 2,转化为半径再计算。

02. 错误应用公式

不能直接用圆环的宽度来求圆环面积,应该根据宽度算出内外圆的半径,再求圆环面积。

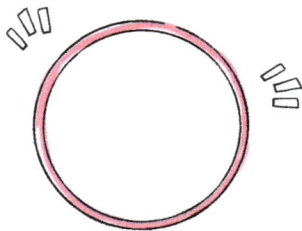

100分

扫清知识盲点
规避理解误区
识别题目陷阱

吃透易错题，
得分大赢家
数学篇

数与运算

字在数学发展项目组 编绘

电子工业出版社
Publishing House of Electronics Industry
北京·BEIJING

图书在版编目（CIP）数据

吃透易错题，得分大赢家. 数学篇 数与运算 / 字在数学发展项目组编绘. -- 北京：电子工业出版社，2024.1

ISBN 978-7-121-46569-7

Ⅰ.①吃… Ⅱ.①字… Ⅲ.①小学数学课－教学参考资料 Ⅳ.①G624

中国国家版本馆CIP数据核字（2023）第205963号

责任编辑： 赵　妍　季　萌
印　　刷： 北京市大天乐投资管理有限公司
装　　订： 北京市大天乐投资管理有限公司
出版发行： 电子工业出版社
　　　　　 北京市海淀区万寿路173信箱　邮编：100036
开　　本： 889×1194　1/16　印张：34.5　字数：567.45千字　插页：40
版　　次： 2024年1月第1版
印　　次： 2024年1月第1次印刷
定　　价： 208.00元（全8册）

凡所购买电子工业出版社图书有缺损问题，请向购买书店调换。若书店售缺，请与本社发行部联系，联系及邮购电话：（010）88254888，88258888。

质量投诉请发邮件至zlts@phei.com.cn，盗版侵权举报请发邮件至dbqq@phei.com.cn。

本书咨询联系方式：（010）88254161转1860，jimeng@phei.com.cn。

扫除易错点，轻松学数学

很多小学生经常在解题时出错，比如漏写符号、用错公式等，虽然努力采用"题海战术"去提高，但收效甚微。

要想提高做题准确率，就要找准易错点，有针对性地学习、练习。为此本套书精心设计了以下内容：

1. 归纳整理，全面攻克错题

精心筛选了教材中的典型易错题型，逐条细致地分析、讲解，帮助学生全面、快速地攻克易错点。

2. 错误预警，纠正解题思路

提前给出易错提示，有针对性地引导学生思考，再分步讲解思路，帮助建立解题模型，逐步订正错误思维。

3. 易错拓展，规避相似错误

每节都有相关解题技巧、题目陷阱规律拓展，方便学生举一反三。

4. 跟踪练习，及时巩固技巧

随书赠送跟踪练习题册，让学生巩固技巧，轻松应对变形题。

接下来，一起跟着示范，将易错点逐个击破吧！

目录

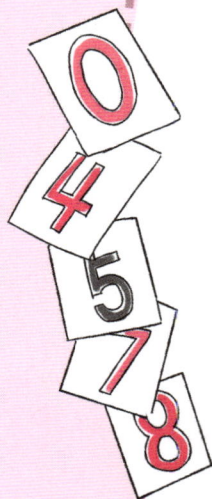

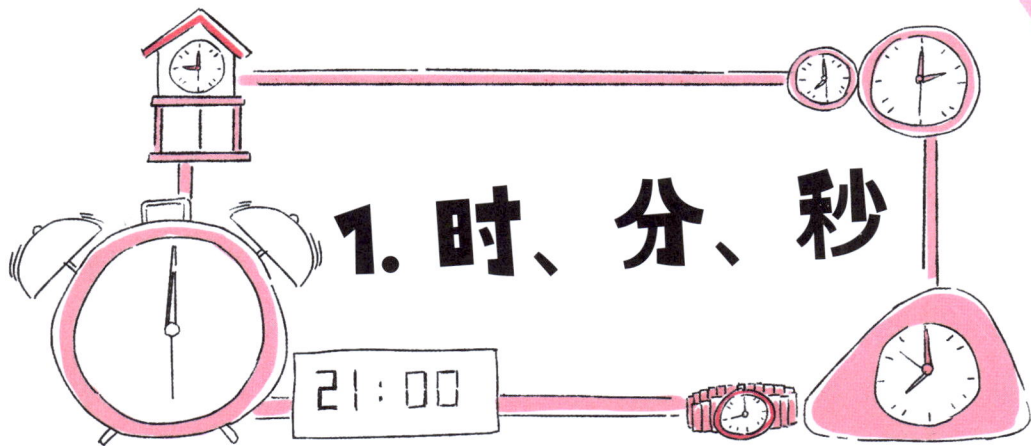

1. 时、分、秒

21:00

多少分钟?

例

　　除夕那天,瑶瑶和皮皮约定在零点钟声敲响前 4 小时打视频电话互相拜年。

　　(1)他们约定的时间在零点钟声敲响前多少分钟?

　　(2)视频电话在 21 时 20 分结束,瑶瑶和皮皮打了多久视频电话呢?

思路

 = 60分钟

1小时

易错

计算经过时间时，注意要先**"分减分"**，再**"时减时"**哟。

（1）约定时间在零点钟声敲响前4小时,把小时换算为分钟即可：

$$4 × 60 = 240（分）$$

（2）零点钟声敲响的时间是24时，开始打视频电话的时间为：

$$24 - 4 = 20（时）$$

视频电话在21时20分结束，通话时长为：

$$21时20分 - 20时 = 1时20分$$

玲玲和同桌约定在晚上 8 点打视频电话, 如果发生以下两种情况, 他们实际开始视频的时间会发生什么变化呢?

01. 提前

如果同桌提前发起视频电话:
实际开始时间 = 约定时间 - 提前时间

02. 晚点

如果同桌发起视频电话的时间晚了:
实际开始时间 = 约定时间 + 晚点时间

2. 万以内的加法和减法

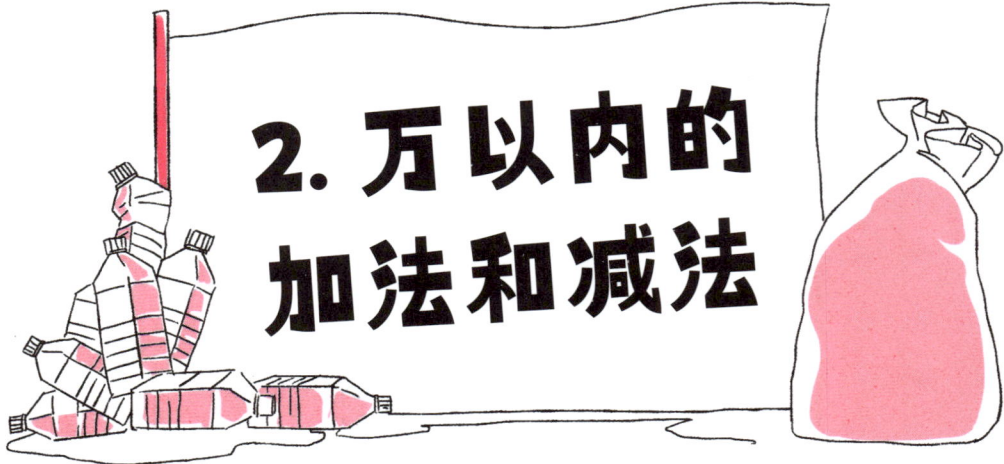

让我们来计算一下吧!

他们居然还考试,真严格。

例 1

学校组织学生去公园回收矿泉水瓶。三年一班回收了 459 个,三年五班回收了 286 个。

(1)三年一班和三年五班一共回收了多少个矿泉水瓶?

(2)三年一班比三年五班多回收多少个矿泉水瓶?

不要催，在算了！

思路

易错

计算万以内数的加法和减法时，可以列竖式计算，计算时要**留意进位、退位的1**。

$$\begin{array}{r} 459 \\ +286 \\ \hline 745 \end{array}$$

（1）两班一共回收的矿泉水瓶数量为：

459 + 286 = 745（个）

（2）三年一班比三年五班多回收的矿泉水瓶数量为：

459 - 286 = 173（个）

$$\begin{array}{r} 459 \\ -286 \\ \hline 173 \end{array}$$

05

拓展

列竖式计算万以内的加法和减法时，数位要注意对齐哟。

01. 两数相加

从个位加起，满 10 需要向前一位进 1。

02. 两数相减

从个位减起，如果不够减，需要从上一位借 1。

例2

　　玲玲在做一道加法题时，错把其中一个加数个位上的 6 看成了 8，百位上的 4 看成了 5，算得结果是 659。那么这道题正确的结果是多少呢？

同桌，快来帮帮我！

易错

　　哪个数位上的数字看错了,计算**多看或少看**的数值时,不要忘了**乘相应数位**。

把个位上的 6 看成 8,多看了:

$$(8 - 6) \times 1 = 2$$

把百位上的 4 看成了 5,多看了:

$$(5 - 4) \times 100 = 100$$

所以把这个加数一共多看了:

$$2 + 100 = 102$$

那么这道题正确的结果是:

$$659 - 102 = 557$$

这次一定不能马虎!

如果玲玲做的是一道减法题,那么应该如何求出正确的结果呢?

01. **看错被减数**

看多了: 正确的结果 = 错误的结果 − 多看的被减数

看少了: 正确的结果 = 错误的结果 + 少看的被减数

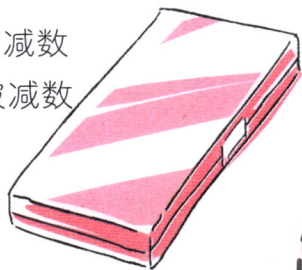

02. **看错减数**

看多了: 正确的结果 = 错误的结果 + 多看的减数

看少了: 正确的结果 = 错误的结果 − 少看的减数

3. 倍的认识

帮妈妈算一下多少钱。

妈妈，我不是计算器。

例 1

妈妈带兰兰去买袜子和手套。袜子一双 3 元，手套的价钱是袜子的 9 倍，那么一副手套的价钱是多少元呢？

一定不会算错!

易错

　　求一个数的几倍是多少时，**要分清谁是1倍数。**

袜子的价钱是1倍数，
手套的价钱是9倍数。

一副手套的价钱是：

3 × 9 = 27（元）

11

如果手套的价钱是袜子的几倍,那么:

手套的价钱 ÷ 袜子的价钱 = 倍数

几倍数 　 1 倍数

01. 已知1倍数

已知袜子的价钱,手套的价钱 = 袜子的价钱 × 倍数

 = ✖ 倍数

02. 已知几倍数

已知手套的价钱,袜子的价钱 = 手套的价钱 ÷ 倍数

 = ÷ 倍数

例2

　　体育课上，同学们去器材室拿足球和篮球。需要的篮球的个数比足球的 4 倍多 3 个，他们需要拿 7 个足球，那么篮球应该拿多少个呢？

思路

交给你了。

啊……

易错

求比一个数的几倍多几时，算出几倍数后**不要落下多几**。

还是让我来吧!

足球的 4 倍为:

$7 \times 4 = 28$ (个)

篮球的数量比足球的 4 倍多 3 个，篮球的数量为:

$28 + 3 = 31$ (个)

假如将题目中倍数关系的关键词替换,你还会求篮球的数量吗?

01. 多几

篮球数 = 足球数 ✕ 倍数 ➕ 多几

02. 少几

篮球数 = 足球数 ✕ 倍数 ➖ 少几

4. 因数与倍数

例1

判断:

(1) $28÷4=7$,4 和 7 是因数,28 是倍数。(　　)

(2) 4 是偶数,7 是质数。(　　)

思路

因数……倍数……
偶数……质数……
根本分不清啊!

易错

注意不要混淆**因数与倍数、奇数与偶数、质数与合数**的意义。

（1）是错误的，原因：因数和倍数是相互依存的，不能单独存在，要说 4 和 7 是 28 的因数，28 是 4 和 7 的倍数。

（2）是正确的，原因：2×2=4，所以 4 是偶数；1×7=7，7 只有 1 和 7 两个因数，所以 7 是质数。

拓展

判断因数与倍数、奇数与偶数、质数与合数时，
要注意规避以下易错点：

01. 因数与倍数

因数与倍数相互依存，必须说谁
是谁的因数，谁是谁的倍数。

02. 奇数与偶数

整数中，是 2 的倍数的数就是偶
数，不是 2 的倍数的数是奇数，其中
0 也是偶数。

03. 质数与合数

质数只有 1 和它本身两个因数，
合数除了 1 和它本身还有别的因数，
其中 1 既不是质数，也不是合数。

我们来组数吧!

例 2

请你从 0、4、5、7、8 这五个数字中不重复地选出恰当的数字,按以下要求来组数。

(1)组成 2 的倍数的最小三位数是(　　);

(2)组成 3 的倍数的最大四位数是(　　);

(3)组成 5 的倍数的最小五位数是(　　)。

思路

不要害怕出错，我们来大胆地尝试吧！

易错

掌握 **2、3、5** 的倍数的特征是正确解题的关键。

（1）要想数最小，就要把数字按从小到大排列。0 不能放在首位，所以百位上的数为 4，十位上的数为 0。2 的倍数个位要是偶数，所以个位上的数为 8。组成的最小三位数是 408。

（2）只有 4、5、7、8 的和是 3 的倍数，将这四个数从大到小排列组成的最大四位数是 8754。

（3）5 的倍数个位只能是 0 或 5，要使数最小，其余四位要按从小到大排列，0 不能在首位，组成的最小五位数是 40785。

只看个位上的数,可以判断这个数是不是 2 或 5 的倍数,却不能判断这个数是不是 3 的倍数。

01. 2的倍数

所有个位是偶数的正整数都是 2 的倍数,0 除外。

02. 3的倍数

一个数字所有数位上的数字相加的和是 3 的倍数,那么这个数就是 3 的倍数。

03. 5的倍数

所有个位是 0 或 5 的正整数都是 5 的倍数,0 除外。

这要怎么算啊?

例3

商店里大瓶饮料每瓶 12 元,小瓶饮料每瓶 8 元,东东买完饮料付给收银员 60 元,找回 13 元,找回的钱数对吗?

思路

易错

　　注意关键词找回的钱，想知道找回的钱对不对，**要看花的钱是否符合饮料价格数的倍数特征。**

= 12 元　　　　= 8 元

　　大瓶饮料和小瓶饮料的价格数都是 2 的倍数，偶数 + 偶数 = 偶数，所以不管买几瓶饮料，所支付的钱数一定是 2 的倍数。

　　如果找回 13 元，那么买饮料的钱就是：

60 - 13 = 47（元）

　　47 不是 2 的倍数，所以找回的钱数不对。

一起来了解一下奇数与偶数、质数与合数之间有哪些固定关系吧。

01. 奇数与偶数

奇数 + 奇数 = 偶数

奇数 + 偶数 = 奇数

奇数 + 奇数 + 奇数 = 奇数

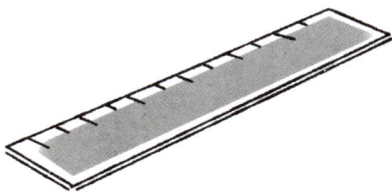

02. 质数与合数

每个合数都可以由几个质数相乘得到,两个不同质数的积一定是合数。

5. 多位数乘法

买门票要花多少钱啊？
我不会算……

老师帮你一起算。

例 1

"六一国际儿童节"到了,学校组织学生去游乐园玩。每张门票 24 元, 三年级有 58 名学生,买门票一共要花多少钱呢?

易错

　　列竖式计算两数相乘时, 不要遗漏进位数, 哪一数位上乘得的积**满几十, 就向前一位进几。**

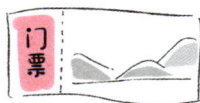 = 24 元　　 = 58 名

门票一共要花:

24 × 58 = 1392 (元)

拓展

$$
\begin{array}{r}
1\ 2\ 4 \\
\times\ \ \ 2\ 3 \\
\hline
\end{array}
$$

列竖式计算三位数乘两位数时，两个乘数的相同数位要对齐，然后用两位数各数位上的数分别去乘三位数。

01. 进位时

要把进位数清晰地标在前一位数字的旁边，写得小一些，避免混淆。

$$
\begin{array}{r}
1\ 2\ 4 \\
\times\ \ \ 2\ 3_{1} \\
\hline
3\ 7\ 2 \\
2\ 4\ 8_{1} \\
\hline
2\ 8\ 5\ 2
\end{array}
$$

02. 对齐时

用十位上的数去乘三位数时，得数的末位要与乘数的十位对齐。

$$\begin{array}{r} 350 \\ \times 8 \\ \hline 280 \end{array}$$

例 2

乐乐在写作业,上面是他列竖式的计算过程。

（1）乐乐做得对吗?

（2）三位数乘一位数的积一定是三位数吗?

思路

易错

因数末尾有 0 时，不要忘记**在乘积的末尾加上 0**。

$$\begin{array}{r} 350 \\ \times \quad 8 \\ \hline 280 \end{array} \quad ✗$$

$$\begin{array}{r} 350 \\ \times \quad 8 \\ \hline 2800 \end{array} \quad ✓$$

（1）乐乐忘记把 350 末尾的 0 加上了，正确的结果为 2800。

所以乐乐算得不对。

（2）可以通过举例来判断，比如：

$350 × 8 = 2800$，

积是四位数；

$100 × 1 = 100$，

积是三位数。

所以三位数乘一位数的积可能是三位数，也可能是四位数。

拓展

计算多位数乘法时，如果因数中 0 的位置发生变化，该怎么计算呢？

01. 0在中间

相同数位需对齐，依次相乘，当乘到 0 时，有进位只需将进位数写下来，无进位则要写 0。

$$
\begin{array}{r}
2\,0\,6 \\
\times\quad \text{\tiny 1}\,2 \\
\hline
4\,1\,2
\end{array}
$$

$$
\begin{array}{r}
3\,5\,0 \\
\times\quad \text{\tiny 1}\,3\,0 \\
\hline
1\,0\,5\,0\,0
\end{array}
$$

02. 0在末尾

两个因数末尾都有 0 时，先把 0 前面的数相乘，再看共有几个 0，就在积的末尾添几个 0。

6. 多位数除法

$$\begin{array}{r} 34 \\ 2\overline{)708} \\ \underline{6} \\ 8 \\ \underline{8} \\ 0 \end{array}$$

$$\begin{array}{r} 3 \\ 32\overline{)960} \\ \underline{960} \\ 0 \end{array}$$

例 1

瑶瑶做了2道数学题,请你帮她看看做得对不对。如果做得不对,请改正。

易错

列竖式计算除法算式时，**余数与商中的0都不要遗漏。**

这两道题瑶瑶都做错了。

（1）题列竖式计算时，有余数没有落下来继续计算，导致错误；

（2）题瑶瑶漏写了商末尾的0，导致错误。

$$
\begin{array}{r}
354 \\
2\overline{)708} \\
6 \\
\hline
10 \\
1 \\
\hline
8 \\
8 \\
\hline
0
\end{array}
$$

$$
\begin{array}{r}
30 \\
32\overline{)960} \\
96 \\
\hline
0
\end{array}
$$

拓展

列竖式计算多位数除法时，除数要与被除数每一位上的数字相除。

$$2\overline{)62}$$

01. 余数

上一位没除尽的余数要落下来，与后一位上的数字合起来继续计算。

$$\begin{array}{r} 37 \\ 2\overline{)74} \\ \underline{6} \\ 14 \\ \underline{14} \\ 0 \end{array}$$

$$\begin{array}{r} 103 \\ 4\overline{)412} \\ \underline{4} \\ 12 \\ \underline{12} \\ 0 \end{array}$$

02. 商

当被除数某一位上的数字不够除或上一位除尽时，商这一位上要用 0 补位。

去帮妈妈买苹果。

15元

例2

春节到了，妈妈让东东去买苹果。一箱苹果15元，妈妈给了东东200元，他最多能买几箱苹果呢？

易错

在计算应用题时，要注意**联系生活实际合理估算**。

一箱苹果 15 元，东东有 200 元。

200 ÷ 15 = 13（箱）……5（元）

剩余 5 元不够买一箱苹果，
所以东东最多能买 13 箱苹果。

拓展

解答估算问题时, 如何联系实际生活处理余数呢?

01. 舍掉余数

计算购物、分物品等应用题时, 因为剩余的钱或物品不够再买或再分, 所以余数就要舍掉。

02. 不舍掉余数

计算坐船装盘子等应用题时, 因为余数也需要一条船或一个盘子, 所以最后结果 = 商 +1。

例 3

$\Diamond \div \blacktriangle = 46 \cdots\cdots 5$，▲最小能填几？当▲最小时，$\Diamond$ 是多少呢？

看我的！

易错

除法计算时，要注意**余数一定比除数小**。

因为余数比除数小，所以▲最小为 6。

当▲= 6 时，◊ 的值为：

◊ = 6 × 46 + 5 = 281

拓展

被除数 ÷ 除数 = 商……余数

已知除数和商，要怎么求出被除数呢？

01. 没有余数

被除数 = 除数 × 商

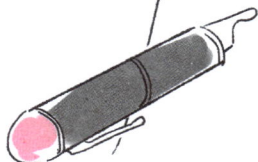

02. 有余数

被除数 = 除数 × 商 + 余数

7. 年、月、日

生日快乐！

例 1

今天是 2 月 29 日，玲玲邀请同学们 19 点到她家吃蛋糕，庆祝她的 12 岁生日。

（1）今年是玲玲过的第几个生日？

（2）明明晚上 6 点到了玲玲家，他迟到了吗？

思路

要怎么换算呢?

易错

不要混淆 12 小时计时法和 24 小时计时法,**互化时要注意时间前的限制词。**

2月
29日

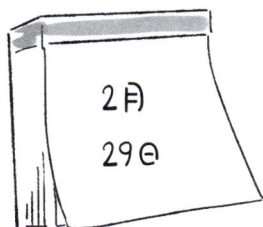

（1）只有在闰年时 2 月有 29 天,所以今年是闰年。

闰年每 4 年一次,玲玲今年过 12 岁生日:

12 ÷ 4 = 3（个）

所以今年是玲玲过的第 3 个生日。

（2）19 点按 12 小时计时法转换为: 晚上 7 点。所以明明晚上 6 点到玲玲家没有迟到。

如果玲玲的生日会改了时间，怎么才能通知准确呢？

一起来学一学 12 小时计时法和 24 小时计时法的互化吧。

（时间限制词有凌晨、早晨、中午、下午、晚上等。）

01. 12→24

从 0 时到中午 12 时，直接去掉限制词，时间不变；

中午 12 时以后，先用"整时"加上 12，再去掉限制词。

例如：上午 9 点→9 点，下午 2 点→14 点。

02. 24→12

从 0 时到 12 时，直接在时间前加上限制词；

12 时以后，先用"整时"减去 12，再加上限制词。

例如：10 点→上午 10 点，15 点→下午 3 点。

8. 大数的认识

例

某园大约有 184930000 人。

（1）把人数改写成以万为单位的数字是多少呢？

（2）省略亿后面尾数的话，人数大约是多少亿呢？

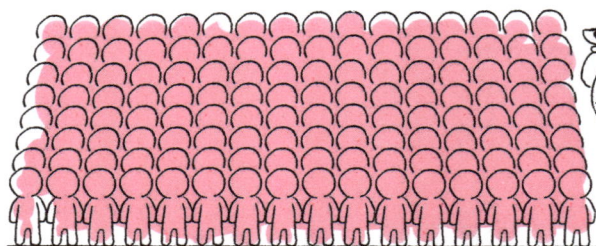

易错

注意不要混淆改写数和近似数,**改写数时数的大小不变。**

(1)184930000 人改写成以万为单位的数为 18493 万人。

$$184930000 = 18493万$$

(2)亿后面的千万位上的数字是 8,遵循四舍五入原则,需往前进一位,所以省略亿后面的尾数大约是 2 亿。

亿 千万 百万 十万 万 千 百 十 个

$$184930000 ≈ 2亿$$

拓展

求近似数时，要注意每相邻两个计数单位之间的进率都是十。

01. **找数位**

先分级，省略到哪一位，就要找到它的后一位。

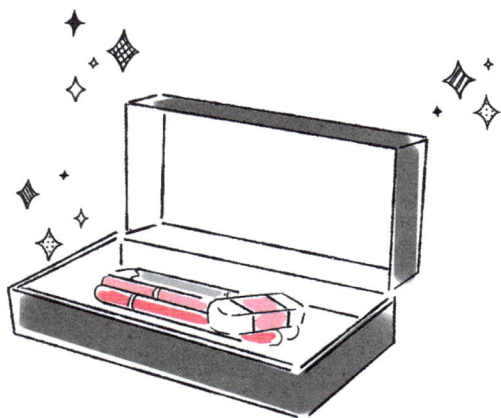

02. **省略尾数**

按照四舍五入原则，根据后一位上的数是否比 5 大，判断是进位还是舍弃尾数。

9. 四则运算

$$[560 + (239 + 130) \times 7] - 622$$
$$= [560 + 239 + 910] - 622$$
$$= 1709 - 622$$
$$= 1087$$

例1

　　东东做错了一道数学题，请你帮他指出错误的地方，并计算出正确结果吧。

思路

先算这个！

再算这个！

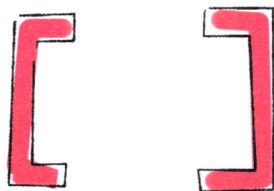

$[560 + (239 + 130) × 7] - 622$
$= [560 + 369 × 7] - 622$
$= [560 + 2583] - 622$
$= 3143 - 622$
$= 2521$

东东没有先计算小括号里的数，导致结果错误，正确的结果应为 2521。

47

拓展

在算式中,可以通过加括号改变运算顺序,简化运算。

01. 只加小括号

只加小括号时,要先计算每个小括号里的算式,再计算括号外的算式。

02. 既加小括号又加中括号

中括号里面一定有我们!

在式子中不能直接加中括号,中括号里面一定要有小括号。

我们去郊游啦!

例 2

　　学校组织郊游, 4 位老师带领 34 名同学去租车。大车每辆租金 40 元, 能坐 8 人; 小车每辆租金 28 元, 能坐 4 人。租哪种车最划算呢? 需要租几辆呢?

易错

　　要想租车最划算，不能只看每辆车的租金，还**要看每个座位的费用**。

需要坐车的人数一共有：

$34 + 4 = 38$（人）

租大车每个座位的费用：

$40 \div 8 = 5$（元）

租小车每个座位的费用：

$28 \div 4 = 7$（元）

所以租大车更划算。

$38 \div 8 = 4$（辆）……6（人）

需要租大车的数量为：

$4 + 1 = 5$（辆）

拓展

老师带学生们出去玩,团体票和儿童票都有优惠,应该如何选择呢?

01. 买团体票

当老师比较多,儿童比较少,买团体票比儿童票便宜时,要优先考虑团体票。

02. 分开买票

当老师比较少,儿童比较多,儿童票比团体票便宜时,要优先考虑分开买票。

10. 运算定律

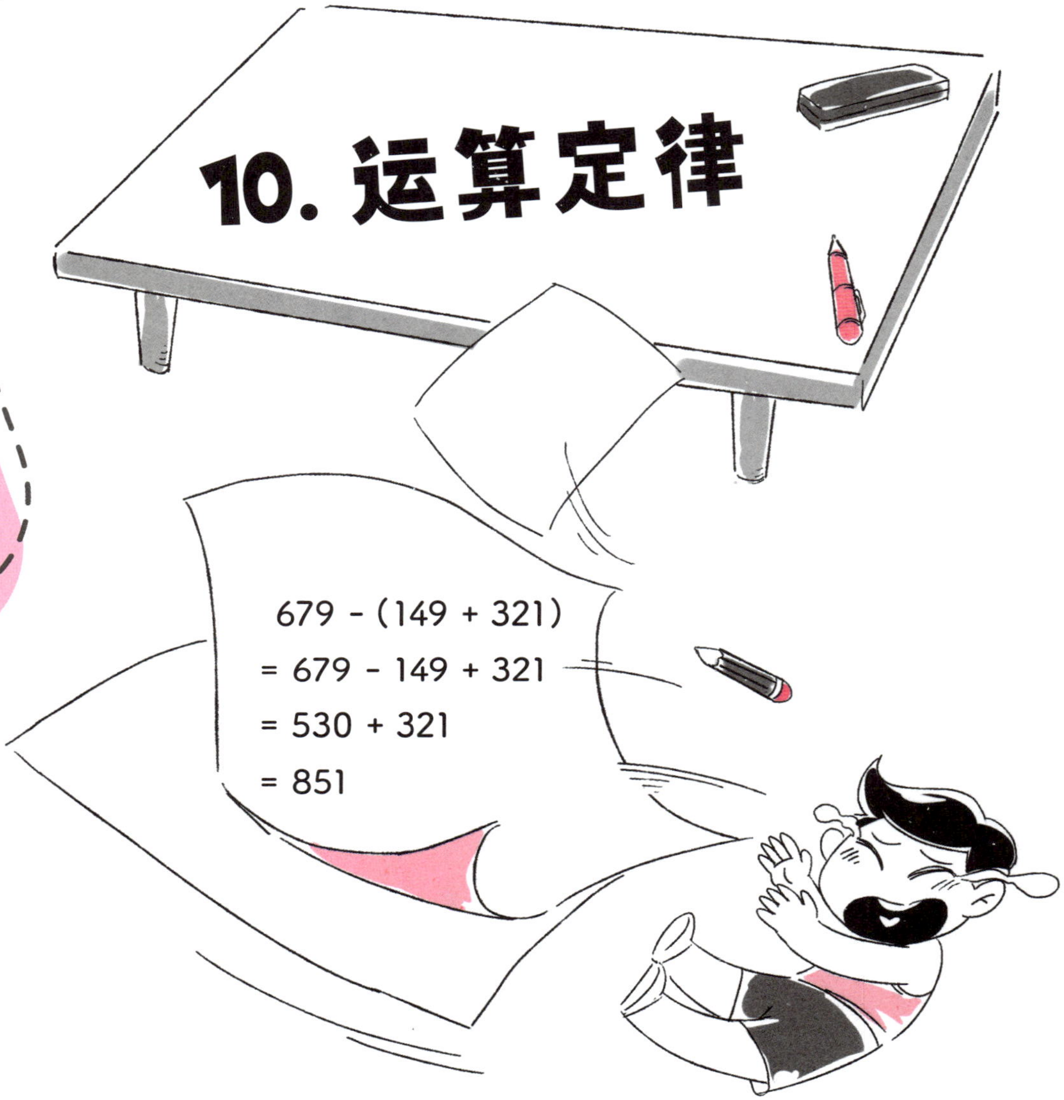

$$679 - (149 + 321)$$
$$= 679 - 149 + 321$$
$$= 530 + 321$$
$$= 851$$

例 1

上面这道题丁丁做得对吗？如果不对，请你说明原因，并计算出正确答案。

思路

易错

括号前面是减号，去括号时，**括号里面的符号要变号**。

丁丁做得不对，正确计算过程为：

$$679 - (149 + 321)$$
$$= 679 - 149 - 321$$
$$= 530 - 321$$
$$= 209$$

丁丁在计算时，去掉括号后，321 前面的"+"没有变成"-"，导致计算错误，正确的答案为 209。

在混合运算中，如果有两数相加、相乘得整千或整百时，我们可以应用运算定律来简化运算。

01. 交换律

交换加数或因数的位置，把相加或相乘得整数的数换到一起。

02. 结合律

通过加括号来改变运算顺序，先计算可以凑整的数。

03. 分配律

在混合运算中，如果两个乘法算式有共同的因数，那么可以应用乘法分配律来简化运算。

$$543 - (432 + 256 \div 16)$$
$$= 543 - (688 \div 16)$$
$$= 543 - 43$$
$$= 500$$

例2

上面是豆豆的解题过程，他做得对吗？请你帮他检查一下吧。

你做错啦!

易错

计算小括号里的算式时，
不要弄错计算顺序。

豆豆做得不对，正确的计算过程为：

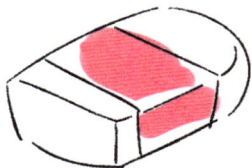

$$543 - (432 + 256 \div 16)$$
$$= 543 - (432 + 16)$$
$$= 543 - 448$$
$$= 95$$

豆豆计算括号里的算式时，先算加法后算除法导致错误，正确的结果为 95。

拓展

$$(5 \times 1 + 2)$$

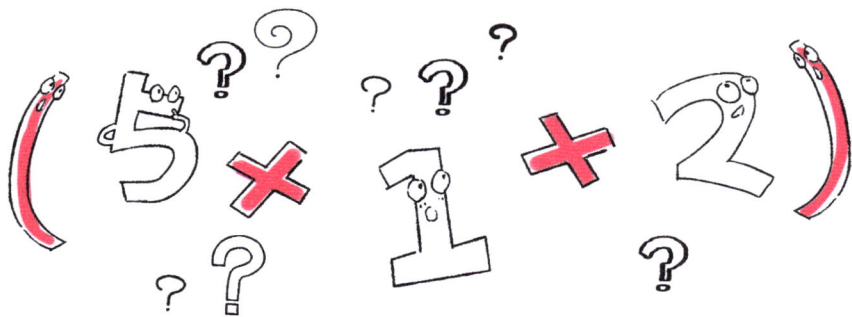

在四则混合运算中,运算顺序至关重要。

01. 没有括号

没有括号时,如果是同一级运算,一般从左往右依次计算。如果既有加减又有乘除,要先算乘除,后算加减。

$$1 + 1$$

$$(1 + 1 \times 2)$$

02. 有括号

有括号时要先算括号里的,当括号中既有加减又有乘除时,也要先算乘除,后算加减。

北京市数学特级教师 司梁 主审力荐

小花狗童书

扫清知识盲点
规避理解误区
识别题目陷阱

100分

吃透易错题，得分大赢家
数学篇
立体几何

字在数学发展项目组 编绘

电子工业出版社
Publishing House of Electronics Industry
北京·BEIJING

图书在版编目（CIP）数据

吃透易错题，得分大赢家.数学篇 立体几何 / 字在数学发展项目组编绘. —— 北京：电子工业出版社，2024.1

ISBN 978-7-121-46569-7

Ⅰ.①吃… Ⅱ.①字… Ⅲ.①小学数学课－教学参考资料 Ⅳ.①G624

中国国家版本馆CIP数据核字（2023）第205958号

责任编辑：赵 妍 季 萌
印　　刷：北京市大天乐投资管理有限公司
装　　订：北京市大天乐投资管理有限公司
出版发行：电子工业出版社
　　　　　北京市海淀区万寿路173信箱　邮编：100036
开　　本：889×1194　1/16　印张：34.5　字数：567.45千字　插页：40
版　　次：2024年1月第1版
印　　次：2024年1月第1次印刷
定　　价：208.00元（全8册）

　　凡所购买电子工业出版社图书有缺损问题，请向购买书店调换。若书店售缺，请与本社发行部联系，联系及邮购电话：（010）88254888，88258888。

　　质量投诉请发邮件至zlts@phei.com.cn，盗版侵权举报请发邮件至dbqq@phei.com.cn。

　　本书咨询联系方式：（010）88254161转1860，jimeng@phei.com.cn。

扫除易错点，轻松学数学

很多小学生经常在解题时出错，比如漏写符号、用错公式等，虽然努力采用"题海战术"去提高，但收效甚微。

要想提高做题准确率，就要找准易错点，有针对性地学习、练习。为此本套书精心设计了以下内容：

1. 归纳整理，全面攻克错题

精心筛选了教材中的典型易错题型，逐条细致地分析、讲解，帮助学生全面、快速地攻克易错点。

2. 错误预警，纠正解题思路

提前给出易错提示，有针对性地引导学生思考，再分步讲解思路，帮助建立解题模型，逐步订正错误思维。

3. 易错拓展，规避相似错误

每节都有相关解题技巧、题目陷阱规律拓展，方便学生举一反三。

4. 跟踪练习，及时巩固技巧

随书赠送跟踪练习题册，让学生巩固技巧，轻松应对变形题。

接下来，一起跟着示范，将易错点逐个击破吧！

目录

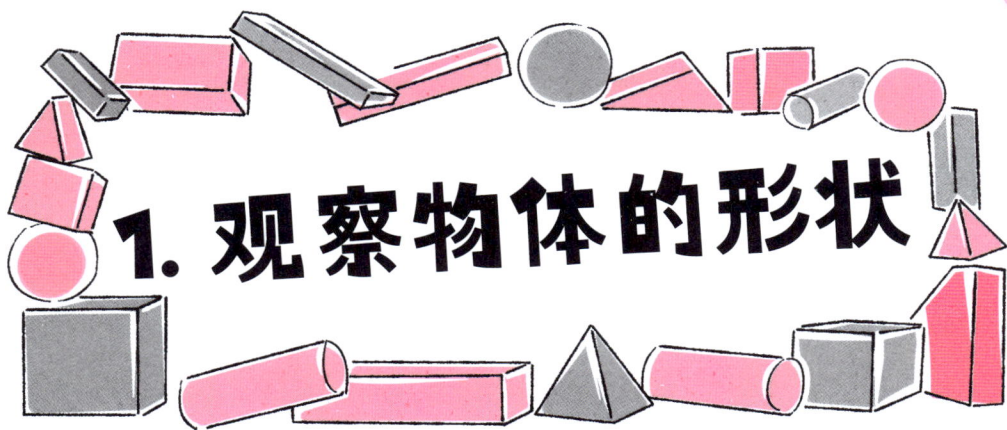

1. 观察物体的形状

下图的立体图形是用同样大小的正方体搭成的，乐乐分别从上面、正面、右面观察这个立体图形，觉得看到的图形形状都相同。

请你帮忙分析一下，乐乐判断得对吗？

思路

易错

从不同方向观察同一物体时,看到的图形可能相同,也可能不同,仅凭想象可能会导致错误,可以尝试动手摆一摆。

从上面看到的图形:

从正面看到的图形:

从右面看到的图形:

从上面看到的图形与从正面、右面看到的形状不同,乐乐判断得不对。

一个立体图形由许多大小相同的小正方体搭建而成，如何确定小正方体的数量呢？

01. 上面

从上面看，能看出这个立体图形有几行、几列。

02. 左面

从左面看，能看出这个立体图形有几行、几层。

03. 前面

从前面看，能看出这个立体图形有几列、几层。

可以先分层、分行或分列统计每部分有多少小正方体，再把每部分的小正方体的个数相加。

例2

东东用同样大小的雪块摆出了上面的立体图形。

（1）从前面看，（　　）和（　　）的图形相同；

（2）从右面看，（　　）和（　　）的图形相同；

（3）你能分别画出这三个立体图形从上面看到的图形吗？

易错

从同一方向观察不同物体时，看到的图形可能相同，也可能不同，可以把看到的图形分别画下来，再比较。

观察这三个立体图形，从前面看到的图形分别为：

① ② ③

立体图形②和③从前面看到的图形相同。

从右面看到的图形分别为：

① ② ③

立体图形①和②从右面看到的图形相同。

从上面看到的图形分别为：

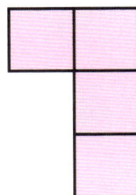

① 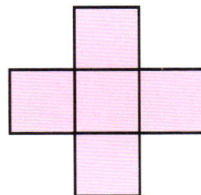 ② 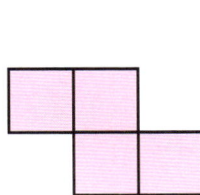 ③

拓展

观察一个立体图形某一面有多少个小正方形时，视线要垂直于观察的面，小正方体重叠时，只数出能看到的小正方形的数量。

01. **一上一下**

从上面看时，只能看到一个小正方形。

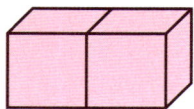

02. **一左一右**

从右面看时，只能看到一个小正方形。

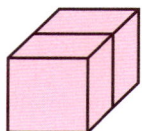

03. **一前一后**

从前面看时，只能看到一个小正方形。

2. 还原立体图形

例 1

桌子上有几块正方体形状的蛋糕, 紧密地摆在一起, 从前面看到的图形是□□□, 东东说桌子上一共有 3 块蛋糕。你觉得他说得对吗?

思路

根据从一个方向看到的图形,可以拼摆出许多不同的几何体,所以无法确定拼摆几何体的小正方体的数量。

从前面看到的形状是 □□□ 的几何体有很多,比如:

由 3 个小正方体摆成。

由 4 个小正方体摆成。

由 5 个小正方体摆成。

小正方体之间会彼此遮挡,只根据一个方向看到的图形无法确定数量,所以东东说桌上一共有 3 块蛋糕不对。

根据从某一方向看到的图形，用同样大小的正方体来拼摆几何体，（　）用几个呢？

括号中填入的关键词不同时，结果也不同。假如括号中是以下关键词，看看题目要求的内容分别是什么吧。

01. 至少

求摆出符合要求的几何体，最少需要几个正方体。

02. 至多

求摆出符合要求的几何体，最多需要几个正方体。

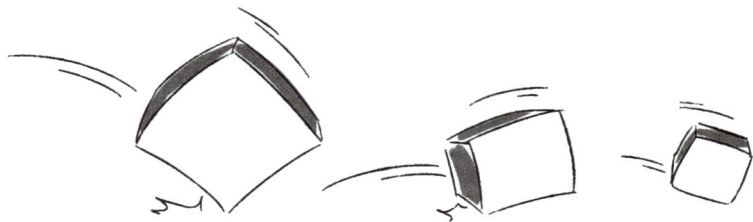

例 2

一个用正方体搭成的物体,从前面、左面、上面看到的图形如下:

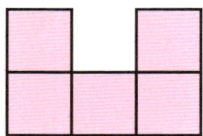
从前面看

从左面看

从上面看

兰兰、琪琪和东东分别尝试用正方体搭出了这个物体,谁搭得对呢?

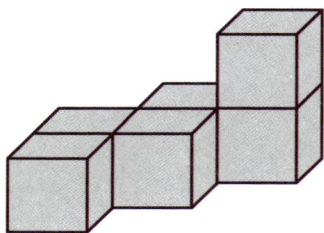
兰兰

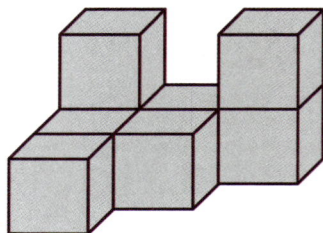
琪琪

东东

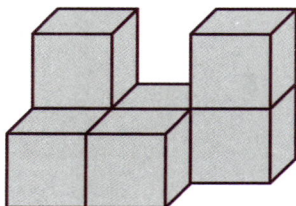

易错

还原几何体后，要**按顺序观察每面的图形**，与条件给出的三个方向看到的图形相比较，判断还原是否正确。

从正面看兰兰、琪琪、东东搭的物体：

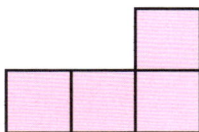　　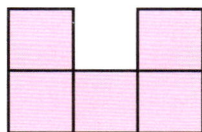　　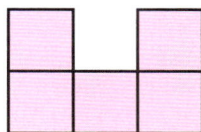

兰兰　　　　　琪琪　　　　　东东

兰兰的不符合，可以排除。

从左面看琪琪、东东搭的物体：

　　　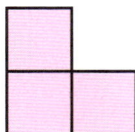

琪琪　　　　东东

琪琪的不符合，可以排除。

从上面看东东搭的物体：

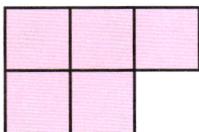

东东

综上，只有东东搭的物体对。

拓展

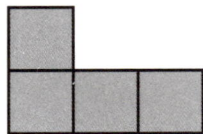 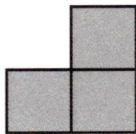 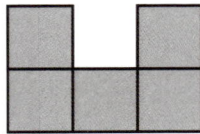

从前面看　　　从左面看　　　从上面看

　　如何根据从三个不同方向看到的图形,确定组成
立体图形的小正方体的数量呢?

01. 前面

　　根据从前面看到的图形,从左到右数出每列中小正方形的个数。

　　把数从左到右填入从上面看到的图形中的每个小正方形内(每列数字相同)。

02. 左面

　　根据从左面看到的图形,从左到右数出每列中小正方形的个数。

　　把数从上到下填入从上面看到的图形中的每个小正方形内(每行数字相同)。

03. 上面

　　在从上面看到的图形中,对比每个小正方形内的数字,都选较小的一个,再把它们相加即可。

2 1		1 1
2 2	1 2	1 2

1 + 1 + 2 + 1 + 1 = 6 (个)

3. 长方体和正方体的认识

例

判断:

（1）一个立方体有 6 个面, 其中两个面是正方形, 那么这个立方体一定是正方体。（　　）

（2）正方体包含长方体。（　　）

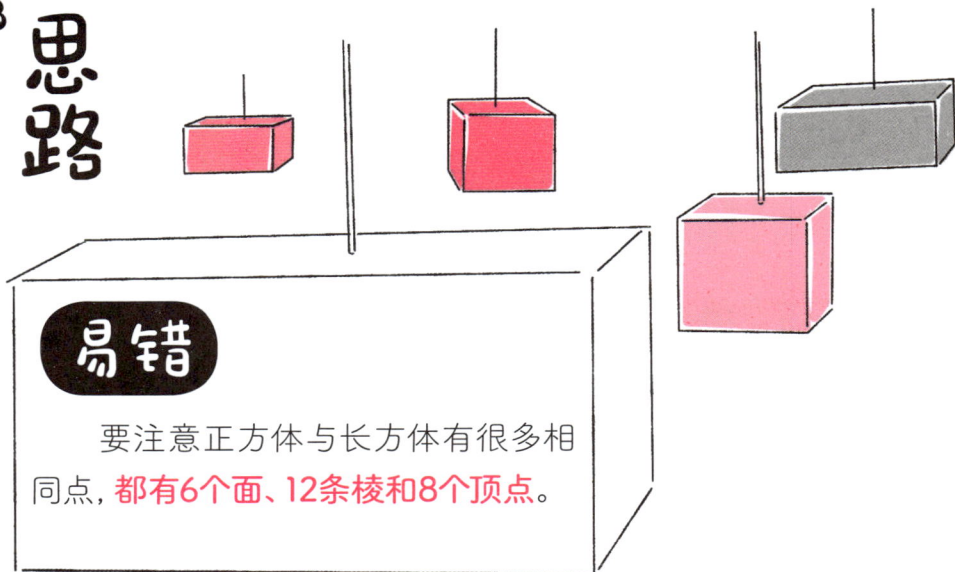

思路

易错

　　要注意正方体与长方体有很多相同点，**都有6个面、12条棱和8个顶点**。

　　（1）如果立方体中，正方形的两个面恰好是相对的，那么它可能是长方体也可能是正方体，所以（1）是错误的。

　　（2）长方体不是正方体，而正方体是特殊的长方体，即长方体包含正方体，所以（2）是错误的。

拓展

　　长方体和正方体的不同点：长方体只有相对的棱长相等，相对的面相同，而正方体6个面都是完全相同的正方形，12条棱长都相等。

4. 长方体和正方体的棱长

例

　　明明正在用丝带绑一个棱长为 15 厘米的正方体礼盒，打算绑成下图的样子。已知打一个蝴蝶结需要 30 厘米的丝带，那么他一共需要多少厘米的丝带呢？

思路

易错

要注意**绑礼盒的丝带不是正方体所有棱长之和。**

用丝带绑礼盒时，上、下底面需要绑横、竖 2 道，而四个侧面都只需要绑竖着的 1 道。

每道丝带的长度，都与正方体的棱长相等，一共为：

2×2 + 1×4 = 8（条）

丝带的长度＝蝴蝶结长度＋正方体棱长 ×8

正方体的棱长为 15 厘米，丝带的总长为：

30+15×8=150（厘米）

正方体的棱长总和 = 正方体的棱长 ×12

长方体的棱长总和 =（长 + 宽 + 高）×4

已知棱长总和, 如何求棱长呢?

01. 正方体

正方体的棱长 = 正方体的棱长总和 ÷12

02. 长方体

长方体的长 = 长方体的棱长总和 ÷4 - 宽 - 高

长方体的宽 = 长方体的棱长总和 ÷4 - 长 - 高

长方体的高 = 长方体的棱长总和 ÷4 - 长 - 宽

5. 长方体和正方体的表面积

例

爸爸准备把一个长方体仓库内部的墙面粉刷成黄色，已知仓库长 12 米，宽 8 米，高 2.4 米，门窗的面积一共是 30 米²，那么粉刷面积是多少米² 呢？

易错

要注意**门窗、地面不需要粉刷**，找准需要粉刷的区域是解题的关键。

长方体仓库的内表面积为：

$(8×2.4+12×2.4+12×8)×2=288（米^2）$

地面、门窗不需要粉刷，粉刷面积为：

$288-12×8-30=162（米^2）$

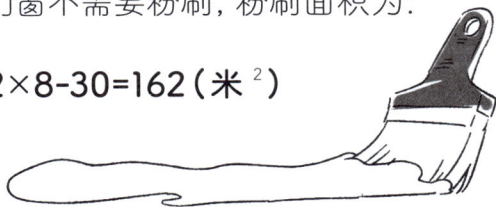

拓展

求生活中类似长方体或正方体物体的表面积时，先看物体实际有几个面，计算时再去掉缺少的面。

01. 鱼缸

题目中的鱼缸，通常默认是没有盖的。

鱼缸的表面积 = (宽 × 高 + 长 × 高) × 2 + 长 × 宽

四个侧面　　　　鱼缸底面

02. 羊圈围栅栏

羊圈上、下底面是敞开的，只有羊圈的四边需要围栅栏。

栅栏的面积 = (宽 × 高 + 长 × 高) × 2

6. 体积和体积单位

有两个纸箱，第一个纸箱的体积为 1.2 米^3，第二个纸箱的体积为 1045000 厘米^3，哪个纸箱的体积大呢？

思路

易错

相邻两个体积单位的进率是1000，要注意 米³和厘米³不是相邻单位。

第二个纸箱的体积换算为：

1045000 厘米³=1.045 米³

比较两个纸箱的体积：

1.2 米³>1.045 米³

所以第一个纸箱的体积大。

常用的体积单位有立方厘米、立方分米和立方米,在实际生活中,应该如何使用这些体积单位呢?

01. 立方米

计算教室、游泳池、柜子等体积较大的物体的体积时,一般用立方米。

02. 立方分米

计算鱼缸、行李箱等体积中等的物体的体积时,一般用立方分米。

03. 立方厘米

计算橡皮、书本、魔方等体积较小的物体的体积时,一般用立方厘米。

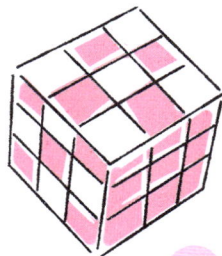

7. 长方体和正方体的体积

例1

如果把一个正方体泳池的棱长扩大到原来的 4 倍，那么泳池的体积会扩大到原来的多少倍呢？

易错

正方体的体积 = 棱长^3，**找准正方体棱长与体积之间的变化规律**才能正确解题。

假设棱长为 a，扩大前的体积为 a^3。

棱长扩大到原来的 4 倍，扩大后的体积为：

$$4a \times 4a \times 4a = 64a^3$$

所以泳池的体积扩大到原来的 64 倍。

不同的立体图形棱长扩大或缩小时, 体积会如何变化呢?

01. 正方体

棱长扩大到原来的 a 倍, 则体积扩大到原来的 a^3 倍。

棱长缩小到原来的 $\dfrac{1}{a}$, 则体积缩小到原来的 $\dfrac{1}{a^3}$ 。

02. 长方体

长(宽或高)扩大到原来的 a 倍, 另两条边不变, 则体积扩大到原来的 a 倍

长(宽或高)缩小到原来的 $\dfrac{1}{a}$, 另两条边不变, 则体积缩小到原来的 $\dfrac{1}{a}$ 。

例2

一块长方形纸板的长为 25 厘米, 宽为 18 厘米。东东把它的四个角各剪去边长 6 厘米的正方形, 再把剩余部分拼成长方体纸盒, 那么这个纸盒的体积是多少呢?

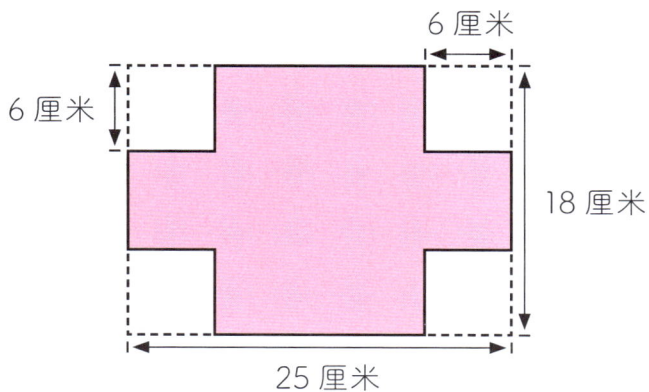

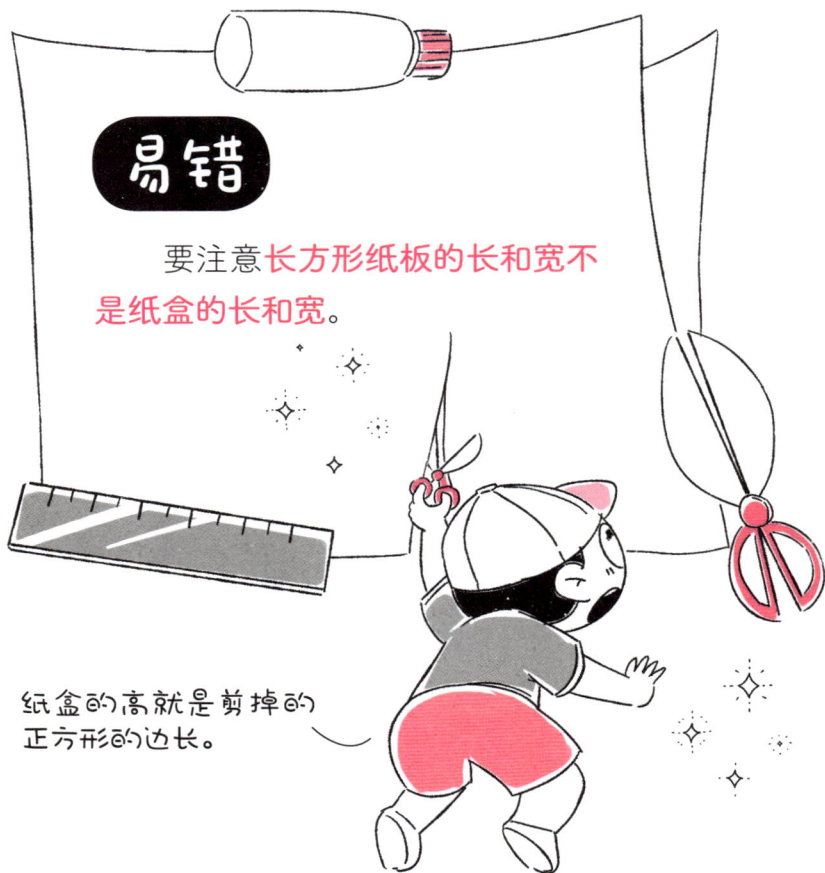

思路

易错

要注意<u>长方形纸板的长和宽不是纸盒的长和宽</u>。

纸盒的高就是剪掉的正方形的边长。

拼成长方体纸盒的长为：

25-6-6=13（厘米）

长方体纸盒的宽为：

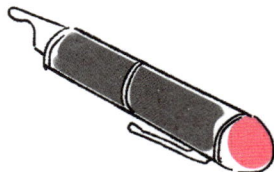

18-6-6=6（厘米）

长方体纸盒的高为6厘米，体积为：

13×6×6=468（厘米³）

计算立方体的体积时，要注意正确使用体积公式。想一想除此之外还要注意些什么呢？

01. 区分单位

体积是立方单位，面积是平方单位，注意不要混淆。

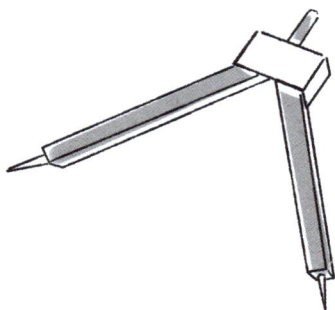

02. 转换单位

要注意各棱长的单位是否相同，不同时要换算成相同的单位再计算。

例3

　　一个长方体泳池的长为 10 米，宽为 5.6 米，水高为 1.4 米，假设把许多大小不一的石块放入水中后，水位上升至 1.6 米，那么这些石块的体积是多少呢？

易错

要注意**水面上升高度不是1.6米**，1.6米是放入石块后的水高。

用排水法可知：

石块的体积 = 泳池的底面积 × 水面上升的高度

所以石块的体积为：

$5.6 \times 10 \times (1.6-1.4) = 11.2$（米^3）

用排水法求不规则物体的体积时,需要注意什么呢?

01. 没入水中

物体要完全没入水中,其他溶于水或浮于水面的物体不能用排水法计算体积。

02. 水面上升

把不规则物体投入水中后,计算体积时要看水面上升的高度,而不是上升后水面的高度。

8. 容积和容积单位

例1

请比较以下容积的大小，在横线上填入">""<"或"="：

（1）1.25 分米^3____1229 毫升；

（2）0.45 米^3____450000 毫升；

（3）1.2 升____120 厘米^3。

易错

比较容积时,如果单位不同,要注意**先换算成相同的单位再比较。**

$1 \; 米^3 = 1000 \; 升 = 1000 \; 分米^3 = 1000000 \; 毫升$

$1 \; 升 = 1 \; 分米^3 = 1000 \; 毫升 = 1000 \; 厘米^3$

(1) $1.25 \; 分米^3 = 1.25 \; 升 = 1250 \; 毫升 > 1229 \; 毫升$

(2) $0.45 \; 米^3 = 450 \; 升 = 450000 \; 毫升$

(3) $1.2 \; 升 = 1200 \; 毫升 = 1200 \; 厘米^3 > 120 \; 厘米^3$

容器所能容纳物体的体积叫作容积, 容器的形状不同, 计算容积的方法也不同。

01. 规则容器

规则容器容积计算的方法与体积一样, 比如长方体容器, 要先知道容器里面的长、宽、高。

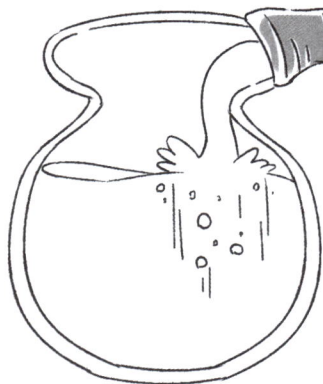

02. 不规则容器

计算不规则容器的容积时, 可以先计算容器中液体的体积, 再将其转化成容积。

例 2

瑶瑶家的鱼缸从外面量长为 1.8 米，宽为 0.68 米，高为 1.24 米，鱼缸玻璃的厚度为 0.04 米，那么鱼缸的容积为多少升呢？

易错

已知鱼缸外侧的长、宽、高,计算鱼缸的容积时,**不要忽略鱼缸的厚度。**

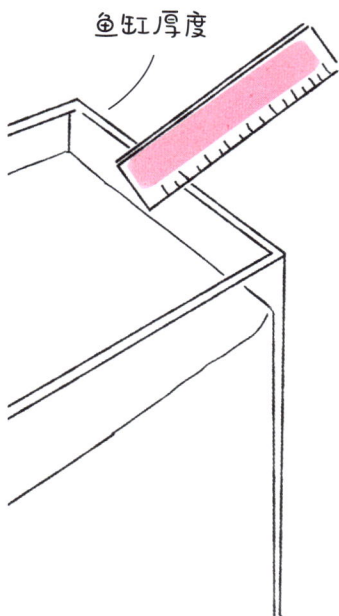

鱼缸厚度

减去厚度,可得鱼缸内的长为:

1.8-0.04×2=1.72(米)

鱼缸内的宽为:

0.68-0.04×2=0.6(米)

因为只需考虑缸底厚度,所以鱼缸内的高为:

1.24-0.04=1.2(米)

鱼缸的容积为:

1.72×0.6×1.2=1.2384(米^3)

1.2384 米^3=1238.4 升

拓展

想一想,计算容器的容积时都要注意什么呢?

01. 容器厚度

计算以厚玻璃、厚铁皮等为材质的容器的容积时,不能忽略其厚度。

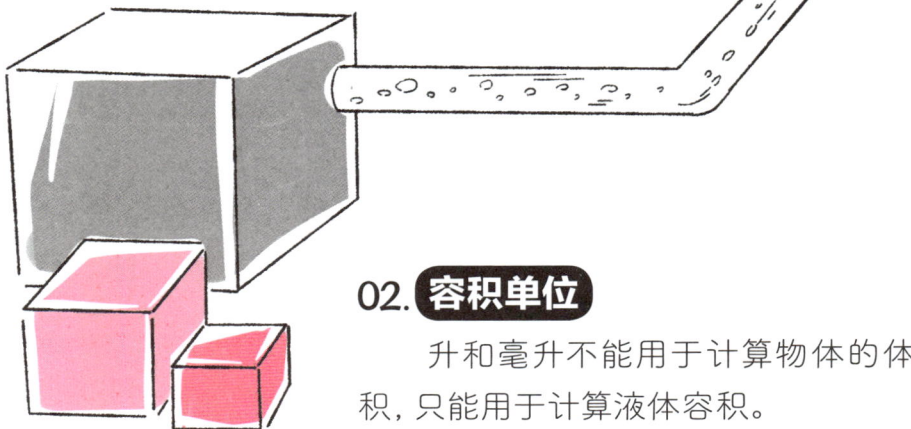

02. 容积单位

升和毫升不能用于计算物体的体积,只能用于计算液体容积。

9. 圆柱的表面积

这个水桶的表面积是多少呢？

例1

一个圆柱形水桶的底面半径为 10 厘米，高为 0.8 米，没有盖子，那么这个水桶的表面积是多少呢？（结果保留两位小数）

思路

易错

要注意水桶没有盖子, 计算时不要多算一个底面哟。

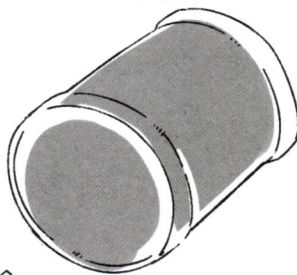

水桶的底面半径为:

10 厘米 = 0.1 米

水桶的表面积 = 下底面面积 + 侧面面积, 计算可得:

$3.14 \times 0.1 \times 0.1 + 2 \times 3.14 \times 0.1 \times 0.8 \approx 0.53$ (米^3)

圆柱的表面积 = 侧面积 + 底面积 ×2

求实际生活中类似圆柱物体的表面积时，要看物体有几个底面。

01. 两个底面

油桶、罐头等物体有上、下两个底面。

表面积 = 侧面积 + 底面积 ×2

02. 一个底面

无盖水桶、无盖锅、杯子等物体只有一个底面。

表面积 = 侧面积 + 底面积

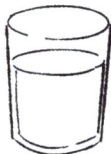

03. 没有底面

烟囱、水管等物体没有底面。

表面积 = 侧面积

例 2

　有一根 140 厘米长的圆柱形木头，如果锯下 20 厘米，它的表面积就会减少 628 厘米^2。那么这根木头的表面积是多少呢？

易错

从圆柱的一端平行底面截掉一段时,圆柱减少的面积只有截掉一段的侧面积,底面积不变。

木头的底面周长为:

628÷20=31.4(厘米)

底面半径为:

31.4÷2÷3.14=5(厘米)

木头的表面积为:

2×3.14×5×5+2×3.14×5×140=4553(厘米²)

将一个圆柱均匀地切成 n 段, 或把 n 个相同的圆柱拼合在一起, 表面积会如何变化呢?

01. 切分

表面积会增加, 增加的表面积等于 $2(n-1)$ 个底面的面积。

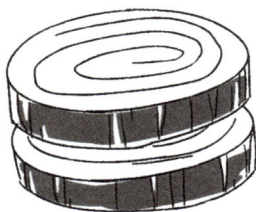

02. 拼合

表面积会减少, 减少的表面积等于 $2(n-1)$ 个底面的面积。

10. 圆柱的体积

例 1

东东有一个圆柱形杯子, 底面半径为 5 厘米, 高为 18 厘米。这个杯子在距底 15 厘米处坏了一个洞, 那么它最多能装多少水呢?

思路

易错

计算破损圆柱形杯子的容积时, 杯中能装的**水的高度取决于破损处有多高。**

用这个杯子装水, 水最高只能到 15 厘米。这个杯子的容积为:

$$3.14 \times 5 \times 5 \times 15 = 1177.5 (厘米^3)$$

拓展

计算圆柱容器的容积时, 不要忽略容器的厚度, 底面积应该为容器内底的面积, 而不是外底的面积。

例2

　　有一根 3 米高的圆柱形木头, 如果平行于底面截掉 250 厘米, 它的表面积就会减少 3.14 米 ^{2}。那么这根木头的体积是多少呢?(结果保留两位小数)

思路

易错

　　根据表面积的变化，**求出圆柱的底面圆半径**是正确求体积的关键。

截掉木头的长度为：

250 厘米 =2.5 米

木头的底面半径为：

3.14÷2.5÷2÷3.14=0.2（米）

这根木头的体积为：

3.14×0.2×0.2×3 ≈ 0.38（米³）

根据圆柱的表面积变化计算体积时，要看增加或减少的是哪部分的面积。

01. 截断

将圆柱平行于底面截断时，表面积减少的是截断部分的侧面积，利用侧面积可以求出圆柱的底面半径，再求体积。

02. 切分

将圆柱平行于底面切分时，表面积增加的是底面面积，可以直接利用底面面积求出体积。

例3

一个底面半径为 5 厘米、高 30 厘米的圆柱体容器，里面装满了水，如果把水倒入一个长 15 厘米、宽 10 厘米的长方体容器之中，那么水面有多高呢？

易错

要注意把水从一个容器倒入另一个容器时，**水的体积不变**。

圆柱体容器内水的体积为：

$3.14×5×5×30=2355$（厘米^3）

长方体容器中水高为：

$2355÷15÷10=15.7$（厘米）

把液体从一个容器倒入另一个容器中时，相当于体积不变，只改变了液体的形状，此时液面高度取决于容器的底面积。

例4

　　一瓶饮料高 15 厘米，底面半径为 4 厘米，将瓶子正放时，水高 6 厘米，将瓶子倒放时，水高 8 厘米，那么这个饮料瓶的容积是多少呢？

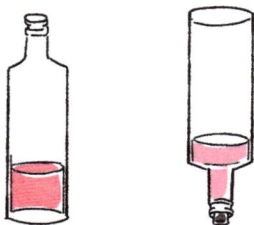

易错

　　要注意**瓶子的容积＝水的体积＋无水部分的体积**，而饮料瓶颠倒时水的体积不变。

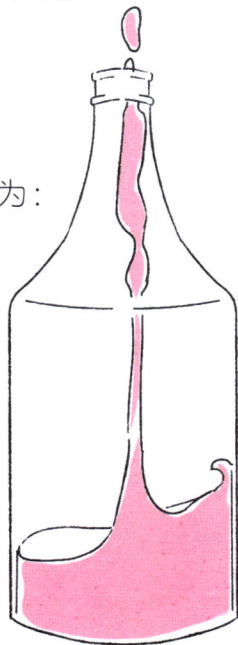

将瓶子正放时，水高 6 厘米，瓶子中水的体积为：

$3.14 \times 4 \times 4 \times 6 = 301.44$（厘米^3）

将瓶子倒放时，水高 8 厘米，无水部分高为：

$15 - 8 = 7$（厘米）

无水部分体积为：

$3.14 \times 4 \times 4 \times 7 = 351.68$（厘米^3）

这个饮料瓶子的容积为：

$301.44 + 351.68 = 653.12$（厘米^3）

计算不规则圆柱的体积时,可以利用体积不变的特性,把不规则图形转化成规则图形来计算。

01. 水瓶

瓶子的容积 = 正放时水的体积 + 倒放时无水部分的体积

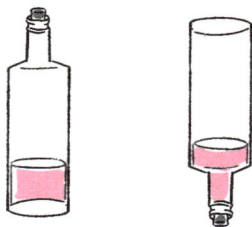

02. 倾斜圆柱

将两个一样的倾斜圆柱拼成一个规则的圆柱体。

倾斜圆柱的体积 = 规则圆柱的体积 ÷2

11. 圆锥的体积

例1

　　某热力公司有一个圆锥形状的煤堆，煤堆的底面半径为 7 米，高为 15 米，如果每小时烧 8 米^3 的煤，那么这个煤堆大约能烧多久呢？（结果保留两位小数）

思路

易错

计算圆锥体积时注意**不要漏乘$\frac{1}{3}$**。

煤堆的体积为：

$$\frac{1}{3} \times 3.14 \times 7 \times 7 \times 15 = 769.3（米^3）$$

每小时烧 8 米^3 的煤，能烧的时间为：

$$769.3 \div 8 \approx 96.16（小时）$$

圆锥体积 = $\pi \times$ 底面半径$^2 \times$ 高 $\times \dfrac{1}{3}$，圆锥体积随着底面半径、高的变化而变化。

01. 高

当高扩大 n 倍时，圆锥的体积扩大 n 倍。

当高缩小到原来的 $\dfrac{1}{n}$ 时，圆锥的体积缩小到原来的 $\dfrac{1}{n}$。

02. 底面半径

当底面半径扩大 n 倍时，圆锥的体积扩大 n^2 倍。

当底面半径缩小到原来的 $\dfrac{1}{n}$ 时，圆锥的体积缩小到原来的 $\dfrac{1}{n^2}$。

例 2

　　手工课上, 玲玲做了两个底面积与体积都相同的圆锥和圆柱, 已知圆柱的高是 24 厘米, 那么圆锥的高是多少厘米呢?

易错

当圆锥和圆柱**等底、等高时，圆柱的体积＝圆锥体积×3**，掌握圆柱与圆锥的体积关系是正确解题的关键。

由圆锥和圆柱的底面积与体积相等，可得：

圆锥的高 = 圆柱的高 ×3

那么圆锥的高为：

24×3=72（厘米）

假如一个圆锥和一个圆柱的体积相等，那么它们的底面积和高有什么关系呢？

01. 底面积相同

圆锥的高 = 圆柱的高 ×3。

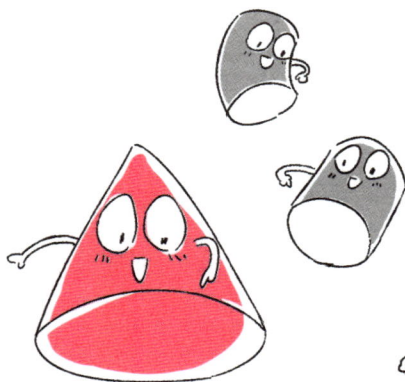

02. 高相同

圆柱的底面积 = 圆锥的底面积 × $\frac{1}{3}$。

北京市数学特级教师 司梁 主审力荐

扫清知识盲点
规避理解误区
识别题目陷阱

100分

吃透易错题, 得分大赢家 数学篇

统计与概率

字在数学发展项目组 编绘

电子工业出版社
Publishing House of Electronics Industry
北京·BEIJING

图书在版编目（CIP）数据

吃透易错题，得分大赢家. 数学篇 统计与概率 / 字在数学发展项目组编绘. -- 北京：
电子工业出版社，2024.1
ISBN 978-7-121-46569-7

Ⅰ.①吃… Ⅱ.①字… Ⅲ.①小学数学课－教学参考资料 Ⅳ.①G624

中国国家版本馆CIP数据核字（2023）第206683号

责任编辑： 赵　妍　季　萌
印　　刷： 北京市大天乐投资管理有限公司
装　　订： 北京市大天乐投资管理有限公司
出版发行： 电子工业出版社
　　　　　 北京市海淀区万寿路173信箱　邮编：100036
开　　本： 889×1194　1/16　印张：34.5　字数：567.45千字　插页：40
版　　次： 2024年1月第1版
印　　次： 2024年1月第1次印刷
定　　价： 208.00元（全8册）

凡所购买电子工业出版社图书有缺损问题，请向购买书店调换。若书店售缺，请与本社发
行部联系，联系及邮购电话：（010）88254888，88258888。
质量投诉请发邮件至zlts@phei.com.cn，盗版侵权举报请发邮件至dbqq@phei.com.cn。
本书咨询联系方式：（010）88254161转1860，jimeng@phei.com.cn。

扫除易错点，轻松学数学

很多小学生经常在解题时出错，比如漏写符号、用错公式等，虽然努力采用"题海战术"去提高，但收效甚微。

要想提高做题准确率，就要找准易错点，有针对性地学习、练习。为此本套书精心设计了以下内容：

1. 归纳整理，全面攻克错题

精心筛选了教材中的典型易错题型，逐条细致地分析、讲解，帮助学生全面、快速地攻克易错点。

2. 错误预警，纠正解题思路

提前给出易错提示，有针对性地引导学生思考，再分步讲解思路，帮助建立解题模型，逐步订正错误思维。

3. 易错拓展，规避相似错误

每节都有相关解题技巧、题目陷阱规律拓展，方便学生举一反三。

4. 跟踪练习，及时巩固技巧

随书赠送跟踪练习题册，让学生巩固技巧，轻松应对变形题。

接下来，一起跟着示范，将易错点逐个击破吧！

目录

1. 统计表

例

　　为了了解班级同学喜爱的体育运动，东东对班里 60 名同学进行了调查，要求每人只能选择一种最喜爱的运动，调查结果如下表。

运动种类	篮球	羽毛球	游泳	跑步	乒乓球
喜爱人数	12 名	18 名	9 名	8 名	15 名

　　东东的调查结果准确吗？

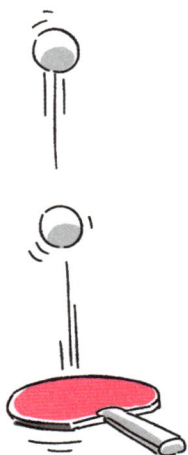

思路

易错

　　统计调查结果时，要注意**统计数据是否与调查人数一致**，不要重复计数或丢失数据。

统计表上的调查总数为：

12+18+9+8+15=62（名）

东东只调查了 60 名同学，与统计表上数据有出入，说明有重复计数情况，所以结果不准确。

统计数据时，用以下方法来记录数据，能帮助我们避免重复计数或丢失数据。

01. 符号法

用一个符号（如"√"）表示一位调查对象，每项统计项目被多少调查对象选择，就在那项下面画多少个符号。

02. "正"字法

用写"正"字的方法计数，每个"正"字代表五位调查对象，这种方法既方便又快捷。

正正正
正

2. 复式统计表

例1

朝阳小学组织跳绳比赛,五年级1班和2班的参赛学生进入了复赛,下面是两个班跳绳比赛的成绩统计表。

朝阳小学五年级1班学生跳绳比赛成绩统计表

编号	1	2	3	4	5	6	7	8	9	10
成绩/个	95	99	102	88	82	108	76	98	99	112

朝阳小学五年级2班学生跳绳比赛成绩统计表

编号	1	2	3	4	5	6	7	8	9	10
成绩/个	82	89	96	103	89	116	98	115	67	91

请你把上面两个单式统计表合并成一个复式统计表。

易错

合

合

把两个统计表合并成一个复式统计表时，注意表头分栏不要漏项。

朝阳小学五年级 1 班和 2 班学生跳绳比赛成绩统计表

人数 成绩（个） 班级	110 以上	100~110	90~100	80~90	70~80	70 以下	合计
五年（1）班	1	2	4	2	1	0	10
五年（2）班	2	1	3	3	0	1	10

在合并复式统计表时, 需要注意哪些地方呢?

01. 表头

　　复式统计表的表头一般需要分为横栏类别、竖栏类别、表中数据三部分, 要注意三部分的位置不要标错。

02. 数据

　　横栏和竖栏的数据一定不要出现交叉的情况, 若需要合计总数时, 要注意同一类型的数据才可以合并计数。

例 2

下面是 A、B 两家超市饮料的月销售情况统计表。

销量/箱 种类 超市	可乐	雪碧	芬达	果汁
A 超市	35	43	15	55
B 超市	48	37	10	46

（1）A 超市（　　）的销量最高，B 超市（　　）的销量最高。

（2）哪个超市的饮料销售总量更多？比另一个超市多多少？

思路

易错

根据统计表解决实际问题时，要注意**找准问题对应的数据**。

（1）由统计表可知：

A 超市果汁的销量最高，B 超市可乐的销量最高。

（2）A 超市饮料销售总量：

35+43+15+55=148（箱）

B 超市饮料销售总量：

48+37+10+46=141（箱）

148>141，A 超市的饮料销售总量更多。

A 超市比 B 超市多销售：

148-141=7（箱）

复式统计表可以更加清晰地反映数据的情况，以及多个数据变化的差异。根据复式统计表解决生活中的实际问题时要注意以下几点：

01. 观察表

先看表头，结合表头看横栏、竖栏的内容，弄清每栏表格所表示的内容。

02. 找数据

结合问题去表中找对应数据，找数据时注意不要看错横、竖栏。

3. 条形统计图

例1

下面是东东记录的 3 月份前半个月天气情况的统计表。

天气	晴天	多云	阴天	雨夹雪	小雨
天数	6	2	4	2	1

根据上表, 完成统计图, 并回答下列问题。

3月份前半个月天气情况的统计图

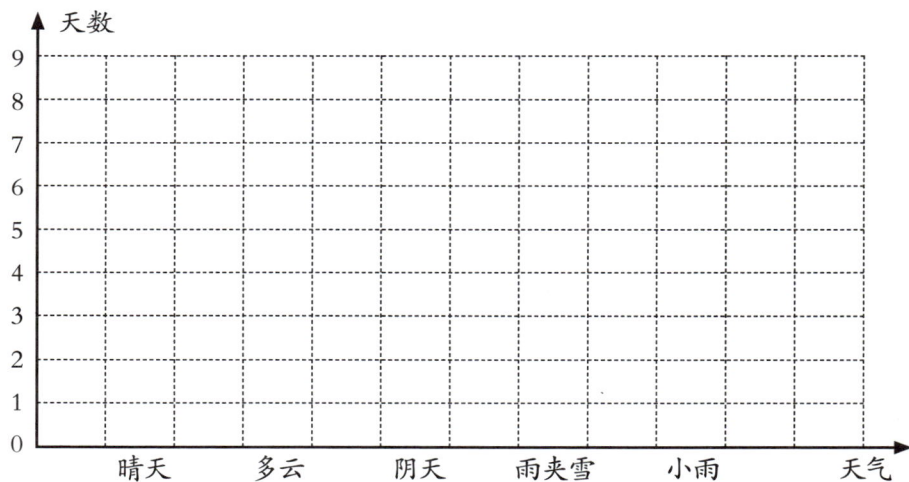

（1）（   ）天气的天数最多，（   ）天气的天数最少。

（2）有降水的天气共有（   ）天。

易错

画统计图时要注意直条的长度和数据应一一对应。

28℃ 晴

3月份前半个月天气情况的统计图

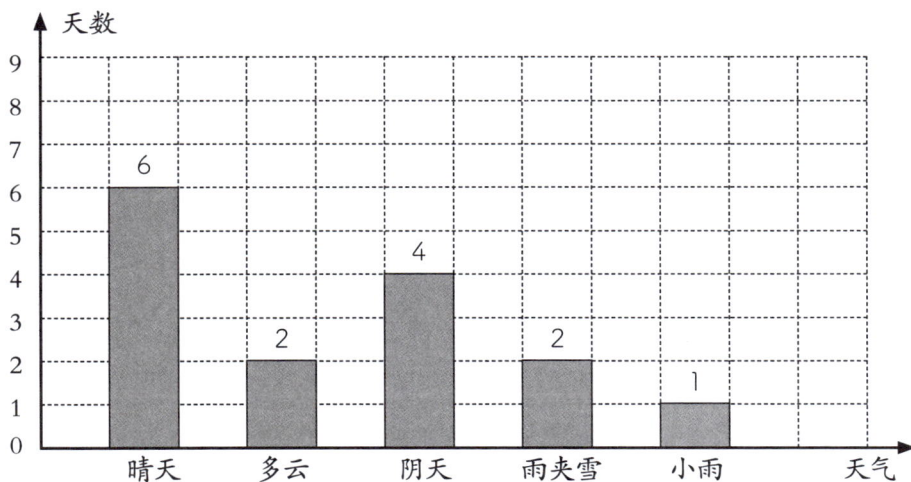

(1) 观察条形统计图可知: 晴天的天数最多, 小雨的天数最少。

(2) 雨夹雪有 2 天, 小雨有 1 天, 所以有降水的天气共有 3 天。

拓展

条形统计图一般由标题、直条、横轴、纵轴等组成,在制作条形统计图时,要注意哪些地方呢?

01. 横、纵轴

横轴一般表示统计内容,纵轴一般表示数量,画完横、纵轴后不要忘记标注单位名称。

02. 直条

根据对应数据画完直条后,不要忘了标注相应的数据。

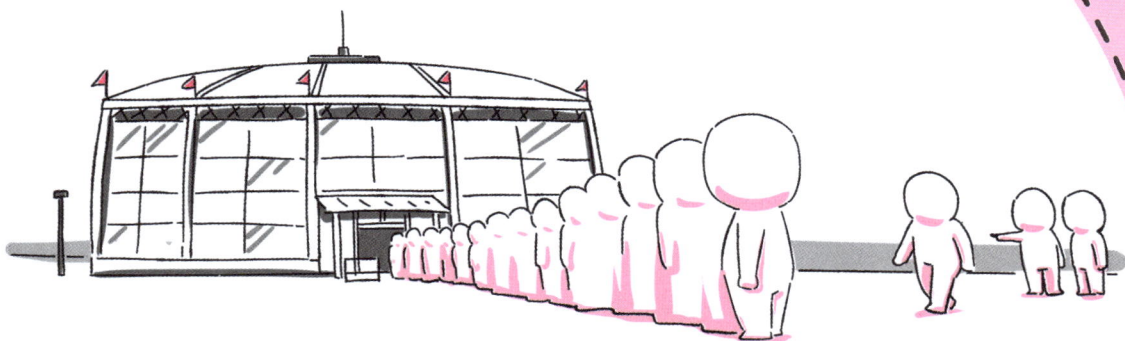

例2

下面是市规划馆某星期（星期一闭馆）接待游客人数的统计表，根据统计表将条形统计图补充完整，并回答问题。

星期	星期二	星期三	星期四	星期五	星期六	星期日
人数	180	210	210	240	300	360

市规划馆某星期接待人数统计图

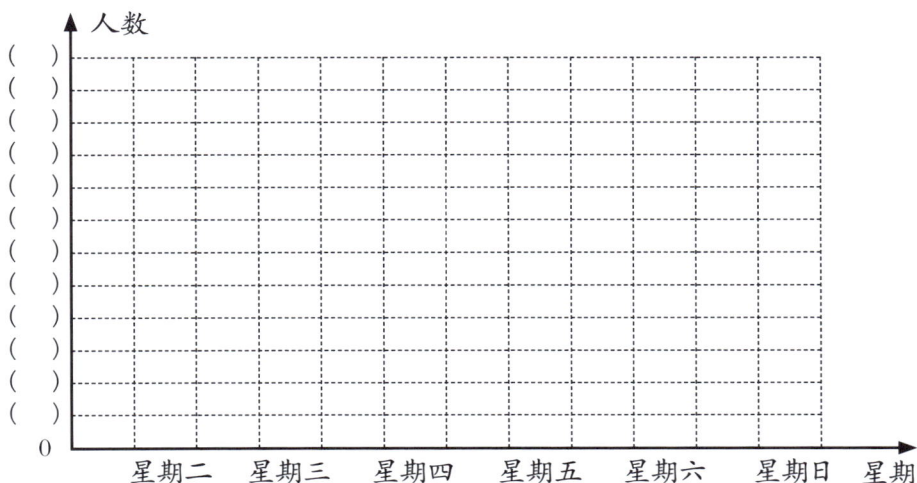

（1）纵轴每格代表（   ）人；

（2）星期（   ）接待游客人数最多，为（   ）人；

（3）这一周共接待（   ）人。

易错

要注意观察统计表中的数据,根据数据情况判断纵轴每格代表几个单位更合适。

市规划馆某星期接待人数统计图

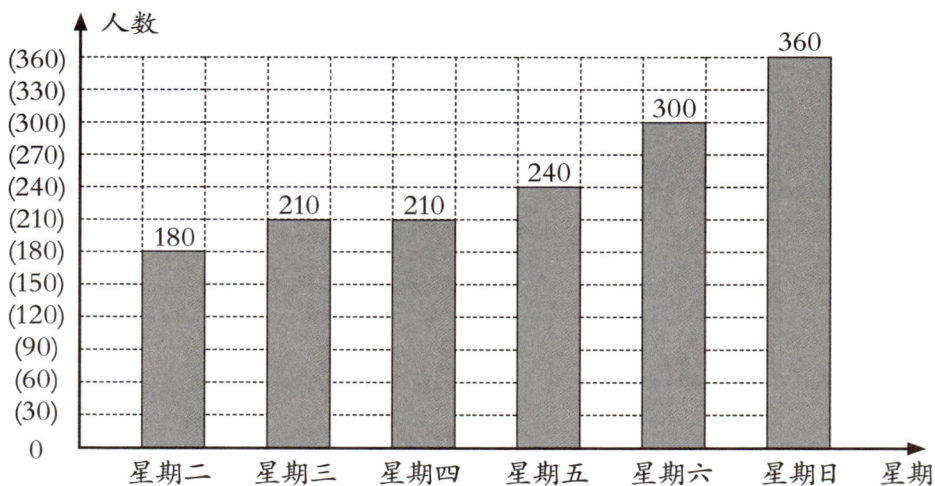

（1）根据统计表中的数据分析可知：

30 是 180、210、240、300、360 的公因数。

所以纵轴每格代表 30 人最合适。

（2）观察条形统计图可知：

代表星期日的直条最高。

所以星期日接待游客人数最多，为 360 人。

（3）一周接待游客总人数为：

180+210+210+240+300+360=1500（人）

拓展

条形统计图分为横向统计图和纵向统计图，我们应该如何正确、快速地读取条形统计图上的信息呢？

01. 观察

先看标题，了解统计对象，再看横、纵轴，了解统计的项目和数量，最后看直条的长短表示多少数量。

02. 比较

仔细思考每个直条代表的数据意义，进行一一比较，根据数据变化对统计项目进行预测和分析。

4. 平均数与条形统计图

例1

下面是两组同学跑 400 米的成绩, 请你根据表格中的信息评估一下哪组同学的跑步成绩更好一些。

第一组

编号	1 号	2 号	3 号	4 号
成绩 / 秒	70	68	78	80

第二组

编号	1 号	2 号	3 号
成绩 / 秒	66	76	83

思路

易错

要注意**两组人数不同，不能用总成绩来比较**成绩好坏，应该用平均数来比较。

第一组同学跑步的平均成绩：

（70+68+78+80）÷4=74（秒）

第二组同学跑步的平均成绩：

（66+76+83）÷3=75（秒）

第一组同学的跑步成绩更好一些。

平均数＝总数量 ÷ 总个数

求有关平均数的问题时有哪些需要注意的地方？

01. 意义

　　平均数代表一组数据或一个群体的平均水平，不是代表每个个体。

　　比如：东东的身高为 1.6 米, 奇奇的身高为 1.4 米, 豆豆的身高为 1.5 米。

　　他们的平均身高为：

$$(1.6 + 1.4 + 1.5) \div 3 = 1.5（米）$$

　　而平均身高不能代表每人身高都是 1.5 米。

02. 使用范围

在日常生活中，平均身高、平均产量、平均成绩等都可以用求平均数的方法求解。

注意，求平均速度时，不能用速度和来求，要用路程和时间来计算。

比如：东东上山的速度是 3 米 / 秒，下山的速度是 6 米 / 秒。那么东东上、下山的平均速度应为：

$$(1 + 1) ÷ (1÷3 + 1÷6) = 4（米 / 秒）$$

例2

东东根据参加运动会跑步项目的男、女生人数情况统计表,绘制了复式条形统计图,请你帮他找出统计图中不正确的地方,并改正。

跑步项目男、女生人数统计表

人数 项目 性别	100 米	400 米	800 米
男生	38	34	28
女生	22	25	11

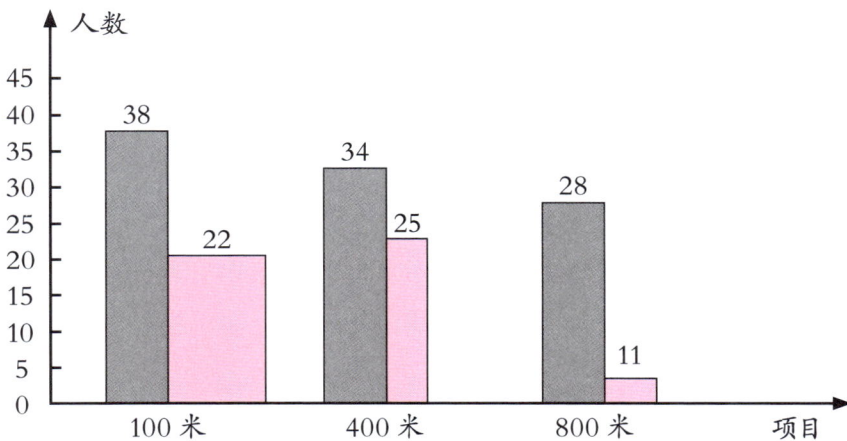

易错

　　画统计图时, 不能只看直条的高度, 还要注意**直条的宽度应保持一致**。

统计图中错误的地方:

没有写标题, 没有标明图例, 且直条的宽窄不一致、高度不准确。

正确的统计图如下:

跑步项目男、女生人数统计图

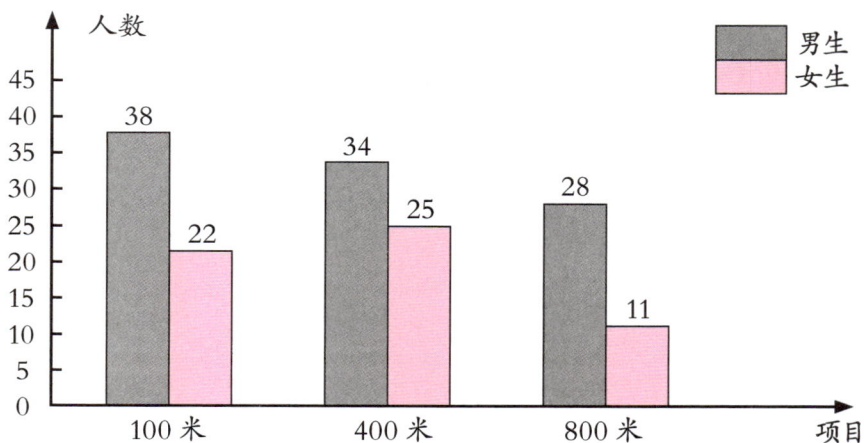

绘制复式条形统计图时要注意哪些事项?

01. 标题

不要遗漏标题, 标题要能够清晰表达统计图的内容。

02. 图例

复式条形统计图中, 有两组数据时, 要用不同颜色或底纹的直条来表示, 还需要标明图例。

03. 直条

每个直条的宽窄应统一, 不可有宽有窄。

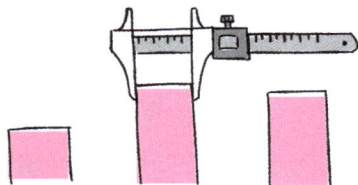

5. 可能性

例 1

判断:

(1)抛一枚正方体骰子,得到的点数可能为 7。( )

(2)星期二一定会下雨。( )

(3)地球一定绕着太阳转。( )

(4)明天太阳不可能从西边升起。( )

易错

事件发生的可能性存在必然性和偶然性,判断时要**联系生活实际或通过试验来判断**。

(1)正方体骰子有 1、2、3、4、5、6 六个点数,不可能得到点数 7,故错误。

(2)下雨是自然现象,具有随机性,不能断定星期二一定会下雨,故错误。

(3)地球绕着太阳转是自然规律,是确定的事件,故正确。

(4)太阳从东边升起、西边落下是自然规律,无论哪天,太阳都不可能从西边升起,故正确。

在生活中，有些事件的发生是确定的，有些事件的发生是不确定的，我们可以用"一定""可能""不可能"来描述事件发生的可能性。

01. 可能

天气变化、掷骰子（点数 1~6）、抛硬币（正、反）等具有随机性的事件有可能会发生。

02. 不可能

太阳从西边升起、在蓝球里找出红球等不符合自然规律、超出限制范围的事件不可能发生。

03. 一定

地球围着太阳转、月亮围着地球转、六面骰子掷出点数小于 7 等符合规律的事件一定会发生。

例 2

　　一个不透明的盒子里装有 12 个大小、材质完全相同的球，已知其中有 3 个白球、5 个蓝球、4 个黄球，若从盒子里任意取出一个球，哪种颜色的球被取出的可能性最大？

思路

易错

　　要注意从盒子里取球时，**哪种颜色球的数量越多，取出的可能性就越大。**

　　白球有 3 个，蓝球有 5 个，黄球有 4 个。
　　从数量上看，蓝球最多，所以取出蓝球的可能性最大。

　　事件随机出现的可能性的大小与个体数量的多少有关,个体在总体中所占数量越多,出现的可能性就越大;反之,可能性就越小。

01. 总数一定

　　根据个体数量判断可能性大小时,要注意总数是否一定,若总数不一定,则不能单从个体数量的多少判断,需要考虑个体在总体中的占比。

02. 列举全面

　　在判断可能性的大小时,要列举出各种可能,不能重复列举,也不能遗漏。

6. 游戏的公平性

例

　　东东和小兰进行取棋子的游戏, 共有 186 枚棋子, 每人每次可以取 1 到 4 枚, 取到最后一枚棋子的人获胜。如果东东先取, 他怎样取能保证获胜呢?

易错

　　要注意东东需要取到最后一枚棋子才能胜利，也就是说**要保证小兰取完最后一次后，至少还剩余1~4枚棋子。**

　　东东先取，若想保证获胜，需要取到最后一枚棋子。虽然他无法控制小兰取棋子的数量，但是他能控制两人取棋子数的和。

　　他们每次可以取的棋子数为1枚、2枚、3枚、4枚，所以可以控制每两次取棋子数的和为：

1+4=2+3=3+2=4+1=5（枚）

186÷5=37（组）……1（个）

　　所以东东第一次先取1枚，以后保证每次取的个数与小兰取的个数和是5枚，就能保证获胜。

拓展

判断一个游戏规则是否公平，要看双方获胜的可能性是否相等，如果相等，那么游戏规则公平；如果不相等，那么游戏规则不公平。

01. 掷骰子

若投出的数字是奇数，则甲胜；
若投出的数字是偶数，则乙胜。
此时两种事件发生的可能性相等，所以游戏公平。

若投出的数字大于 4，则甲胜；
若投出的数字小于 4，则乙胜。
此时两种事件发生的可能性不等，所以游戏不公平。

02. 抛硬币

抛掷一枚硬币，正面朝上甲得分，反面朝上乙得分。

若正面朝上得 2 分，反面朝上得 1 分，此时得分不同，游戏不公平；

若正面朝上得 2 分，反面朝上也得 2 分，此时得分相同，游戏才公平。

7. 折线统计图

例1

下面是阳光超市上半年果汁销量情况的统计表。

月份	1	2	3	4	5	6
销量／箱	45	30	38	32	47	53

请根据上面的统计表绘制折线统计图。

易错

描点时点的位置要分别与**横轴、纵轴上的项目和数据一一对应**。

绘制折线统计图时不要遗漏标题,要先逐一描点后再顺次连线。

阳光超市上半年果汁销量情况的统计图

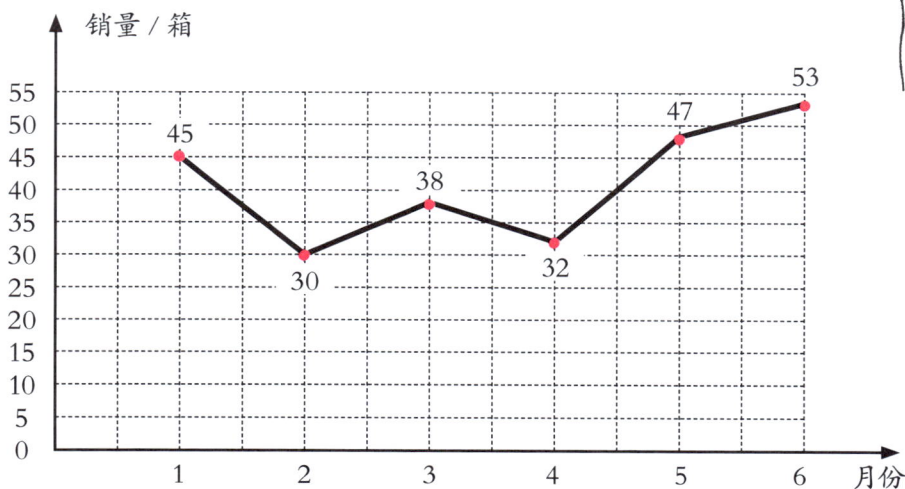

销量／箱

55
50
45
40
35
30
25
20
15
10
5
0

45 30 38 32 47 53

1　2　3　4　5　6　月份

绘制折线统计图时有哪些需要注意的地方?

01. 画轴

画出横轴和纵轴来分别表示项目和数量时, 要写明单位, 确定好一个单位长度表示多少。

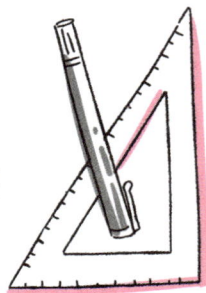

02. 描点

描点时横轴和纵轴对应要准确, 描完点之后, 用线段把这些点顺次连接起来, 不要遗漏某个点。

例2

下面是东东和小兰五次考试的数学成绩统计表。

成绩/分　　次数 姓名	第一次	第二次	第三次	第四次	第五次
东东	89	92	88	95	96
小兰	98	90	93	94	95

请根据上面的统计表绘制折线统计图。

易错

　　绘制复式折线图时，要注意区分两组数据的折线，不要忘了图例。

东东和小兰五次考试的数学成绩统计图

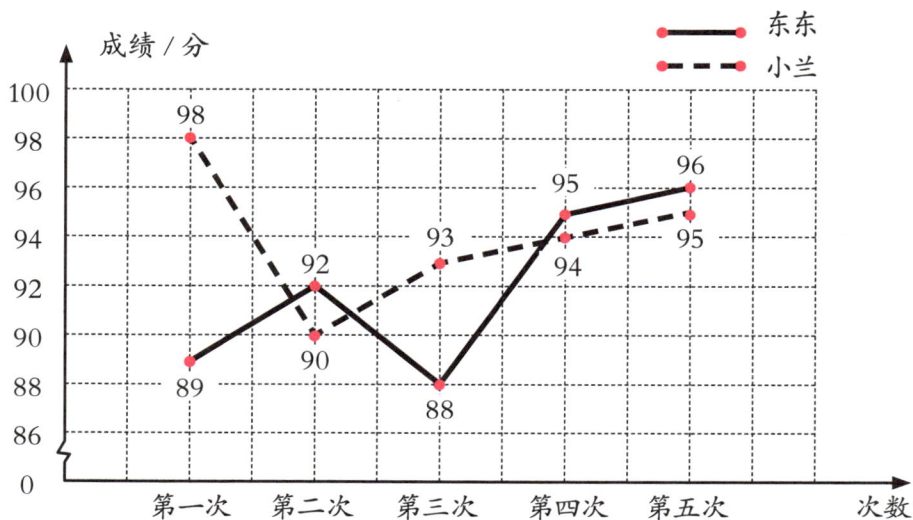

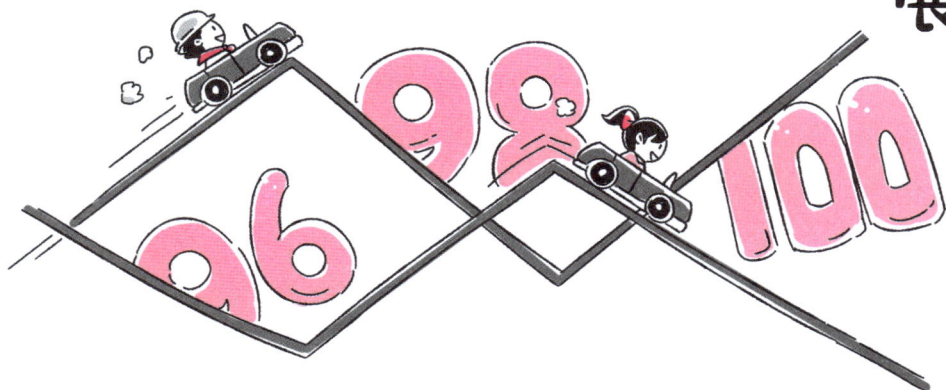

绘制复式折线统计图有哪些需要注意的事项？

01. 单位长度

横轴、纵轴的单位长度要分别相同。若纵轴上起始格与其他格表示的数量不同，需要用折线表示。

02. 数据对应

当数据不能与纵轴上的刻度直接对应时，如要在纵轴 70~75 两个刻度间标 73 时，需要把纵轴上相应的"线段"平均分来标点。

8. 扇形统计图

例1

朝阳小学组织五、六年级同学去植树,五年级同学共种了200棵树,六年级同学共种了300棵树,植树情况分布图如下所示。请问哪个班级种的杨树多?多多少棵?

五年级植树情况分布图

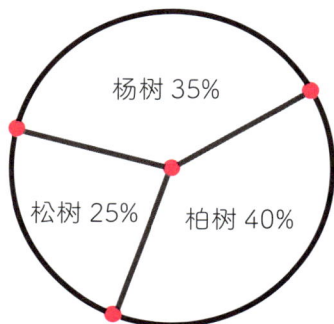

杨树 35%
松树 25%
柏树 40%

六年级植树情况分布图

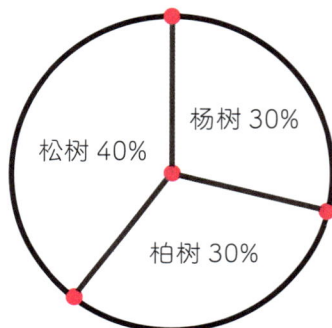

松树 40%
杨树 30%
柏树 30%

思路

易错

要注意**两个扇形图的总量不一致**，不能直接比较各部分数量的占比。

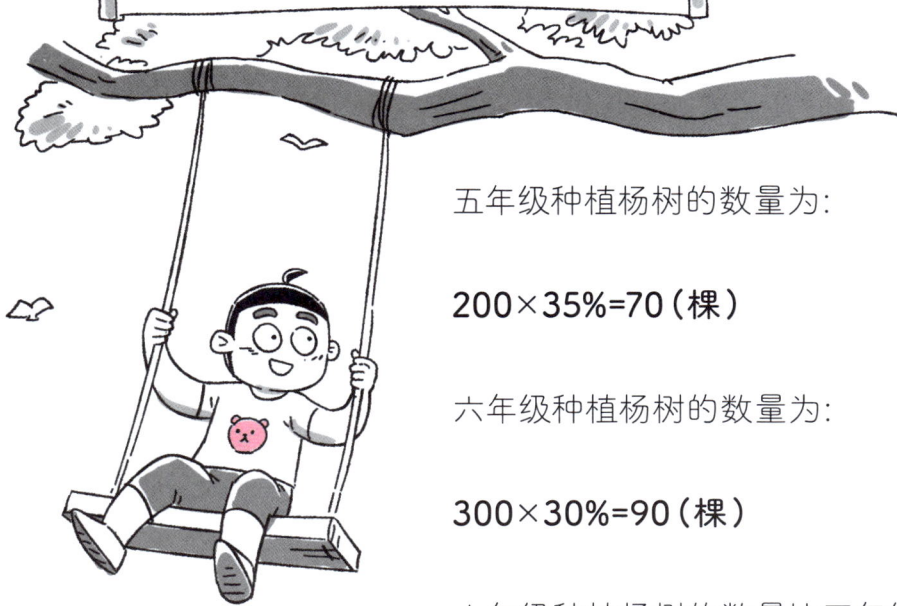

五年级种植杨树的数量为：

200×35%=70（棵）

六年级种植杨树的数量为：

300×30%=90（棵）

六年级种植杨树的数量比五年级多：

90-70=20（棵）

拓展

扇形统计图用整个圆的面积表示总量，用圆内各个扇形的面积表示各部分量与总量之间的关系，也就是各部分量占总量的百分比。

01. 部分量

部分量 = 总量 × 该部分量占总量的百分比

02. 圆心角

各扇形的圆心角 = 360° × 该部分量占总量的百分比

例2

东东暑假放了 50 天，他对自己假期的时间规划安排如下图。

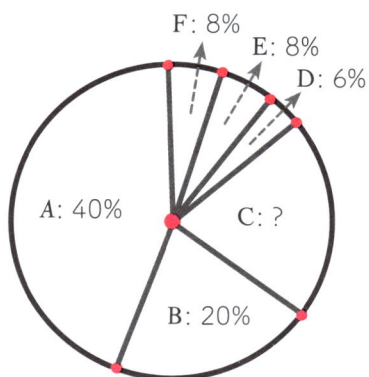

F: 8%
E: 8%
D: 6%

A: 40%   C: ?

B: 20%

A: 户外运动
B: 看电视
C: 写作业
D: 做家务
E: 画画
F: 其他

根据上面的假期时间规划图，东东留给写作业的时间占比为（   ）%，共（   ）天。

思路

易错

要注意在扇形统计图中，可以把**整个圆看作"1"**。

写作业的时间占比为：

1-（40%+20%+6%+8%+8%）=18%

留给写作业的天数为：

50×18%=9（天）

绘制扇形统计图时有哪些注意事项?

01. 计算百分比

　　计算各部分量占总量的百分比时,各部分量不能和其他部分有重叠,可以通过各部分百分比和为 100% 来检验计算结果是否正确。

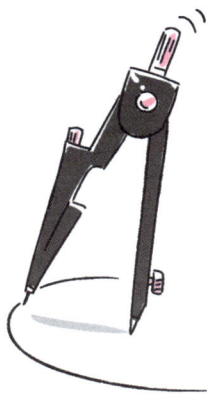

02. 计算角度

　　根据各部分百分比计算出各个扇形的圆心角时,要注意各圆心角度数和为 360°,计算后要在各个扇形中标出对应部分的名称和百分比。

45

9. 统计图的应用

例 1

妈妈想记录东东 5~12 岁每年身高的变化情况，绘制（　）统计图更合适。

A. 条形　　B. 扇形　　C. 折线　　D. 都可以

易错

要根据**题目中数据需要呈现的特点**来选择合适的统计图。

用折线统计图,既能记录东东每年的身高,又能呈现出他每年身高增长的情况,故选 C。

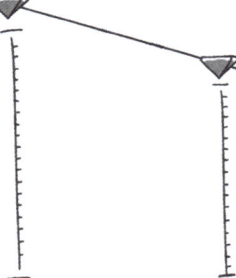

我们学习了很多种统计图，那么常用的统计图都有什么特点呢？

01. 条形统计图

条形统计图可以清楚地看出各项的数量是多少。

02. 折线统计图

折线统计图不仅可以看出各项的数量是多少，还可以表示出数的增减变化情况及趋势。

03. 扇形统计图

扇形统计图能更清晰地表示部分与整体、部分与部分之间的关系。

例 2

下面是六年级学生喜欢的体育运动统计图, 喜欢乒乓球的有 6 人。请根据统计图完成统计表。

六年级学生喜欢的体育运动统计图

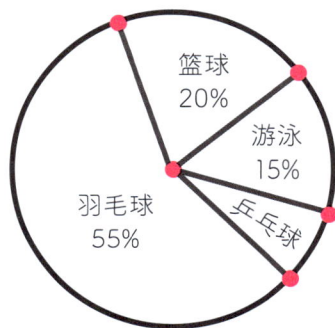

六年级学生喜欢的体育运动统计表

课程	人数
羽毛球	
篮球	
游泳	
乒乓球	

易错

根据扇形统计图的信息**求出****总人数**是正确解题的关键。

喜欢乒乓球人数占比：

1-（55%+20%+15%）=10%

六年级总人数为：6÷10%=60（人）

喜欢羽毛球：60×55%=33（人）

喜欢篮球：60×20%=12（人）

喜欢游泳：60×15%=9（人）

六年级学生喜欢的体育运动统计表

课程	人数
羽毛球	33
篮球	12
游泳	9
乒乓球	6

解决与统计图有关的实际问题时，我们可以利用统计图中隐藏的条件来解题。

01. 扇形统计图

扇形统计图中，整个圆的一半就是50%，整个圆的$\frac{1}{4}$就是 25%。

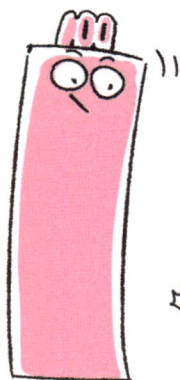

02. 条形统计图

同一幅条形统计图中，直条的长短差距越明显，表示数据的差距越大。

03. 折线统计图

折线统计图中，连接各点的线段越陡，则数据的上升或下降趋势越明显。

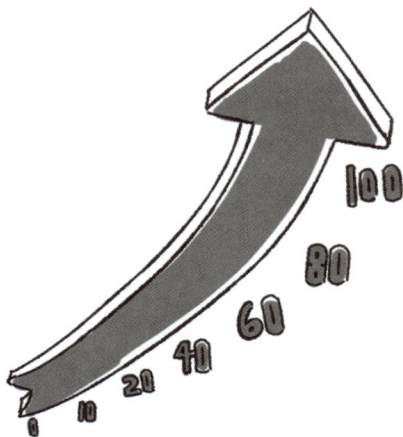

100
80
60
40
20
10
0

《数与运算》

一、时、分、秒

1. 安安 7 点 40 分到达车站，如果公交车 8 点 20 分到站，那么安安要等多久能坐上公交车？

2. 小丽从家到学校要走 18 分钟，学校规定 7:45 必须到校，她最晚什么时候从家里出发才能不迟到？

二、万以内的加法和减法

1. 某工程队修一条 1400 千米长的路，第一阶段修了 582 千米，第二阶段修了 293 千米，还有多少千米没修？

2. 希望小学三年级有 273 名同学，四年级有 489 名同学，五年级有 372 名同学，三个年级一共有多少名同学？

3. 小丽在计算一道加法题时，错把其中一个加数个位上的 4 看成了 9，百位上的 7 看成了 2，算得结果为 427，那么正确的结果是多少呢？

4. 华华把一个减法算式中减数个位上的 8 看成了 3，十位上的 1 看成了 5，计算后的结果为 635，那么正确的结果应该是多少呢？

三、倍的认识

1. 动物园中有 72 只猴子，猴子的数量是老虎的 8 倍，那么老虎有多少只呢？

2. 图书馆中有 6 本童话故事书，漫画书的数量是童话故事书的 5 倍，那么图书馆中有多少本漫画书呢？

3. 假设乌龟每小时爬 60 米，兔子跑的速度比乌龟的 50 倍多 30 米，那么兔子每小时跑多少米呢？

4. 玩具店中一辆小汽车 54 元，小汽车的价钱比玩具熊的 8 倍还多 6 元，那么一只玩具熊的价钱是多少呢？

四、因数与倍数

1. 判断：

（1）24 的因数和倍数都有 8 个。（　　）
（2）1、3、7、11 都是质数。（　　）
（3）14、28、36、42 都是偶数。（　　）
（4）81÷0.9=90，0.9 是 81 的因数，81 是 0.9 的倍数。（　　）

2. 填空：在 27、46、60、75、108 这几个数中，
（　　）是 2 的倍数，（　　）是 5 的倍数，
（　　）既是 3 的倍数又是 5 的倍数。

3. 18 有几个因数呢？

4. 374 最少加几是 3 的倍数？加完后的数字是多少？

5. 东东在文具店买了 3 支钢笔，钢笔的单价标签已经看不清了，售货员说东东应付 161 元，他说得对吗？

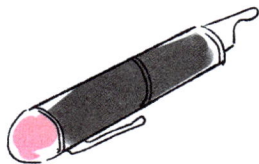

6. 一个等腰三角形的周长是 15 厘米，已知它的底边最长，且长度为质数，那么这个三角形的腰长是多少？

五、多位数乘法

1. 商场里一台电饭煲 592 元，冰箱的价格是电饭煲的 36 倍，那么一台冰箱的价格是多少钱呢？

2. 牧场里有 72 头牛，每头牛一天要吃 38 千克的草料，那么牧场一天要消耗多少千克的草料？

3. 动物园中，一只老虎的体重是 180 千克，大象的体重是老虎的 42 倍，那么大象的体重是多少千克呢？

4. 小渔船每天捕鱼 204 千克，大渔船每天捕的鱼是小渔船的 35 倍，那么大渔船每天捕鱼多少千克呢？

3. 元宵节到了，老师买了 12 袋汤圆，每袋有 40 个。如果给每名同学分 13 个汤圆，那么这些汤圆最多能分给几名同学？

六、多位数除法

1. 如果把 673 个桃子平均分给 12 名同学，那么每名同学分得多少个桃子？还剩多少个桃子？

4. 老师去给班级里的同学买帽子，一顶帽子 32 元，824 元最多能买多少顶帽子呢？

2. 图书管理员要把 906 本书摆到 6 个书架上，平均每个书架上摆多少本书呢？

5. ★ ÷78=26……◇，◇最大能填几？当◇最大时，★是多少呢？

6. 674 ÷ ◎ = 21……2，◎ 等于多少呢？

七、年、月、日

1. 一辆长途汽车下午 3 时 20 分从甲地出发，20 时 20 分到达乙地，这辆汽车每小时行驶 60 千米，甲、乙两地之间的距离是多少千米？

2. 2024 年的上半年有多少天？

八、大数的认识

1. 填空：某列高铁的速度是 270000 米 / 时，改写成以万为单位是（　　）米 / 时。

2. 填空：某城市有 7426481 人，省略万后面的尾数，该城市大约有（　　）人。

九、四则运算

1. 果园大丰收，每天能卖出 128 斤桃子和 321 斤苹果，按照这样的销量，如果连续卖 14 天，苹果比桃子多卖多少斤？

2. 中秋节到了，老师买了 12 袋月饼，每袋里有 18 块。如果把这些月饼平均分给 15 名同学，分完后还剩 6 块，那么每名同学分得多少块月饼呢？

3. 周末，老师带领同学们去看电影，电影院有两种购票方案。
方案一：成人每人 30 元；儿童每人 20 元。
方案二：团体 30 人以上（包括 30 人）每人 25 元。
一共有 3 位成人和 34 位儿童，按哪种方案买票最省钱呢？

4. 端午节到了，老师带同学们去划船，每条大船能坐 6 人，租金 36 元；每条小船能坐 4 人，租金 28 元。6 名老师和 52 名学生怎样租船最划算呢？

3. 萌萌和琪琪同时从公园出发，萌萌散步回家，每小时走 3000 米，3 小时走回家。琪琪骑车回家，琪琪回家的路程比萌萌短 400 米。琪琪骑车 2 小时到家，那么她每小时骑多少米呢？

十、运算定律

1. 百花园种植了玫瑰花、百合花和茉莉花，种植面积一共有 782 米^2，玫瑰花的种植面积为 237 米^2，百合花的种植面积为 182 米^2，那么茉莉花的种植面积是多少米^2？

4. 安安和丁丁剪了 3 小时的窗花，安安剪了 150 个，丁丁每小时比安安少剪 10 个，那么丁丁剪了多少个窗花？

2. 请用简便方法计算：
$125 \times 14 \times 8 + 42 \times 12 + 42 \times 38$

一、小数的初步认识

1. 动物园中，熊猫的体重为 80.3 千克，猎豹的体重为 74.9 千克，熊猫和猎豹一共多重呢？

2. 周末，妈妈去商场买衣服，买羽绒服花了 142.9 元，买裤子花了 92.4 元，那么妈妈一共花了多少元呢？

二、小数的意义和性质

1. 请比较下列数字的大小。

（1）24.90 ◯ 24.9

（2）0.76 ◯ 0.764

（3）0.963 ◯ 0.96

（4）14.67 ◯ 14.59

（5）86.37 ◯ 65.03

（6）35.678 ◯ 31.928

2. 同学们绕着操场跑同样的距离，兰兰跑了 10.13 分钟，丽丽跑了 20.56 分钟，花花跑了 10.10 分钟，谁跑得最快？

3. 甲菜地的面积为 83.2 米^2，乙菜地的面积为 60.7 米^2，哪个菜地的面积更大？大多少米^2？

4. 华华和齐齐给水枪装水，华华装了 90.4 毫升水，齐齐装了 145 毫升水，齐齐比华华多装了多少毫升水呢？

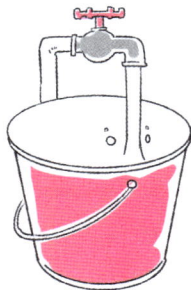

3. 一个正方形的面积为 446 米^2，如果把正方形的边长缩小到原来的 $\frac{1}{10}$，那么缩小后正方形的面积为多少厘米^2？

4. 幸福乡前年的玉米总产量为 5.3 吨，去年比前年多 25 千克，今年比去年多 340 克，那么幸福乡今年一共收获玉米多少千克？

3. 甲市有 538.05 万人，乙市有 691.72 万人，丙市有 675.28 万人，三个城市一共有多少万人？

三、小数的加法和减法

1. 从一筐桃子中倒出一半后，剩余桃子连筐重 25.85 千克。已知筐重 2.74 千克，那么原来的一筐桃子连筐多重呢？

4. 爷爷带了 50 元去市场买肉，买了 24.92 元的猪肉和 16.08 元的牛肉，那么爷爷还剩多少元呢？

四、小数乘法

1. 超市中，橘子的价格是每千克 9.56 元，妈妈买了 2.5 千克的橘子，一共花了多少元呢？

2. 超市中，妈妈买了一箱水果，连箱重 30 千克，吃了一半后，剩下的水果连箱重 15.92 千克，那么箱子多重呢？

2. 爸爸开车去加油，一升油 8.05 元，加了 35.6 升油，一共花了多少元？

3. 琦琦所在城市的出租车收费标准为：2.5 千米以内（包含 2.5 千米），按每千米 3 元收费，超出 2.5 千米的部分按照每千米 4.7 元收费。琦琦乘出租车去学校，路程为 10 千米，需要花多少元？

4. 某快递公司寄快递的收费标准为：1 千克以内（包含 1 千克）收费 8 元，超出 1 千克的部分按每千克 5.6 元进行收费。妈妈要寄 8.65 千克的快递，需要花多少快递费？

五、小数除法

1. 动物园中，小浣熊的体重为 14 千克，猴子的体重为 36.4 千克，猴子的体重是小浣熊的几倍？

2. 超市中，1 千克橘子 4.6 元，1 千克草莓 26 元，买 13 千克橘子的钱能买多少千克草莓？

3. 在市场上，张爷爷买了 42.9 千克的大米，徐爷爷买了 28.6 千克的大米，那么张爷爷买的大米的质量是李爷爷的几倍呢？

4. 水果超市大促销，卖出了 15.6 千克香蕉、54.6 千克苹果，苹果的销量是香蕉的几倍？

5. 老师带了 25.5 元钱去买橡皮，如果每块橡皮 0.8 元，老师最多能买几块橡皮？

6. 妈妈打算把 16.8 千克酱油分装到瓶子里，一个瓶子最多装 2.5 千克酱油，那么妈妈至少需要多少个瓶子呢？

六、分数的初步认识

1. 李爷爷家有一片菜地，黄瓜的种植面积占 $\frac{2}{9}$，白菜的种植面积占 $\frac{5}{9}$，哪种蔬菜种得多呢？

2. 学校新买了一批辅导书，其中 $\frac{2}{5}$ 是数学书，$\frac{2}{9}$ 是英语书，$\frac{1}{9}$ 是语文书，哪一种书的数量最多呢？

3. 数学课上，老师让大家把空白的长方形纸先竖着对折 2 次，再横着对折 2 次，那么每个格子占这张纸的几分之几呢？

4. 豆豆把一根彩绳连续对折了 8 次，那么每段绳子是全长的几分之几呢？

七、分数的意义和性质

1. 小刚每秒跑 3 米，小丽每秒跑 6 米，小华每秒跑 5 米，三人沿着 300 米的操场同时同地同向出发，多久之后 3 人会在出发点相遇呢？

2. 兰兰有 48 元，如果都买奶茶能正好花完，琪琪有 80 元，如果都和兰兰买同一种奶茶也能正好花完，那么一杯奶茶最多多少元？

3. 体育课上，同学们跳远，明明跳了 $\frac{56}{24}$ 米，兰兰跳了 $\frac{32}{27}$ 米，琪琪跳了 $\frac{5}{4}$ 米，谁跳得最远呢？

4. 超市里 1 千克草莓 16.4 元，1 千克桃子 $\frac{56}{5}$ 元，谁比较贵呢？

八、分数的加法和减法

1. 妈妈带了 50 元去超市买日用品，买水杯花了 $\frac{234}{9}$ 元，买拖鞋花了 $\frac{45}{6}$ 元，那么找回多少钱呢？

2. 甲、乙两工程队共同修 35 米的路，甲工程队修完了 $\frac{58}{5}$ 米，乙工程队修完了 $\frac{84}{5}$ 米，这条路还差多少米没修？

3. 公园中有三棵枫树，高度分别为 $\frac{28}{9}$ 米、$\frac{5}{3}$ 米、$\frac{20}{9}$ 米，三棵树一共多高？

4. 妈妈带了 45 元去超市买水果，买草莓花了 $\frac{16}{3}$ 元，买苹果花了 $\frac{11}{3}$ 元，还剩多少钱？

九、分数乘法

1. 一根绳子长 18 米，东东先剪掉了全长的 $\frac{2}{7}$，后来又剪掉了 $\frac{45}{8}$ 米，剪完后绳子还剩多少米？

2. 王爷爷家的花园有 25 平方米，其中玫瑰花的种植面积为 $\frac{36}{8}$ 米^2，茉莉花的种植面积占总面积的 $\frac{1}{8}$，其余全种牡丹花，牡丹花的种植面积为多少米^2？

3. 一本故事书有 45 页，明明第一天看了它的 $\frac{1}{5}$，第二天看了第一天页数的 $\frac{1}{3}$，明明第二天看了多少页呢？

4. 哥哥和妹妹三天一共吃了 12 个桃子，第一天吃了另外两天的 $\frac{1}{2}$，第二天吃了另外两天的 $\frac{1}{3}$，他们第三天吃了多少个桃子？

十、分数除法

1. 商店中一台冰箱的价格为 4800 元，冰箱价格的 $\frac{5}{8}$ 恰好是洗衣机价格的 $\frac{5}{9}$，那么一台洗衣机多少钱？

5. 商场中，一台电视机的价格为 3200 元，如果先提价 $\frac{1}{10}$，再降价 $\frac{1}{10}$，那么最后电视机的价格为多少元？

2. 妈妈去超市买了草莓和香蕉各 $\frac{8}{9}$ 千克，买草莓花了 $\frac{26}{3}$ 元，买香蕉花了 $\frac{15}{2}$ 元，那么买 1 千克草莓和 1 千克香蕉一共多少钱？

6. 一辆自行车的价格为 684 元，如果先提价 $\frac{1}{6}$，再降价 $\frac{1}{6}$，那么自行车现在多少元？

3. 玩具工厂中有 540 只玩具熊，是玩具汽车数量的 $\frac{2}{3}$，玩具汽车的数量是玩具娃娃数量的 $\frac{6}{7}$，那么工厂中有多少个玩具娃娃？

4. 某工厂1月份的用煤量是480吨，1月份的用煤量是2月份的 $\frac{6}{7}$，2月份的用煤量是3月份的 $\frac{7}{9}$，那么3月份的用煤量是多少吨呢？

5. 一段铁路长380米，甲工程队单独施工需要8天完成，乙工程队单独施工需要10天完成，那么甲、乙合作需要多少天呢？

6. 某工厂需要生产1200个零件，张师傅单独完成需要12天，李师傅单独完成需要16天，那么张师傅和李师傅共同完成需要多少天呢？

《方程》

一、用字母表示

1. 在横线上填入正确的数字或字母。

（1） $4^2=4\times$ ___ ；（2） $a\times$ ___ $=a^2$ ；

（3） $a\times$ ___ $=5a$ ；（4） $a+$ ___ $=4a$ ；

（5） $2\times$ ___ $=2a$ ；（6） $a+a+a=$ ___ 。

2. 在横线上填入正确的数字或字母。

（1） $a+$ ___ $=3+$ ___ ；

（2） $b\times$ ___ $=2.2\times$ ___ ；

（3） $3\times$ ___ $+$ ___ $\times a+a=10\times$ ___ ；

（4） $4\times$ ___ $\times 25=$ ___ $\times a$ ；

（5） $2(a+$ ___ $)=$ ___ $\times a+$ ___ $\times b$ 。

3. 用字母表示下列图形的面积和周长。

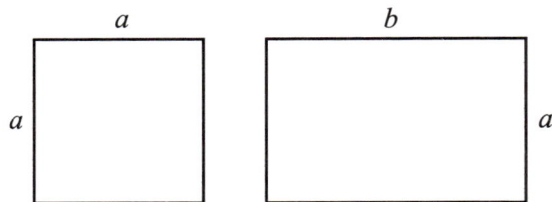

图1   图2

4. 化简下列含有字母的式子。

（1） $7x+2x=$

（2） $9.6x-2.1x=$

（3） $14x-4x=$

（4） $2a+3a+4a=$

（5） $8a-2a+a=$

（6） $12a-(8a+a)=$

二、方程的意义

1. 选择：

（1）55+12=67；　（2）2x+30=46；

（3）4a+9；　　　（4）3=b−6；

（5）5a>2+8；　　（6）4b+3=15；

（7）6(a+2)=18；　（8）8+a+2

以上式子中是方程的有（　　　）个。

A. 3　　　B. 4　　　C. 5　　　D. 6

2. 在横线上填上合适的符号、数字或字母使式子成为方程。

（1）22+x＿＿29；　（2）2＿＿+8=16；

（3）3x−9＿＿3；　　（4）＿＿x−13=7。

三、简单方程

1. 解方程：
（1）6x+4=2x+28；

（2）−x−6=−8x+15。

四、复杂方程

1. 解方程：
（1）3.2x−10.7=24.5；

（2）9.5−2.4x=4.7；

（3）8x−4.5=4x+15.5；

（4）x+4=2.5×6.4−5x。

五、含括号的方程

1. 解方程：

（1）（2+6x）×4=80；

（2）(x+2.5)÷3=6；

（3）15.5-(3.2x-6)=2.3；

（4）28.2-4×(x+2.5)=2.2。

六、带分母的方程

1. 解方程：

（1）$\dfrac{(5x+2)}{3}-(x+1)=5$；

（2）$\dfrac{(2x-4)}{2}-\dfrac{(x+2)}{5}=12$。

七、列简易方程

1. 东东和小兰在果园摘苹果，东东摘了34个，他摘的数量比小兰的2倍少2个，小兰摘了几个苹果？

2. 有甲、乙两盒糖果，从甲盒中拿出 4 颗糖果放入乙盒后，甲盒还比乙盒多 6 颗糖果。已知乙盒原来有 20 颗糖果，那么甲盒现在有多少颗糖果？

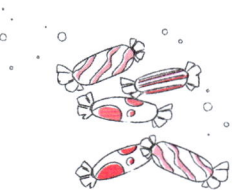

3. 小红和小兰各有一袋糖，小红的糖数是小兰的 1.5 倍。小红给小兰 8 颗糖后，两人的糖数相等，原来小红和小兰各有几颗糖？

4. 五年级有 56 人参加植树活动，男生 3 人一组负责种树，女生 2 人一组负责浇水，浇水组比种树组多出了 3 组，参加植树活动的男生和女生分别有多少人？

八、列方程解实际问题

1. 爸爸比东东大 26 岁，已知 4 年前爸爸的年龄是东东的 3 倍，那么今年爸爸和东东各多少岁？

2. 今年妈妈和东东的年龄和是 48 岁，3 年前妈妈的年龄正好是东东的 6 倍，今年妈妈和东东各多少岁？

3. 甲、乙两个工程队共同铺设一段长度为 110 千米的高速公路，5 天完成。已知乙队的铺设速度是甲队的 1.2 倍，那么甲、乙两队每天分别铺设多少千米？

4. 一项工作，甲单独完成需要 8 天，乙单独完成需要 12 天。甲、乙合作了几天后，乙有事请假，剩余工作由甲继续完成。两人从开工到完成任务共用了 6 天，乙请假多少天？

7. 商店为了增加产品销量，将某种标价 150 元的商品直接按一定折扣出售，该商品每件成本是 75 元，打折出售后仍然可获利 30 元，那么这种商品打了几折？

5. 甲、乙两地相距 128 千米，一辆货车由甲地开往乙地，同时一辆轿车由乙地开往甲地，行驶 0.8 小时后，两车相距 24 千米，已知货车每小时行驶 80 千米，那么轿车的行驶速度是多少？

8. 一台冰箱的进价为 1800 元，商家为了促销，打算按标价的 8 折出售。若打折后仍可获利 10%，那么这台冰箱的标价是多少元？

6. 公交车每小时行驶 58 千米，小轿车每小时行驶 78 千米，两车从同一地点出发，行驶路线相同。已知公交车先出发，小轿车 30 分钟后出发，小轿车经过多长时间能追上公交车？

9. 东东把压岁钱 2000 元存入了银行，三年到期后共取出 2168 元，那么东东存款的年利率为多少？

10. 爸爸买了年利率为 2.85% 的五年期债券，到期后需要缴纳利息税 712.5 元，已知利息税率为 5%，则爸爸买了多少万元的债券？

11. 皮皮原计划每天写 2 页暑假作业，实际上每天写了 3 页，提前了 10 天写完了整本作业，实际皮皮的暑假作业写了多少天？

12. 一个服装厂原来做一套衣服用布 4.6 米，改变裁剪方法后，每套节省 0.6 米布。那么原来做 2000 套衣服的布，现在可以做多少套？

《比和比例》

一、比的意义

1. 花花和兰兰一起采草莓，花花采了 1.4 千克，兰兰采了 1.8 千克，花花采的草莓质量与兰兰采的草莓质量的比是（　　　）。（化简成最简整数比）

2. 王爷爷家的花园有 100 米^2，他准备种玫瑰、百合和牡丹三种花，其中玫瑰花的种植面积占 $\frac{1}{4}$，牡丹花与百合花种植面积的比为 2：1，那么百合花的种植面积为多少米^2？

二、比的基本性质

1. 甲、乙两个数相比，当甲乘以 3、乙除以 2 时，甲与乙的比值会如何变化？

2. 甲、乙两个数的比值是 $\frac{1}{10}$，当甲扩大到原来的 4 倍，乙缩小为原来的 $\frac{1}{5}$，那么比值变成了多少？

三、比的应用

1. 手工课上，小红折的千纸鹤与小兰折的千纸鹤的个数比是 4：3，已知小兰折了 15 只，那么小红比小兰多折了多少只？

2. 把一桶乒乓球分别放入甲、乙、丙三个盒子里，甲盒子里有 35 个乒乓球，占总数的 $\frac{5}{13}$，乙盒子和丙盒子里乒乓球的个数比是 3：5，那么乙盒子里有多少个乒乓球？

四、百分数

1. 在横线上填入 ">" "<" 或 "="。

（1）45%____ $\frac{4}{9}$；（2）0.75____7.5%；

（3）120%____12；（4）$\frac{5}{4}$ ____125%；

（5）1.7____ $\frac{9}{5}$；（6）1.34____130%。

2. 把 5.26、$\frac{21}{4}$、5.2、52.5%、0.252 按从小到大的顺序排列。

3. 植树节当天，学校准备了松树和柏树两种树苗共 629 棵，松树苗比柏树苗少 15%，两种树苗各有多少棵？

4. 一套餐桌椅包含一张餐桌和四把餐椅，买一套桌椅需要 1280 元，已知买餐桌花的钱比买餐椅多 50%，餐桌和餐椅单价分别是多少元？

5. 商家为了促销，先将某商品价格涨价 15%，再降价 15% 出售，那么实际售价与原价相比，是涨价了还是降价了？变化幅度是多少？

6. 新学期开学后，学校食堂第二周消耗的米饭量比第一周多了 20%，第三周又比第二周少了 10%，那么食堂第三周消耗的米饭量与第一周比多了还是少了？变化幅度是多少？

五、百分数和比的综合应用

1. 某工程队修一座桥，第一天修了 300 米，第二天修了全长的 12%，第三天修的长度与全长的比是 1：4，这时一共修了全长的 57%，这座桥的全长是多少米？

2. 有两筐水果，甲筐水果重 48 千克，从乙筐取出 40% 后，甲、乙两筐水果的质量比是 8：3，原来两筐水果共有多少千克？

六、折扣和成数

1. 三亚某景点过年期间接待游客人数明显上升，1 月份接待游客 234 万人，比去年 12 月份增长了三成，该景点去年 12 月份接待游客多少万人？

2. 某稻田去年大米的产量比前年增加三成，今年的产量比去年减少一成，那么今年的产量与前年相比增加了几成？

3. 两个商场同时进行促销活动，甲商场一律八折，乙商场消费金额超 300 元时，超出部分可享六折优惠。小兰想买一条标价 680 元的裙子，两个商场都有货，去哪个商场购买更便宜呢？

4. 某品牌酸奶标价每盒 12 元，甲、乙、丙三家超市同时做促销活动，甲超市一律七折，乙超市买二赠一，丙超市每满 20 元减 5 元。东东想买 6 盒酸奶，去哪家超市更便宜？

七、税率和利率

1. 某酒店二月份的营业额是 68 万元，三月份的营业额比二月份多 10%，如果按营业额的 5% 缴纳营业税，那么酒店三月份需要缴纳多少营业税？

2. 东东的妈妈买了一瓶香水，付款时按售价缴纳了 20% 的消费税，她一共花了 2880 元，其中消费税有多少元？

3. 东东将压岁钱存入银行，存款方式为活期，已知银行的活期年利率为 0.3%，6 个月后东东共取出 6009 元，他存入了多少钱？

4. 东东有 3000 元打算存入银行，有两种存储方法：第一种是直接存两年期，年利率是 2.25%；第二种是先存一年，年利率是 1.75%，到期后将本金和利息取出来后再一起存一年。哪种方法能获得更多利息？可获得多少元利息？（结果保留两位小数）

八、比例

1. 在横线上填入适当的数值，使比例成立。

（1）3:5=＿＿:15；

（2）0.2:0.35=4:＿＿；

（3）$\frac{1}{2}$:＿＿=12:4；

（4）$\frac{1}{3}$:6=0.2:＿＿。

2. 请你试试再配一个数与2、3、12一起组成一个比例，把组成的比例写出来。（写出一种正确的情况即可）

3. 判断下面哪组中的两个比可以组成比例。

（1）3:10 和 0.9:1.5；

（2）50:10 和 1:5；

（3）$\frac{1}{2}$:$\frac{1}{4}$和 6:3；

（4）0.6:0.2 和 $\frac{3}{4}$:$\frac{1}{4}$。

4. 在比例 5:12=15:36 中，如果12加上4，要使比例依然成立，36应该怎样变化？

九、解比例

1. 解比例：$\frac{3.5}{7}=\frac{45}{x}$。

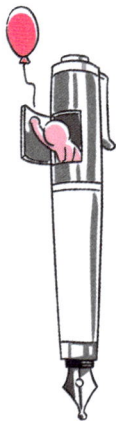

2. 用2、6、x和$\frac{1}{12}$组成比例，并求出x的值（写出一种正确的情况即可）。

《比和比例》

3. 妈妈包饺子时面粉和肉馅的质量比是2:5，现有600克肉馅计划用来包饺子，用多少克面粉恰好能将肉馅包没呢？

4. 文具店中铅笔和钢笔的支数比是 5 : 3，圆珠笔和钢笔的支数比是 2 : 3，圆珠笔有 40 支，那么文具店有多少支铅笔呢？

十、正比例

1. 一根长木条，锯 5 段需要 6.8 分钟，照这样计算，锯 7 段需要几分钟？（用比例知识解答）

2. 工程队修建一座桥，8 天修了 460 米，照这样的速度又修了 18 天才修完这座桥，这座桥一共多长？（用比例知识解答）

十一、反比例

1. 有一块长方形花圃，长是 350 米，宽是 80 米，工人对花圃进行改建后，花圃的面积不变，长变为 320 米，那么宽是多少米？（用比例知识解答）

2. 东东 7 点整从家出发，如果骑车去学校，每分钟可行驶 250 米，在 7:24 到学校；如果步行去学校，每分钟可走 80 米，学校 8 点整开始上课，步行的东东是否会迟到？（用比例知识解答）

十二、比例尺

1. 在比例尺为 1 : 10 的图纸上，一个长方形的长是 6 厘米，宽是 4 厘米，那么这个长方形的实际面积是多少厘米^2？

2. 甲、乙两地相距 5000 米，在一幅地图上测得距离为 5 厘米。乙、丙两地在这幅地图上测得距离为 6 厘米，则乙、丙两地实际相距多远？

3. 一个圆形零件的直径的实际长度是 6 厘米，而在一幅设计图纸上的长度是 2 毫米，那么这幅设计图纸的比例尺是多少？

4. 青年路的全长是 4800 米，如果在一幅比例尺为 1:20000 的地图上画出青年路，那么地图上的长度是多少厘米？

十三、图形的放大与缩小

1. 一个长 5 厘米、宽 2 厘米的长方形按 3:1 放大后，得到图形的面积是多少厘米^2？

2. 一个圆的半径是 6 厘米，按 1:2 缩小后，得到图形的面积是多少厘米^2？

《平面图形》

一、角的初步认识

1. 选择：上午 10 点整时，时针和分针的夹角是（　　）。

A. 锐角　　B. 直角　　C. 钝角　　D. 都可以

2. 选择：用剪刀将一张长方形的纸剪掉一部分，余下的图形有（　　）个直角。

A. 1 个　　B. 3 个　　C. 4 个　　D. 以上都有可能

3. 观察下面的图形，数一数图中共有多少个角？

4. 观察下面的图形，数一数图中钝角、直角和锐角的个数。

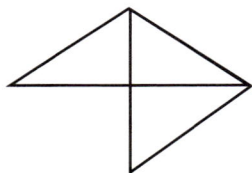

二、轴对称图形

1. 请画出下面图形的所有对称轴。

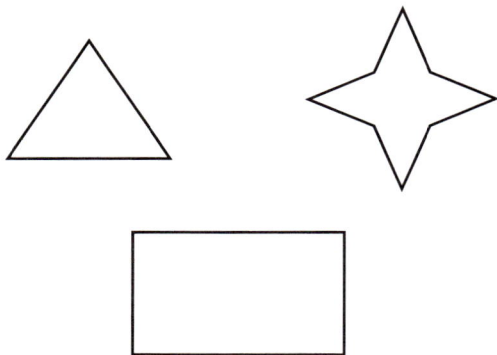

三、测量

1. 填空：在下列横线中填入正确的数字。

（1）3000 米 =_____千米；

（2）20 分米 =_____米；

（3）5 米 = _____厘米；

（4）4500 毫米 =_____分米。

2. 填空：比较大小，并在横线上填上 ">" "<" 或 "="。

（1）3 米_____50 分米；

（2）60 毫米_____5 厘米；

（3）1 千米_____990 米；

（4）2 米_____200 厘米；

（5）9 厘米_____10 毫米；

（6）12 分米_____110 毫米。

3. 一辆拉水果的小货车载质量为半吨，现已装了150千克的苹果和240千克的香蕉，还想再装一些橘子，在不超载的情况下最多还能装多少千克橘子？

4. 某商场路口有一座双向通行的桥，单向最多允许8辆小轿车同时上桥。若一辆小轿车的质量为1500千克，为保障桥梁的安全，桥梁的承重至少为多少吨？

四、长方形和正方形的周长

1. 有一张梯形的纸如图所示,如果把它剪成最大的正方形,那么正方形的周长是多少呢?

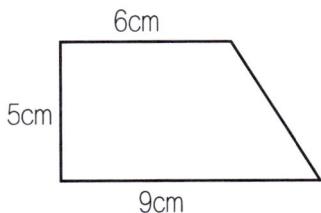

6cm

5cm

9cm

2. 有一张长方形的纸如图所示,若想把它裁剪成大小相等的 3 个长方形,该如何裁剪?若想把它裁剪成 3 个正方形,又该如何裁剪?

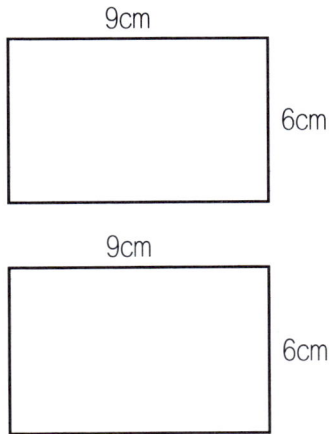

9cm

6cm

9cm

6cm

3. 若一个正方形的周长是 6 分米,那它的边长是多少厘米?

4. 如果用铁丝分别制作一个长方形和一个正方形,长方形的长是 15 分米,宽是 15 厘米,正方形的边长是 8 分米,那么需要多长的铁丝?

5. 一个长方形的宽是 16 厘米,长比宽的 3 倍少 10 厘米,这个长方形的周长是多少分米?

6. 一块长方形木板,长是 14 分米,宽比长短 30 厘米,现用锯子从木板的一端锯掉一块正方形木板备用,那么剩下的木板的周长是多少分米?

五、长方形和正方形的面积

1. 如图所示，若从这张正方形纸上剪下一块长方形用来剪窗花，那么余下纸的周长和面积与原正方形相比有什么变化呢？

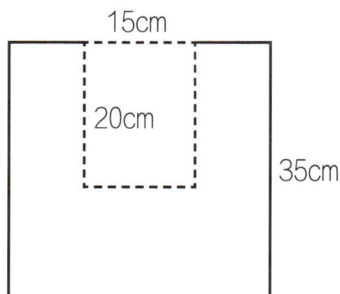

15cm

20cm

35cm

2. 长方形的长为 5 厘米，宽为 3 厘米，将三个大小相同的长方形拼成一个大长方形，大长方形的周长为多少厘米？

3. 一个长方形的长是宽的 2 倍，周长是 24 厘米，这个长方形的面积是多少厘米^2？

4. 一辆扫雪车清扫的宽度约为 3 米，扫雪车每分钟行驶 200 米，行驶 20 分钟能清理多大面积的雪地？

5. 一个正方形花坛周围铺了一圈宽度为 10 分米的石子路，已知石子路外围的周长为 48 米，则铺设石子的面积是多少米^2？

6. 有一个长方形花坛，长为 8 米，宽为 3 米，如果在花坛四周铺上宽度为 2 米的石子路，那么石子路的面积是多少米^{2}呢？

六、公顷和平方千米

1. 在下列横线上填上合适的数字。

（1）13 公顷 =＿＿＿＿米^2；

（2）25 千米^2=＿＿＿＿公顷；

（3）22000 公顷 =＿＿＿＿千米^2；

（4）4500000 米^2=＿＿＿＿千米^2；

（5）33000000 米^2=＿＿＿＿公顷 =
＿＿＿＿千米^2。

2. 一辆收割机收割的宽度是 5 米，已知它的行驶速度是每小时 8 千米，如果收割机从早上 8 点工作到中午 12 点，共能收割多少公顷的田地？

七、角的度量

1. 填空：数一数图中有（　）条线段，
（　）条射线，（　）条直线。

A　　　B　C　　　D E

2. 选择：比平角小 89° 的角是（　）。

A. 锐角　　B. 直角　　C. 钝角　　D. 周角

3. 填空：观察图形，数一数角的数量。

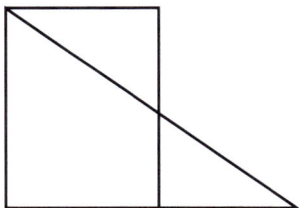

图中有＿＿＿个锐角，＿＿＿个直角，
＿＿＿个钝角，＿＿＿个平角。

4. 已知∠2 = 42°，请计算∠1 的度数。

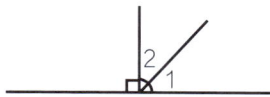

八、平行四边形和梯形

1. 过下面的点，分别画出直线 a 的平行线和垂线。

a

2. 小蒙在 D 点发现有三座通往河对岸的小桥，小蒙想最快走到河对岸，应该走几号小桥？

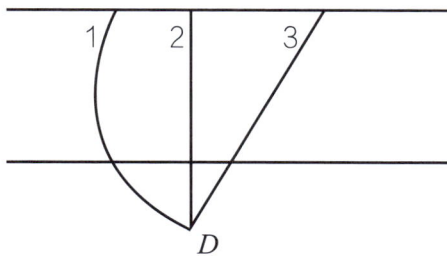

D

3. 在下列方格中分别画出一个梯形和一个平行四边形，使得梯形的一条腰与平行四边形的一条边相等。

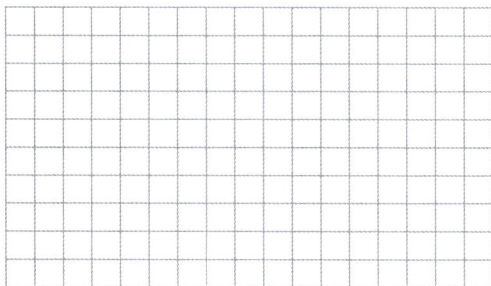

4. 观察下图，已知直线 m 与直线 n 平行，那么图中共有几个梯形？

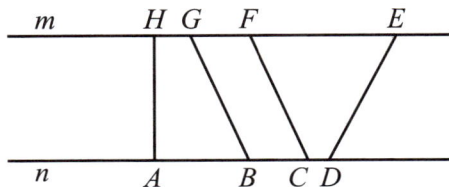

九、三角形

1. 三角形的三条边长均为整数，已知其中两条边的边长为 15 厘米、18 厘米，那么第三条边最短是多少厘米？最长是多少厘米？

2. 有 3 厘米、4 厘米、5 厘米、7 厘米、8 厘米、9 厘米六根长度不一样的木棒，现需要从其中选出三根拼成一个三角形，有几种选择方法呢？

3. 小兰用一根 70 厘米长的铁丝折成一个等腰三角形，底边长是 18 厘米，那么三角形的腰长是多少厘米？

4. 有一块菜地的形状是等边三角形，一边长为 3.4 米，如果在菜地的外面围上一圈篱笆，那么需要多少米长的篱笆？

5. 以下是两块三角形玻璃打碎后留下的碎片，你能判断出它们原来各是什么三角形吗？

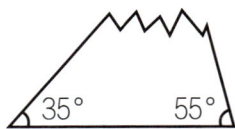

图 1

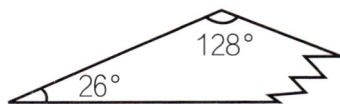

图 2

6. 若等腰三角形的一个角为 45°，那么另两个角的度数是多少呢？

十一、多边形的面积

1. 平行四边形 $ABCD$ 的周长为 100 米，已知 AB 为 15 米，AE 为 12 米，那么平行四边形的面积是多少平方米？

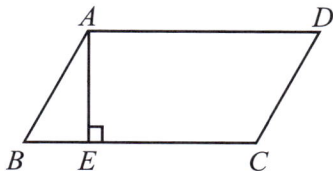

十、图形的平移

1. 已知网格中每个小正方形的面积是 1 厘米^2，那么下图中多边形的面积是多少厘米^2？

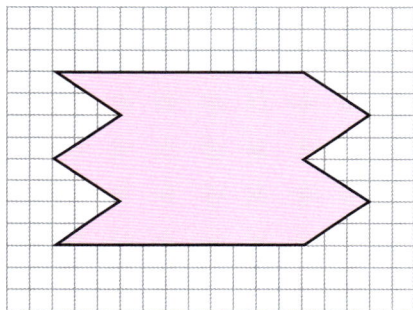

2. 一个直角三角形的面积是 750 厘米^2，其中一条直角边长为 50 厘米，那么另一条直角边多长呢？

2. 如图所示，为了便于游客观赏花卉，植物园在长方形花园中间修建了一条 2 米宽的人行道。已知长方形花园的长为 25 米，宽为 14 米，那么修建人行道后，花园剩余的面积为多少米^2？

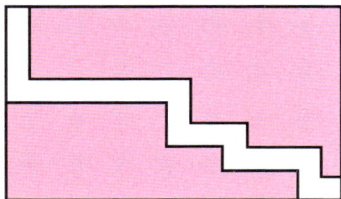

3. 已知一个平行四边形的面积是 36 厘米^2，若一个三角形的底与它相等，高是它的 2 倍，那么这个三角形的面积是多少？

4. 小兰用四根长度分别为20厘米、20厘米、15厘米、15厘米的木条做相框,刚开始做成了平行四边形,后经过调整变成了长方形。调整后,相框的周长和面积是否有变化?有什么变化?

5. 一个梯形的上底长5米,下底长3米,高为2.5米,这个梯形的面积是多少米²?

6. 请计算下面这个组合图形的面积。

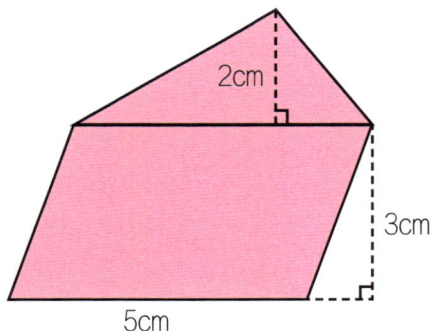

7. 有一块长方形菜园,妈妈计划在长方形菜园中划分出一块梯形区域种土豆,划分后剩余菜园的面积有多少呢?

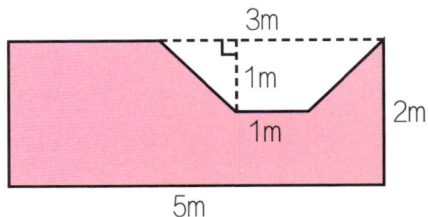

十二、图形的旋转

1. 填空:如图所示,指针从 *B* 点开始旋转,顺时针旋转90°到( )点,逆时针旋转( )到 *D* 点。若从 *B* 点旋转到 *A* 点,可以( )时针旋转( ),也可以( )时针旋转( )。

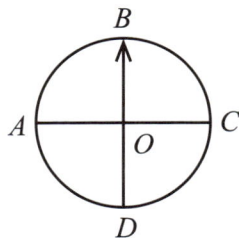

2. 填空:乐乐的午睡时间是从中午12点到下午2点,这段时间时针旋转了( )度。

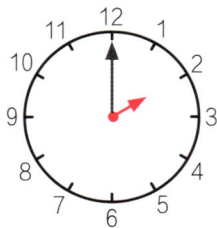

十三、圆

1. 选择：下列图形中，对称轴数量与其他图形不一样的是（　　　）。

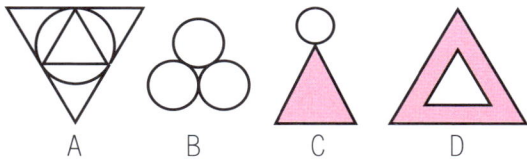

A　　B　　C　　D

2. 下图为一个风车模型图，由 4 个相同的半圆形组成。已知半圆的半径为 5 厘米，风车的周长为多少厘米？

3. 一条小路长 250 米，东东在这条小路上滚铁环，正好滚了一个来回。若铁环一共滚了 300 圈，那么它的直径大约是多少米？（结果保留一位小数）

4. 杂技演员表演骑独轮车，正好绕圆形场地外围骑了一周，已知场地的半径为 10 米，独轮车的直径为 40 厘米，那么在表演中车轮大概转动了多少圈呢？

5. 一个圆环的宽度为 3 厘米，外圆直径为 8 厘米，那么这个圆环的面积是多少厘米²？

《平面图形》

6. 一个圆环的宽度为 2 厘米，外圆的周长为 50.24 厘米，这个圆环的面积是多少厘米²？

《立体几何》

一、观察物体的形状

1. 分别从前面、左面和上面观察下面的物体得到的图形分别是什么？请你在括号中填上恰当的方向词。

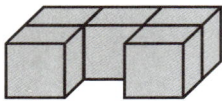

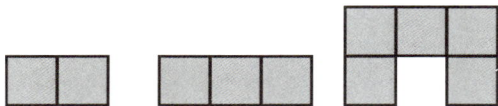

从（　　）看　从（　　）看　从（　　）看

2. 请画出这个立体图形从上面、左面和前面看到的图形。

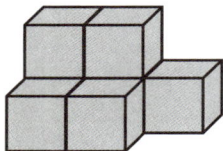

3. 观察以下物体：

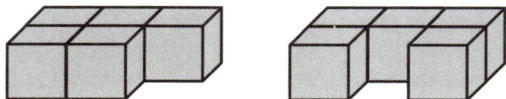

（1）从哪个方向看到的图形相同？
（2）数一数它们各由几个相同的正方体组成。

4. 数一数这个立体图形是由几个正方体搭成的。

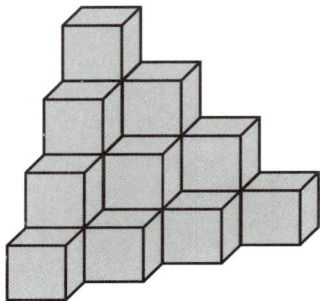

二、还原立体图形

1. 从前面看一个立体图形，看到的形状如图所示，这个立体图形最少由（　　）个相同的正方体组成。

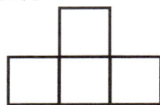

2. 一个立体图形从左面和上面看到的图形如图所示，如果用相同的正方体去拼成它，至少需要（　　）个小正方体，最多需要（　　）个小正方体。

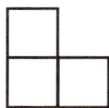　　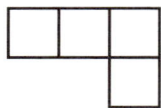

从左面看　　　　从上面看

3. 一个用正方体搭成的物体，从前面、左面、上面看到的图形如下：

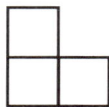　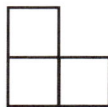　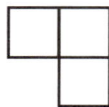

从前面看　　从左面看　　从上面看

请你画出这个物体。

4. 一个用正方体搭成的物体，从上面看到的图形如图所示，图形上的数字表示这个位置上所用的小正方体的个数，请你画出这个物体从前面看的图形。

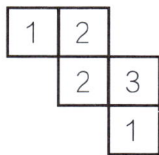

1	2	
	2	3
		1

三、长方体和正方体的认识

1. 判断：

（1）一个立方体中相交于同一顶点的三条棱互相垂直，那么这个立方体一定是正方体。（　　）

（2）一个立方体的每组对面相互平行，且相交于同一顶点的 3 条棱相等，那么这个立方体是正方体。（　　）

2. 观察下面的图形，这个图形能折成正方体吗？

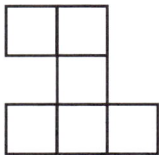

四、长方体和正方体的棱长

1. 如果把两个长 12 厘米、宽 6 厘米、高 12 厘米的长方体拼成一个正方体，那么拼成后正方体的棱长总和比两个长方体的棱长总和多多少厘米呢？

2. 爸爸用一根 16.8 米长的粗铁丝做了一个长方体框架，长方体框架的高为 1 米，宽为 65 厘米，那么长是多少米呢？

五、长方体和正方体的表面积

1. 兰兰家新买了一个长 16 分米、宽 50 厘米、高 0.8 米的鱼缸，这个鱼缸的表面积是多少米^{2}呢？

2. 爷爷家的羊圈长为 4.8 米，宽为 3.6 米，如果要围上 1.2 米高的篱笆，那么篱笆的面积是多少米^{2}呢？

2. 一个正方体的棱长之和为 48 分米，如果将正方体的棱长扩大到原来的 2.4 倍，那么扩大后的体积是多少分米^3？

六、体积和体积单位

1. 请在括号里填上恰当的单位。

（1）一台冰箱的体积大约是 1400（　　　）；
（2）一块橡皮的体积大约是 12（　　　）；
（3）一台洗衣机的体积大约是 4.2（　　　）。

2. 商店中有 3 个体积不同的衣柜，1 号衣柜的体积为 4.21 米^3，2 号衣柜的体积为 3849000 厘米^3，3 号衣柜的体积为 4298 分米^3，那么哪个衣柜的体积最大？

3. 一个长方体的长为 14 分米，宽为 0.5 米，高为 80 厘米，它的体积是多少米^3？

七、长方体和正方体的体积

1. 快递站中有两种纸箱，大纸箱的长是小纸箱的 1.8 倍，宽是小纸箱的 1.2 倍，它们的高相同，那么大纸箱的体积是小纸箱的多少倍？

4. 把一个棱长为 12 厘米的正方体金块融化，重新铸成 6 个同样的长方体金块。长方体金块长为 12 厘米，宽为 4 厘米，那么它的高是多少呢？

5. 一个正方体水桶的棱长为 0.6 米，桶里水高为 0.3 米，如果放入两块石头后（完全浸入水中），水高变为 0.5 米，那么两块石头的体积为多少米³？

2. 一个长方形水池的厚度为 0.6 米，从外测量水池的长为 15 米，宽为 5 米，高为 1.6 米，那么水池的容积为多少米³？

6. 一个长方形水盆的长为 1.6 米，宽为 0.6 米，水盆中水高 0.5 米，放入几个地瓜后（完全浸入水中），水高变为 0.9 米，那么这些地瓜的体积是多少米³？

3. 一个长方体鱼缸的玻璃厚度为 0.02 分米，从外测量长为 4.84 分米，宽为 2.64 分米，高为 1.52 分米，那么鱼缸的容积是多少分米³？

八、容积和容积单位

1. 请按照从小到大的顺序将下列容积排列。
（1）1.48 升、2489.2 厘米³、1830 毫升
（2）4.39 升、4290 厘米³、4560 毫升

九、圆柱的表面积

1. 一个圆柱形油桶的底面半径为 3 分米，高为 10 分米，它的表面积为多少分米³？

2. 圆柱形烟囱的底面半径为 0.8 米，高为 5 米，那么烟囱的表面积为多少米^3？

3. 一个圆柱的高为 6 米，如果高增加 2 米，圆柱的表面积就增加 37.68 米^2，那么原来圆柱的表面积是多少米^2？

4. 一个圆柱的底面半径为 0.5 米，高为 3 米，如果将它切成 3 段圆柱，那么表面积增加了多少米^2？

十、圆柱的体积

1. 一个圆柱形水桶的高为 24 厘米，底面周长为 56.52 厘米，这个水桶在距底 20 厘米处有一个洞，那么它的实际容积为多少？

2. 一个圆柱形水瓶的底面半径为 5 厘米，高为 30 厘米，在距底 25 厘米处漏了一个洞，那么这个水瓶现在能装多少水？

3. 有一根 20 厘米长的圆柱形火腿，如果切掉 12 厘米，表面积就减少 452.16 厘米^2，那么这根火腿的体积是多少厘米^3？

4. 手工课上，涛涛用彩泥做了一个高20厘米的实心圆柱，如果将它切割成两个小圆柱，表面积会增加11.304分米²，那么这个圆柱的体积是多少厘米³？

7. 如图所示，一个斜圆柱体的底面半径为10厘米，请计算这个圆柱体的体积。

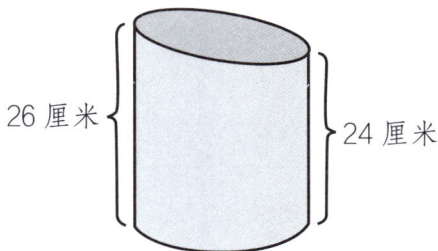

26厘米 24厘米

5. 净化水时，要让水先后经过两个容器进行过滤，长方体容器的底面积为18.84米²，高为3米，圆柱体容器的底面半径为3米。水先流入长方体容器，刚好将长方体容器装满，那么水完全流入圆柱体容器里时，水深多少米？

8. 一个圆柱形水瓶的底面半径为6厘米，高为12厘米，正着放时，水高为5厘米，倒着放时，水高为8厘米，那么水瓶的体积是多少厘米³？

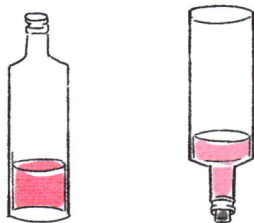

6. 一个圆柱形容器的底面直径为20厘米，高为80米，里面装满了水，如果把一半水倒入长方体容器中，能正好装满。已知长方体容器的长为20厘米，宽为16厘米，那么它的高为多少厘米？

十一、圆锥的体积

1. 一个圆锥形雪堆的底面半径为2米，高为1.5米，它的体积为多少米³？

2. 一个圆锥形容器的底面半径为 3 厘米，高为 8 厘米，如果在里面装满水，能装多少毫升水？

3. 圆锥和圆柱的底面积、体积都相同，且圆锥比圆柱高 32 厘米，那么圆锥有多高？

4. 圆锥积木和圆柱积木的底面积、高都相同，且它们的体积之和为 146 厘米^3，那么圆柱积木的体积为多少厘米^3？

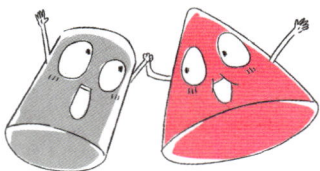

《统计与概率》

一、统计表

1. 小兰在小区内调查了小区居民对宠物的喜爱情况，共调查了 118 位居民，要求每个人只能选择一种最喜爱的宠物，调查结果统计如下表。

宠物	猫	狗	鱼	鸟	其他
喜爱人数	36	43	21	13	9

小兰的调查结果是否准确呢？

2. 学校举行运动会，五年一班的 45 名同学都报名参加了，且每人只参加了一个项目。东东统计了同学们的报名情况，统计结果如下表。

参加项目	篮球	跑步	跳远	跳绳	拔河	跳高
参加人数	6	12	5		7	4

东东不小心弄脏了表格，参加跳绳的人数被污渍遮住了，请你帮他计算一下，有多少人选了跳绳呢？

二、复式统计表

1. 选择：朝阳小学要统计各个班男生和女生穿校服的人数情况，下列各表头设计合理的是（　　　　）。

A. 班级 / 性别
B. 班级 / 人数
C. 性别 / 人数
D. 人数 / 班级 / 性别

2. 填空：下面是朝阳小学三年级的两个班级阅读课外书籍数量的情况统计表。

人数\数量 班级	5本及以上	3~4本	1~2本	0本
三年（1）班	8	12	38	2
三年（2）班	5	18	29	5

（1）两个班级阅读课外书的数量在5本及以上的人数共有（　　）人；

（2）三年（1）班阅读课外书数量少于3本的学生有（　　）人，三年（2）班阅读课外书数量少于5本的有（　　）人。

3. 下面是朝阳小学三年（1）班男生和女生的视力情况统计表。

人数\视力 性别	≥ 5.0	4.7~4.9	4.4~4.6	≤ 4.3
男生	12	14	8	2
女生	15	11	5	1

（1）视力在5.0及以上的学生共有（　　）人；

（2）视力低于4.7的男生有（　　）人，视力低于5.0的女生有（　　）人。

4. 下面是朝阳小学三年级四个班参加植树活动的学生人数统计表。

三年（1）班

性别	男生	女生
人数	26	20

三年（2）班

性别	男生	女生
人数	30	18

三年（3）班

性别	男生	女生
人数	22	29

三年（4）班

性别	男生	女生
人数	19	32

请把上面的信息填入下面的复式统计表中。

朝阳小学三年级四个班
参加植树活动的学生人数统计表

				合计
合计				

三、条形统计图

1. 下面是一家书店一个月卖出的图书数量统计表。

图书种类	教辅	小说	文学	科学	生活	其他
本数	1200	1000	800	200	300	300

（1）若用条形统计图表示上述数据，一格代表（　　）本最合适；

（2）卖得最多的图书种类是（　　），卖得最少的图书种类是（　　），它们相差（　　）本。

2. 下面是东东整理的班级同学对电视节目类型的喜爱情况统计表。

节目类型	动画类	综艺类	科普类	音乐类	体育类
喜爱人数	22	14	8	10	16

根据上表，完成统计图，并回答下列问题。

东东班级同学对电视节目类型的喜爱情况统计图

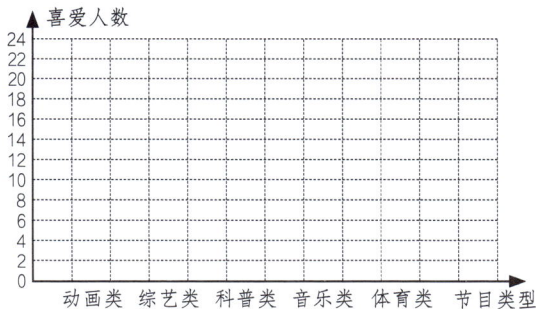

（1）喜爱（　　）节目的人最多，喜爱（　　）节目的人最少；

（2）喜爱动画类节目的比喜爱音乐类节目的多（　　）人。

3. 下面是朝阳小学三年级两个班级学生参加体育活动的情况统计表。

班级＼活动 人数	羽毛球	篮球	排球	乒乓球	足球
三年（1）班	12	16	8	18	6
三年（2）班	10	18	12	16	4

请根据统计表完成下列条形统计图，并回答问题。

三年（1）班学生参加体育活动统计图

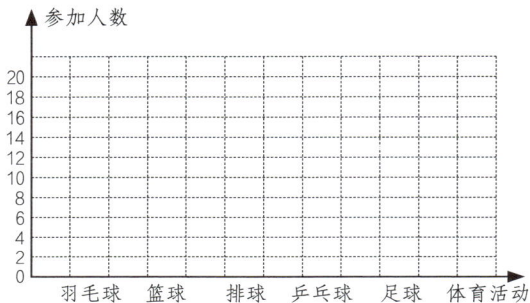

三年（2）班学生参加体育活动统计图

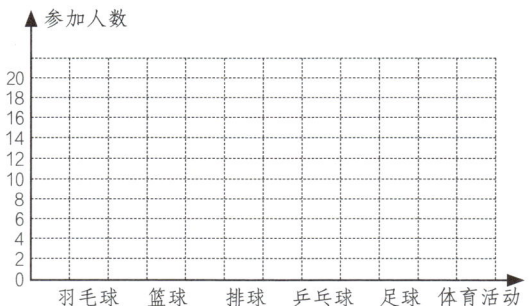

（1）纵轴每格代表（　　）人；三年（1）班共有（　　）人。

（2）三年（2）班参加体育活动的人中，
　　参加（　　）项目的人数最多，
　　参加（　　）项目的人数最少。

4. 下面是五年（1）班捐书情况统计表，请根据统计表将条形统计图补充完整，并回答问题。

图书种类	故事书	科普书	工具书	漫画书
数量／本	36	24	16	12

五年（1）班捐书情况统计图

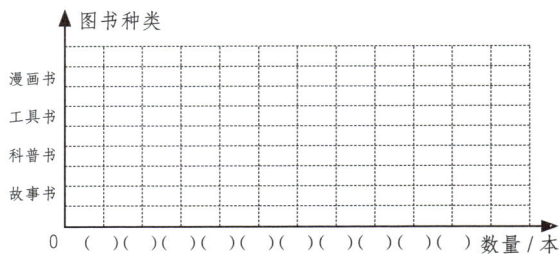

（1）横轴每格代表（　　）本；
（2）全班共捐书（　　）本。

四、平均数与条形统计图

1. 下面是两组同学投篮比赛的成绩，根据表格中的信息评估一下哪组同学的投篮成绩更好。

第一组

编号	1号	2号	3号	4号	5号
成绩／个	3	5	2	2	3

第二组

编号	1号	2号	3号	4号	5号
成绩／个	1	4	4	3	1

2. 期末考试中，小兰的语文、数学、英语、物理四科的平均成绩是90分，其中语文、数学和英语的成绩分别是95分、88分、92分，那么她物理考了多少分？

3. 下面是朝阳小学四、五年级植树情况统计表，请根据统计表完成复式条形统计图。

数量\种类 年级	杨树	松树	柏树
四年级	55	50	70
五年级	60	45	65

朝阳小学四、五年级植树情况统计表

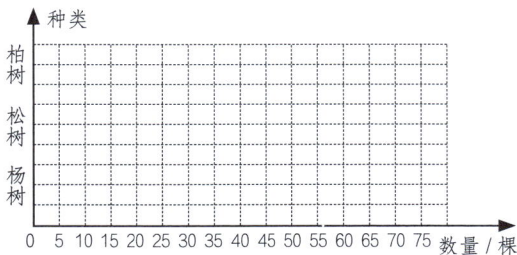

4. 下面是某品牌洗衣机在甲、乙两家商场的第一季度销量情况统计表。

销量/台\月份 商场	1月	2月	3月
甲商场	110	90	150
乙商场	100	80	140

请根据统计表完成复式条形统计图并回答问题。

某品牌洗衣机在甲、乙两家商场的
第一季度销量情况统计表

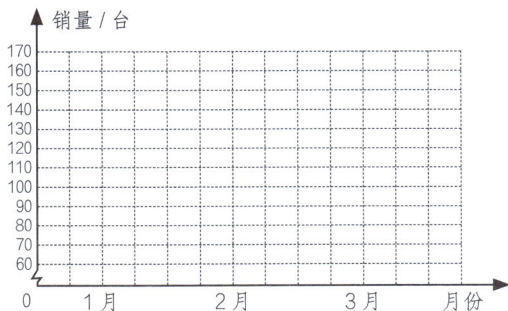

（1）（　　）月份洗衣机的销售量最多；
（2）该品牌在甲商场第一季度的平均每月销量大约是（　　）台（结果保留整数）。

五、可能性

1. 如果从左侧的盒子里分别摸出一个球，会出现什么结果呢？请将左侧的盒子与右侧可能出现的结果连起来吧。

8个篮球		可能摸到篮球
8个排球		一定摸到篮球
6个排球，2个篮球		不可能摸到篮球

2. 儿童节时，老师给学生们准备了四种礼物，让同学们用抽签的方式抽取礼物，每种礼物的数量如下：

礼物	科普读物	钢笔	笔记本	笔袋
个数	10	20	50	40

（1）东东随机抽取一样礼物，
　　抽到（　　）的可能性最大；
（2）兰兰随机抽取一样礼物，
　　抽到（　　）的可能性最小。

3. 小兰跟妈妈在商场参加抽奖活动，奖项设置情况如下：

奖项	一等奖	二等奖	三等奖	参与奖
个数	1	10	20	100
奖品	空气净化器	电煮锅	便携水杯	纸巾

（1）小兰有一次抽奖机会，（　　）抽到一等奖；
A. 一定　　B. 可能　　C. 不可能
（2）小兰和妈妈获得哪个奖品的可能性最大？

4. 已知一个盒子里有 2 个白色的球和 5 个蓝色的球。

（1）小兰随机从盒子里拿出 1 个球，可能为什么颜色？

（2）若小兰第一次拿出 1 个白色的球，第二次也拿出 1 个白色的球，那第三次拿出的球是什么颜色？

六、游戏的公平性

1. 东东和小兰玩取球游戏，从盒子里轮流取球，每人每次可以取 3 个、4 个或 5 个，规定取到最后 1 个小球的人赢。盒子里有 168 个小球，若小兰想要获胜，那么她应该先取还是后取，怎样才能保证获胜？

2. 盒子里有大小材质均一样的 4 个小球，分别标记了数字 2、4、5、7，东东和小兰同时从盒子里各取出一个小球，若小球上的数字和大于 10 则东东获胜，反之则小兰获胜，这个游戏公平么？

七、折线统计图

1. 下面是某零件工厂上半年的零件产量情况统计表。

月份	1	2	3	4	5	6
产量/万件	12	8	10	15	13	10

请根据统计表完成折线统计图，并回答下列问题。

某零件工厂上半年的零件产量情况统计图

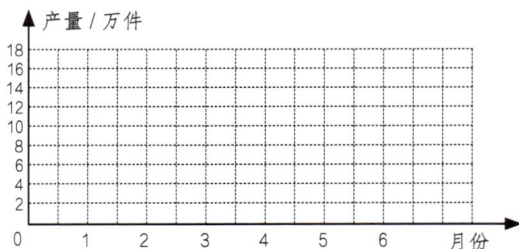

（1）产量最多的月份是（　　　）月；

（2）上半年的平均产量约是（　　　）万件（结果保留一位小数）。

2. 下面是某市去年下半年的月平均气温情况的统计表。

月份	7	8	9	10	11	12
平均温度/℃	30	24	16	11	6	2

请根据统计表完成折线统计图，并回答下列问题。

某市下半年的月平均气温情况统计图

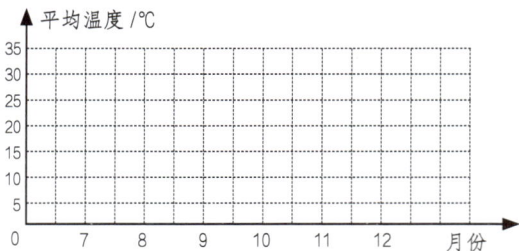

（1）从 7 月到 12 月，该市每月的平均气温在逐渐（　　　）；

（2）从（　　　）月到（　　　）月，平均气温下降得最快，下降了（　　　）℃。

3. 下面是甲、乙两市去年全年的月平均气温情况统计表。

月份 / 平均气温/℃ / 市	1	2	3	4	5	6	7	8	9	10	11	12
甲市	0	5	11	15	20	25	30	32	24	18	10	2
乙市	2	6	14	16	22	28	33	35	26	20	13	5

请根据统计表完成折线统计图，并回答下列问题。

甲、乙两市去年全年的月平均气温情况统计图

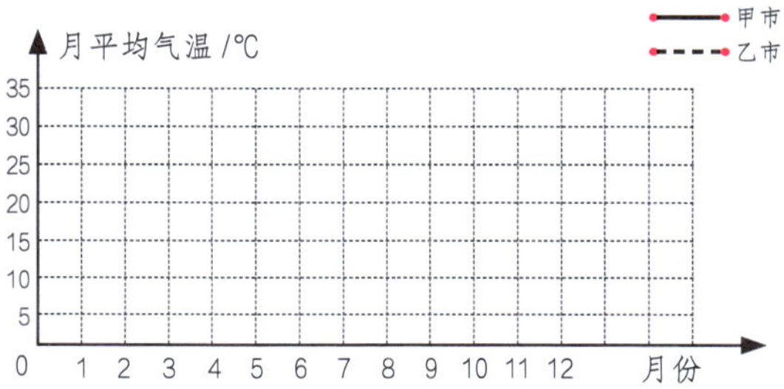

（1）甲、乙两市月平均气温相差最少的月份是（　　）；

（2）甲市全年的平均气温是（　　）℃。

4. 甲、乙两书店5月份每周的图书销量情况统计图如下所示，请根据统计图回答问题。

甲、乙两书店5月份每周的图书销量情况统计图

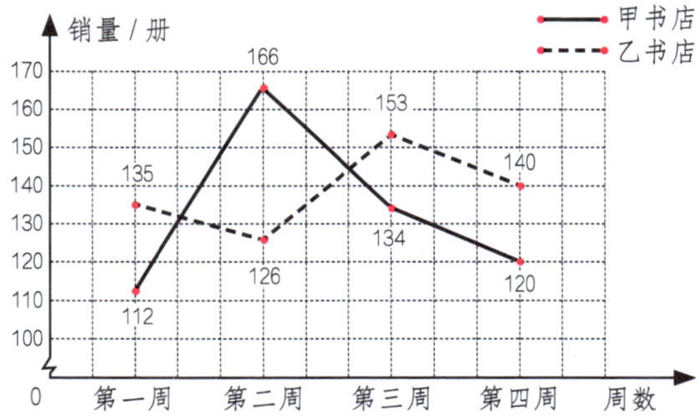

（1）甲书店第（　　）周图书销量比乙书店图书销量多，多（　　）册；

（2）甲书店5月平均每周的图书销量为多少册？与乙书店5月平均每周的图书销量比，谁多谁少？

八、扇形统计图

1. 某书店6月共卖出550本书，下面是6月卖出图书类型的统计图，根据统计图回答问题。

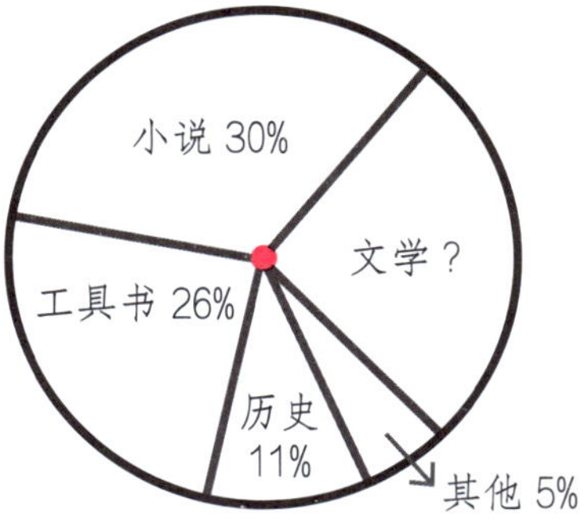

（1）6月卖出文学类图书多少本？

（2）6月卖出的各类型图书中，哪种图书卖出的数量最多？为多少本？

2. 小兰家4月份的家庭支出情况如图所示。已知小兰家本月食物的支出为1140元，请根据统计图回答问题。

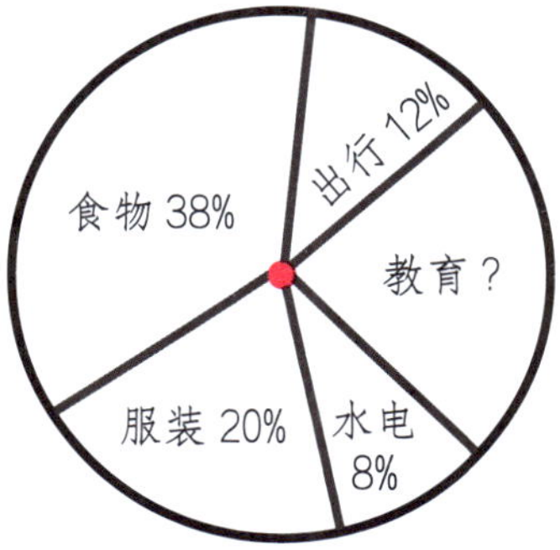

（1）小兰家本月支出共（　　）元；

（2）教育的花销占总支出的（　　）%，为（　　）元。

3. 朝阳小学五、六年级的男、女人数占比情况如图所示，已知五年级共500人，六年级共580人，那么五年级的女生人数和六年级的男生人数相比哪个更多，多多少人？

五年级男、女人数
占比情况分布图

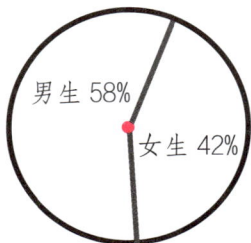

男生 58%　女生 42%

六年级男、女人数
占比情况分布图

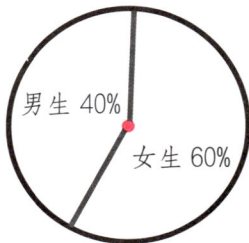

男生 40%　女生 60%

4. 甲、乙两个农场均养殖了一批兔子，具体养殖情况如下图所示。

甲农场兔子养殖
情况分布图

白兔 30%　灰兔 40%
黑兔 30%

乙农场兔子养殖
情况分布图

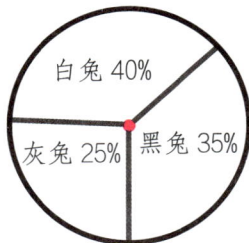

白兔 40%
灰兔 25%　黑兔 35%

已知两个农场一共养了1400只兔子，甲农场养了240只灰兔，那么乙农场养了多少只灰兔？

九、统计图的应用

1. 选择：学校要统计喜欢各运动的学生占六年级学生总数的百分比，选择（　　　）统计图更合适。

A. 条形　　B. 扇形　　C. 折线　　D. 都可以

2. 选择：书店要统计去年每月的图书销量情况，选择（　　　）统计图更合适。

A. 条形　　B. 扇形　　C. 折线　　D. 都可以

3. 朝阳小学六年级同学参加社团活动的情况统计如下表所示。

社团类型	篮球社	漫画社	音乐社	读书社
人数		48	42	
占总人数的百分比	30%			25%

（1）请将上表补充完整；
（2）根据表中数据绘制扇形统计图。

《综合应用》

一、归一问题

1. 艺术节要到了，学生们打算折星星装饰教室，12名同学3小时一共折了1260颗星星，按照这样的速度，又来了8名同学一起折了2小时，那么大家一共折了多少颗星星？

2. 某快递公司一天需要派送 4640 个快递，8 名快递员送 1280 个快递用了 4 小时，按照这样的速度，新增了 6 名快递员一起送快递，还需要多长时间送完？

二、归总问题

1. 丽丽和玲玲同时读一本书，丽丽每天读 24 页，9 天读完，玲玲每天读的页数是丽丽的 1.5 倍，那么玲玲全部读完需要的天数比丽丽少多少天呢？

2. 某公司有甲、乙两个车队，甲车队每天能运 18 吨货物，运空仓库里的货物需要 8 天，乙车队每天能运的货物比甲车队重 6 吨，那么乙车队把仓库里的货物都运空比甲车队少多少天？

三、和差问题

1. 小华和小强一共买了 9 千克苹果，如果小华把自己的苹果给小强 0.7 千克，小华的苹果就比小强多 1.6 千克，那么他们本来各买了多少千克的苹果？

2. 某公司为三位优秀员工发奖金，奖金一共有 1270 元。第一名比第二名多 246 元，第二名比第三名多 128 元，那么三人的奖金分别是多少元？

四、和倍问题

1. 3 年前，哥哥的年龄是妹妹的 4 倍，且两个人的年龄和是 20 岁，那么现在哥哥和妹妹分别多少岁？

《综合应用》

2. 有甲、乙两个加油站,共储存了468吨油,如果甲加油站给乙加油站18吨油,那么甲加油站的油是乙加油站的8倍,甲、乙加油站各有多少吨油?

五、差倍问题

1. 5年前,爸爸比儿子大28岁,且爸爸的年龄是儿子的5倍,那么爸爸今年多少岁?

2. 果园中,苹果的总质量比橘子总质量的7倍多20千克,橘子的总质量比苹果的总质量少776千克,那么苹果和橘子各重多少千克?

六、集合

1. 学校组织唱歌比赛和跳舞比赛,其中参加唱歌比赛的有小丽、小美、小红、小江、小华、小亮、小刚、小玲,参加跳舞比赛的有小明、小丽、小鹏、小华、小贾、小红、小齐、小兰。请将下图补充完整。

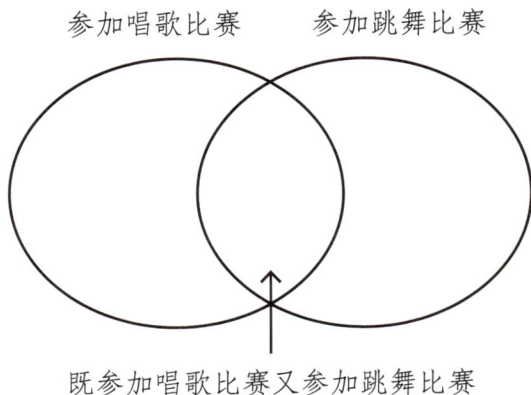

参加唱歌比赛　　　参加跳舞比赛

既参加唱歌比赛又参加跳舞比赛

2. 下图为某商店4月份1-3日的水果进货清单,请你根据表格中的内容设计集合图。

4月份1-3日的进货水果统计表

1号	苹果	樱桃	草莓	梨	西瓜	桂圆
2号	草莓	哈密瓜	苹果	橙子	樱桃	杏
3号	橙子	香蕉	西瓜	荔枝	桃子	苹果

3. 玲玲和兰兰在排队,从前数玲玲排第17个,从后数兰兰排第9个,且玲玲在兰兰后面,那么一共有多少人排队呢?

4. 学校迎新晚会上，四年级有36人参加唱歌，59人参加跳舞，既参加跳舞又参加唱歌的有18人，什么活动都没参加的有8人，那么四年级一共有多少人呢？

3. 文具店推出优惠套餐，5元钱可以任意买一支铅笔和一支中性笔。其中铅笔有5种，中性笔有8种，有多少种不同的买法？

七、搭配

1. 请你从0、3、5、6、8这5个数字中任选3个组成不重复的三位数，一共能组成多少个这样的三位数？

4. 妈妈有5件上衣、4条裤子，她出门需要穿一件上衣和一条裤子，那么妈妈有多少种不同的搭配方法？

2. 请你用0、4、5、9这4个数组成不重复的4位数，且每个数都是偶数，一共能组成多少个这样的数？

5. 一年级新来了10名小朋友，老师让这些小朋友不重复地互相握手打招呼，那么一共要握多少次手呢？

6. 游乐园门口有5位游客在排队,有多少种站法?

3. 一个平底锅每次可以同时煎4个鸡蛋,正、反面都要煎,每面煎2分钟。要煎10个鸡蛋至少需要多少分钟?

八、优化

1. 下表中是东东每天起床后都需要做的事情,怎样安排最能节省时间?请用图示表示出来,并计算出最少需要的时间。

整理被褥	洗漱	热牛奶	热早餐	吃早餐	整理书包
3分钟	5分钟	4分钟	5分钟	8分钟	6分钟

4. 一个平底锅每次只能煎2条鱼,每条鱼正面需要煎6分钟,背面需要煎4分钟。想煎5条这样的鱼至少需要多少分钟?

2. 小兰周末要帮妈妈做菜,她准备做一道西红柿炒鸡蛋,已知做这道菜有以下几道工序:
洗　锅(2分钟)　　洗西红柿(2分钟)
打　蛋(1分钟)　　切西红柿(3分钟)
切葱花(1分钟)　　烧锅热油(2分钟)
炒　菜(5分钟)

请在下图合适位置填上适当的工序和时间,使小兰能最快完成这道菜。

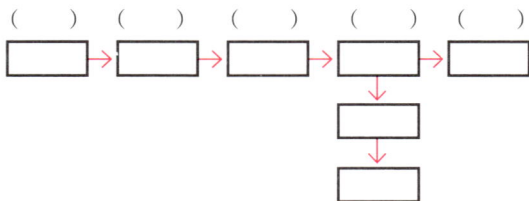

(　)　(　)　(　)　(　)　(　)

☐ → ☐ → ☐ → ☐ → ☐

☐

☐

九、鸡兔同笼

1. 爷爷家养了一些鹅和兔子,它们共有18只眼睛、28只脚,那么鹅和兔子各有几只呢?

2. 小区非机动车停车场有两轮摩托车和三轮电动车共 12 辆，这些车一共有 30 个轮子，停车场有两轮摩托车和三轮电动车各多少辆？

3. 小兰参加学校组织的趣味知识竞赛，共有 60 道题，每做对一道题得 3 分，做错或不做一道题扣 1 分，小兰共得了 100 分，她做对了几道题？

4. 某商店卖雨伞，晴天每天能卖 8 把，雨天每天能卖 18 把，一星期共卖了 86 把，这一星期有多少天晴天？多少天雨天？

十、植树问题

1. 若要在一条长 1500 米的步行道两侧均匀地种植 302 棵柳树（两端都种），那么每相邻两棵树之间的距离应是多少米？

2. 一条公路的一侧有 291 棵树（两端都有），每相邻两棵树之间的距离是 8 米，这条公路全长多少米？

3. 一条公路的两侧一共有 60 棵杨树，如果要在每相邻两棵杨树之间种 2 棵矮灌木，那么一共需要种多少棵矮灌木？

4. 一座灯塔上的信号灯闪 5 次用了 28 秒，那它 56 秒最多能闪多少次？

5. 在一片篮球场周围安装照明灯，每相邻两座照明灯之间的距离是 8 米，共安装了 22 座灯，则这片篮球场的最外围全长多少米？

6. 公园给正六边形花坛摆上了一圈花盆，每个顶点都摆了一盆，共摆了 54 盆，那么花坛的每边摆了多少盆花？

十一、找次品

1. 选择：有 13 杯外观和质量均一样的水，给其中一杯中加了一些盐。如果用天平称 3 次就能保证找出这杯加了盐的水，则下列分组正确的是（　　）。
A.（3，5，5）　　　B.（2，2，4，5）
C.（6，7）　　　　D.（3，4，6）

2. 选择：有 11 颗外观一样的糖果，其中 10 颗质量相同，有一颗质量稍重，下列分组称量的情况，（　　）组方法能保证用最少的称量次数找到这颗质量稍重的糖果。
A.（3，4，4）　　　B.（2，2，3，4）
C.（5，6）　　　　D.（1，4，6）

3. 填空：有一批银手镯共 15 个，它们外观均相同，其中有 1 个赝品（比真品重），用天平至少称_____次，能保证从这批手镯中找出赝品。

4. 填空：小兰买了 5 瓶洗衣液，其中 1 瓶是次品，不知道次品比合格品轻还是重，她想用天平称量找出次品，至少称_____次能保证找出次品。

十二、行船问题

1. 一只船顺水航行 280 千米需要 7 个小时，水流速度为每小时 7.5 千米，这只船按原路返回需用几小时？

2. 小船在甲、乙两个码头间来回航行，顺水航行需要 5 个小时，逆水航行需要 6 个小时，若一只木筏从甲码头顺水漂到乙码头需要多少小时？

十三、列车问题

1. 在两行轨道上有两列火车相对开来，一列火车长 220 米，行驶速度为 20 米 / 秒，另一列火车行驶速度为 22 米 / 秒，两列火车从相遇到完全错开用了 10 秒钟，那么另一列火车长多少米？

2. 快车车长 160 米，车速是 26 米 / 秒，慢车车长 120 米，车速是 22 米 / 秒。慢车在前面行驶，快车从后面追上慢车到完全超过需要多少时间？

十四、数与形

1. 找规律填空。

```
            1
        2       2
    3       4       3
  4     7       7     4
5    11     14    (  )    5
6  16   (  )   (  )   (  )   6
```

2. 计算：

（1）$\frac{1}{1\times 2}=1-\frac{1}{2}=$＿＿＿；

（2）$\frac{1}{1\times 2}+\frac{1}{2\times 3}=1-\frac{1}{2}+\frac{1}{2}-$＿＿＿$=$

$1-$＿＿＿$=$＿＿＿；

（3）$\frac{1}{1\times 2}+\frac{1}{2\times 3}+\frac{1}{3\times 4}=1-\frac{1}{2}+\frac{1}{2}-$

＿＿＿$+\frac{1}{3}-$＿＿＿$=1-$＿＿＿$=$＿＿＿；

（4）$\frac{1}{1\times 2}+\frac{1}{2\times 3}+\frac{1}{3\times 4}+\frac{1}{4\times 5}+\frac{1}{5\times 6}=$

$1-$＿＿＿$=$＿＿＿。

3. 东东在用火柴棍拼正三角形，需要的火柴棍数量随着三角形数量按规律变化，如图所示，要拼成 8 个三角形需要＿＿＿个火柴棍。

```
  3        5         7        ……
```

4. 每张餐桌可坐 6 人，按如图方式将餐桌拼在一起。

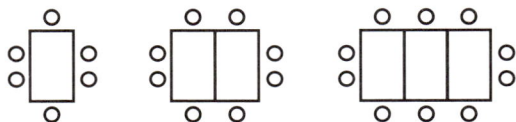

（1）若将 5 张这样的桌子按上图方式拼在一起，可坐＿＿＿人；

（2）若有 30 张桌子，按上图方式拼成 3 张大桌子，每桌可坐人数相等，则这 30 张桌子共可坐＿＿＿人。

十五、鸽巢问题

1. 把 45 个鸡蛋分到 8 个篮子里，至少有多少个鸡蛋分到一个篮子里？

2. 书架上有 44 本漫画书，这些漫画书的页数不都相同，最少的有 22 页，最多的有 40 页，在这些漫画书中，至少有几本书页数相同？

3. 一个盒子里装有蓝色、粉色、绿色、白色和黄色五种颜色的毛巾各6条，至少拿出几条毛巾，才能保证其中一定有两条不同颜色的毛巾？

4. 一幅牌有3种花色，每种花色有36张，从中至少抽出多少张牌，才能保证有5张牌是同一花色？

十六、牛吃草问题

1. 由于天气逐渐冷起来，牧场上的草不仅不生长，反而以固定的速度在减少。已知某块草地上的草可供10匹马吃5天，或可供8匹马吃6天。照此计算，可供多少匹马吃10天？

2. 自动扶梯以均匀速度由下往上运行着，东东和小兰要从扶梯上楼。已知东东每分钟走18阶，小兰每分钟走12阶，东东用了6分钟到达楼上，小兰用了8分钟到达楼上。那么这个扶梯共有多少阶？

《数与运算》

一、时、分、秒

1. 8 时 20 分 −7 时 40 分 =40 分

答：安安要等 40 分钟能坐上公交车。

2. 7 时 45 分 −18 分 =7 时 27 分

答：她最晚 7：27 从家里出发才能不迟到。

二、万以内的加法和减法

1. 1400−582−293=525（千米）

答：还有 525 千米没修。

2. 273+489+372=1134（名）

答：三个年级一共有 1134 名同学。

3. 多加：9−4=5

少加：（7−2）×100=500

427+500−5=922

答：正确的结果是 922。

4. 少减：8−3=5

多减：（5−1）×10=40

635+40−5=670

答：正确的结果应该是 670。

三、倍的认识

1. 72÷8 = 9（只）

答：老虎有 9 只。

2. 6×5 = 30（本）

答：图书馆中有 30 本漫画书。

3. 60×50 + 30 = 3030（米）

答：兔子每小时跑 3030 米。

4. （54 − 6）÷8 = 6（元）

答：一只玩具熊的价钱是 6 元。

四、因数与倍数

1.（1）×【提示】24 的因数有 1、2、3、4、6、8、12、24，共 8 个，但是 24 的倍数有无数个。

（2）×【提示】1 不是质数。

（3）√【提示】14、28、36、42 都能被 2 整除，所以都是偶数。

（4）×【提示】因数不能是小数，所以 0.9 不是 81 的因数。

2. 46、60、108；60、75；60、75。

3. 18 的因数有 1、2、3、6、9、18，所以 18 有 6 个因数。

4. 3+7+4=14，374 任意数位上的数字再加 1 就是 3 的倍数。

要想加的数字最少，只能在个位上加，所以加完后的数字是 375。

5. 1 + 6 + 1 = 8，因为 8 不是 3 的倍数，所以 161 不是 3 的倍数，可知售货员说得不对。

6. 15 以内的质数有 2、3、5、7、11、13，根据三角形的性质，底边长只能是 7 厘米。

（15−7）÷2=4（厘米）

答：这个三角形的腰长是 4 厘米。

五、多位数乘法

1. 592×36=21312（元）

答：一台冰箱的价格是 21312 元。

2. 38×72=2736（千克）

答：牧场一天要消耗 2736 千克的草料。

3. 180×42=7560（千克）

答：大象的体重是 7560 千克。

4. 204×35=7140（千克）

答：大渔船每天捕鱼 7140 千克。

六、多位数除法

1. 673÷12 = 56（个）……1（个）

答：每名同学分得 56 个桃子，还剩 1 个桃子。

2. 906÷6 = 151（本）

答：平均每个书架上摆 151 本书。

3. 40×12 = 480（个）

480÷13 = 36（名）……12（个）

答：这些汤圆最多能分给 36 名同学。

4. 824÷32 = 25（顶）……24（元）

答：824 元最多能买 25 顶帽子。

5. 因为余数比除数小，除数是 78，所以◇最大能填 77。

当◇=77 时，★=78×26+77=2105。

6.（674-2）÷21=32

答：◎等于 32。

七、年、月、日

1. 下午 3 时 20 分 = 15 时 20 分

20 时 20 分 — 15 时 20 分 = 5 时

60×5 = 300（千米）

答：甲、乙两地之间的距离是 300 千米。

2. 因为 2024÷4 = 506，所以 2024 年是闰年，闰年的 2 月份有 29 天。

31＋29＋31＋30＋31＋30 = 182（天）

答：2024 年的上半年有 182 天。

八、大数的认识

1. 27 万

2. 743 万

九、四则运算

1.（321-128）×14=2702（斤）

答：苹果比桃子多卖 2702 斤。

2.（18×12-6）÷15=14（块）

答：每名同学分得 14 块月饼。

3. 按照方案一买票：

30×3+20×34=770（元）

按照方案二买票：

25×（34+3）=925（元）

答：按照方案一买票最省钱。

4. 大船每个座位：36÷6 = 6（元）

小船每个座位：28÷4 = 7（元）

多租大船更划算：

（6＋52）÷6 = 9（条）……4（人）

租 9 条大船，剩下 4 人还要再租 1 条小船。

36×9＋28×1 = 352（元）

答：租 9 条大船和 1 条小船最划算，租金为 352 元。

十、运算定律

1. 782-（237+182）=363（平方米）

答：茉莉花的种植面积为 363 平方米。

2. $125 \times 14 \times 8 + 42 \times 12 + 42 \times 38$
$= 125 \times 8 \times 14 + 42 \times （12 + 38）$
$= 1000 \times 14 + 42 \times 50$
$= 14000 + 2100$
$= 16100$

3. $（3000 \times 3 - 400）\div 2 = 4300$（米）

答：琪琪每小时骑 4300 米。

4. $（150 \div 3 - 10）\times 3 = 120$（个）

答：丁丁剪了 120 个窗花。

《小数与分数》

一、小数的初步认识

1. $80.3 + 74.9 = 155.2$（千克）

答：熊猫和猎豹一共重 155.2 千克。

2. $142.9 + 92.4 = 235.3$（元）

答：妈妈一共花了 235.3 元。

3. $83.2 - 60.7 = 22.5$（平方米）

答：甲菜地的面积更大，比乙菜地大 22.5 平方米。

4. $145 - 90.4 = 54.6$（毫升）

答：齐齐比华华多装了 54.6 毫升水。

二、小数的意义和性质

1. （1）=；（2）<；（3）>；
（4）>；（5）>；（6）>。

2. $20.56 > 10.13 > 10.10$

相同距离情况下，时间越短，速度越快，所以花花跑得最快。

3. $446 \div 10 \div 10 = 4.46$（平方米）

4.46 平方米 = 44600 平方厘米

答：缩小后正方形的面积为 44600 平方厘米。

4. 5.3 吨 = 5300 千克

340 克 = 0.34 千克

$5300 + 25 + 0.34 = 5325.34$（千克）

答：幸福乡今年一共收获玉米 5325.34 千克。

三、小数的加法和减法

1. $25.85 - 2.74 = 23.11$（千克）

$25.85 + 23.11 = 48.96$（千克）

答：原来的一筐桃子连筐重 48.96 千克。

2. $30 - 15.92 = 14.08$（千克）

$14.08 + 14.08 = 28.16$（千克）

$30 - 28.16 = 1.84$（千克）

答：箱重 1.84 千克。

3. $538.05 + 691.72 + 675.28 = 1905.05$（万人）

答：三个城市一共有 1905.05 万人。

4. $50 - （24.92 + 16.08）= 9$（元）

答：爷爷还剩 9 元。

四、小数乘法

1. $9.56 \times 2.5 = 23.9$（元）

答：一共花了 23.9 元。

2. $8.05 \times 35.6 = 286.58$（元）

答：一共花了 286.58 元。

3. $3 \times 2.5 = 7.5$（元）

$10 - 2.5 = 7.5$（公里）

$4.7 \times 7.5 = 35.25$（元）

$35.25 + 7.5 = 42.75$（元）

答：需要花 42.75 元。

4. 8.65−1=7.65（公斤）

5.6×7.65=42.84（元）

42.84+8=50.84（元）

答：需要花 50.84 元快递费。

五、小数除法

1. 36.4÷14=2.6

答：猴子的体重是小浣熊的 2.6 倍。

2. 4.6×13=59.8（元）

59.8÷26=2.3（千克）

答：买 13 千克橘子的钱能买 2.3 千克草莓。

3. 42.9÷28.6 = 1.5

答：张爷爷买的大米的质量是李爷爷的 1.5 倍。

4. 54.6÷15.6 = 3.5

答：苹果的销量是香蕉的 3.5 倍。

5. 25.5÷0.8=31.875（块）

答：老师最多能买 31 块。

6. 16.8÷2.5=6.72（个）

答：妈妈至少需要 7 个瓶子。

六、分数的初步认识

1. $\frac{2}{9} < \frac{5}{9}$

答：白菜种得多。

2. $\frac{2}{5} > \frac{2}{9} > \frac{1}{9}$

答：数学书的数量最多。

3. 将长方形纸横、竖各对折 2 次，说明格子有 4 行、4 列。

格子数量：4×4 = 16（个）

答：每个格子占这张纸的 $\frac{1}{16}$。

4. 2×2×2×2×2×2×2×2=256（份）

答：每段绳子是全长的 $\frac{1}{256}$。

七、分数的意义和性质

1. 小刚跑一圈：300÷3=100（秒）

小丽跑一圈：300÷6=50（秒）

小华跑一圈：300÷5=60（秒）

100、50、60 的最小公倍数为 300，所以 300 秒后，3 人在出发点相遇。

2. 48 与 80 的最大公因数是 16，所以一杯奶茶最多 16 元。

3. $\frac{56}{24}=\frac{504}{216}$，$\frac{32}{27}=\frac{256}{216}$，$\frac{5}{4}=\frac{270}{216}$，

$\frac{504}{216}>\frac{270}{216}>\frac{256}{216}$，所以明明跳得最远。

4. $\frac{56}{5}$ =11.2，16.4>11.2，

所以草莓比较贵。

八、分数的加法和减法

1. $\frac{234}{9}+\frac{45}{6}=\frac{67}{2}$（元）

$50-\frac{67}{2}=\frac{33}{2}$（元）

答：找回 $\frac{33}{2}$ 元。

2. $35-(\frac{58}{5}+\frac{84}{5})=\frac{33}{5}$（米）

答：这条路还差 $\frac{33}{5}$ 米没修。

3. $\frac{28}{9}+\frac{5}{3}+\frac{20}{9}$ =7（米）

答：三棵树一共高 7 米。

4. $45-(\frac{16}{3}+\frac{11}{3})=36$（元）

答：还剩 36 元。

九、分数乘法

1. $18 \times \dfrac{2}{7} = \dfrac{36}{7}$（米）

$18 - \dfrac{45}{8} - \dfrac{36}{7} = \dfrac{405}{56}$（米）

答：剪完后绳子还剩 $\dfrac{405}{56}$ 米。

2. $25 - \dfrac{36}{8} - 25 \times \dfrac{1}{8} = \dfrac{139}{8}$（平方米）

答：牡丹花的种植面积为 $\dfrac{139}{8}$ 平方米。

3. $45 \times \dfrac{1}{5} \times \dfrac{1}{3} = 3$（页）

答：明明第二天看了 3 页。

4. 第一天吃的桃子占三天总数的：

$1 \div (1+2) = \dfrac{1}{3}$

第二天吃的桃子占三天总数的：

$1 \div (1+3) = \dfrac{1}{4}$

$12 \times \left(1 - \dfrac{1}{3} - \dfrac{1}{4}\right) = 5$（个）

答：他们第三天吃了 5 个桃子。

5. $3200 \times \left(1 + \dfrac{1}{10}\right) = 3520$（元）

$3520 \times \left(1 - \dfrac{1}{10}\right) = 3168$（元）

答：最后电视机的价格为 3168 元。

6. $684 \times \left(1 + \dfrac{1}{6}\right) = 798$（元）

$798 \times \left(1 - \dfrac{1}{6}\right) = 665$（元）

答：自行车现在 665 元。

十、分数除法

1. $4800 \times \dfrac{5}{8} \div \dfrac{5}{9} = 5400$（元）

答：一台洗衣机 5400 元。

2. $\left(\dfrac{26}{3} + \dfrac{15}{2}\right) \div \dfrac{8}{9} = \dfrac{291}{16}$（元）

答：买 1 千克草莓和 1 千克香蕉一共 $\dfrac{291}{16}$ 元。

3. $540 \div \dfrac{2}{3} \div \dfrac{6}{7} = 945$（个）

答：工厂中有 945 个玩具娃娃。

4. $480 \div \dfrac{6}{7} \div \dfrac{7}{9} = 720$（吨）

答：3 月份的用煤量是 720 吨。

5. $1 \div \left(\dfrac{1}{8} + \dfrac{1}{10}\right) = \dfrac{40}{9}$（天）

答：甲、乙合作需要 $\dfrac{40}{9}$ 天完成。

6. $1200 \div (1200 \div 12 + 1200 \div 16) = \dfrac{48}{7}$（天）

答：张师傅和李师傅共同完成需要 $\dfrac{48}{7}$ 天。

《方程》

一、用字母表示

1.（1）4；（2）a；（3）5；（4）$3a$；
（5）a；（6）$3a$。

2.（1）3，a；（2）2.2，b；（3）a，6，a；（4）a，100；（5）b，2，2。

3. 图 1：周长 $= 4a$，面积 $= a^2$；

图 2：周长 $= 2(a+b)$，面积 $= ab$。

4.（1）$9x$；（2）$7.5x$；（3）$10x$；
（4）$9a$；（5）$7a$；（6）$3a$

二、方程的意义

1. B【提示】根据方程的特征，（2）（4）（6）（7）是方程。

2.（1）=；（2）x（任意字母均可）；
（3）=；（4）2（任意非 0 数字均可）。

三、简单方程

1. （1） $6x+4=2x+28$

解： $6x-2x=28-4$

$\qquad 4x=24$

$\qquad x=6$

（2） $-x-6=-8x+15$

解： $-x+8x=15+6$

$\qquad 7x=21$

$\qquad x=3$

四、复杂方程

1. （1） $3.2x-10.7=24.5$

解： $3.2x=24.5+10.7$

$\qquad 3.2x=35.2$

$\qquad x=11$

（2） $9.5-2.4x=4.7$

解： $2.4x=9.5-4.7$

$\qquad 2.4x=4.8$

$\qquad x=2$

（3） $8x-4.5=4x+15.5$

解： $8x-4x=15.5+4.5$

$\qquad 4x=20$

$\qquad x=5$

（4） $x+4=2.5\times6.4-5x$

解： $x+4=16-5x$

$\qquad 6x=12$

$\qquad x=2$

五、含括号的方程

1. （1） $(2+6x)\times4=80$

解： $2\times4+6x\times4=80$

$\qquad 24x=72$

$\qquad x=3$

（2） $(x+2.5)\div3=6$

解： $x+2.5=18$

$\qquad x=15.5$

（3） $15.5-(3.2x-6)=2.3$

解： $15.5-3.2x+6=2.3$

$\qquad 3.2x=19.2$

$\qquad x=6$

（4） $28.2-4\times(x+2.5)=2.2$

解： $28.2-4x-4\times2.5=2.2$

$\qquad 18.2-4x=2.2$

$\qquad 4x=16$

$\qquad x=4$

六、带分母的方程

1. （1） $\dfrac{(5x+2)}{3}-(x+1)=5$

解： $5x+2-3\times(x+1)=15$

$\qquad 5x+2-3x-3=15$

$\qquad 2x=16$

$\qquad x=8$

（2） $\dfrac{(2x-4)}{2}-\dfrac{(x+2)}{5}=12$

解：$(2x-4)\times 5-(x+2)\times 2=12\times 10$

$\qquad 10x-20-2x-4=120$

$\qquad\qquad\qquad 8x=144$

$\qquad\qquad\qquad\quad x=18$

七、列简易方程

1. 解：设小兰摘了 x 个苹果。

$2x-2=34$

$\quad x=18$

答：小兰摘了 18 个苹果。

2. 解：设甲盒原来有 x 颗糖果。

$x-4-6=20+4$

$\qquad x=34$

$34-4=30$（颗）

答：甲盒现在有 30 颗糖果。

3. 解：设原来小兰有 x 颗糖，小红有 $1.5x$ 颗糖。

列方程：$1.5x-8=x+8$

解得：$x=32$，$1.5x=48$

答：原来小兰有 32 颗糖，小红有 48 颗糖。

4. 解：设种树组有 x 组，则浇水组有 $x+3$ 组。

列方程：$3x+2\times（x+3）=56$

解得：$x=10$，$x+3=13$

$3\times 10=30$（人）

$2\times 13=26$（人）

答：参加植树活动的男生有 30 人，女生有 26 人。

八、列方程解实际问题

1. 解：设今年东东 x 岁，爸爸（$x+26$）岁。

列方程：$x+26-4=3\times（x-4）$

解得：$x=17$，$x+26=43$

答：今年东东 17 岁，爸爸 43 岁。

2. 解：设今年东东 x 岁，妈妈（$48-x$）岁。

列方程：$48-x-3=6\times（x-3）$

解得：$x=9$，$48-x=39$

答：今年东东 9 岁，妈妈 39 岁。

3. 解：设甲队每天铺设 x 千米，则乙队每天铺设 $1.2x$ 千米。

列方程：（$x+1.2x$）$\times 5=110$

解得 $x=10$，$1.2x=12$

答：甲队每天铺设 10 千米，乙队每天铺设 12 千米。

4. 解：设乙请假 x 天，工作了（$6-x$）天。

列方程：$\dfrac{6}{8}+\dfrac{6-x}{12}=1$

解得：$x=3$

答：乙请假 3 天。

5. 解：设轿车每小时行驶 x 千米。

①若两车还未相遇，可列方程：

$80\times 0.8+0.8x+24=128$

解得：$x=50$

答：轿车每小时行驶 50 千米。

②若两车已经相遇后分开，可列方程：

$80\times 0.8+0.8x=128+24$

解得：$x=110$

答：轿车每小时行驶 110 千米。

6. 解：设小轿车经过 x 小时能追上公交车。

30 分钟 $=0.5$ 小时

列方程：$78x-58x=56\times 0.5$

解得：$x=1.45$

答：小轿车经过 1.45 小时能追上公交车。

7. 解：设这种商品打了 x 折。

列方程：$150×0.1x-75=30$

解得：$x=7$

答：这种商品打了 7 折。

8. 解：设这台冰箱的标价为 x 元。

列方程：

$$\frac{x×80\%-1800}{1800}×100\%=10\%$$

解得：$x=2475$

答：这台冰箱的标价为 2475 元。

9. 解：设东东存款的年利率为 x。

列方程：$2000×x×3+2000=2168$

解得：$x=2.8\%$

答：东东存款的年利率为 2.8%。

10. 解：设爸爸买了 x 万元的债券。

列方程：

$x×10000×2.85\%×5×5\%=712.5$

解得：$x=10$

答：爸爸买了 10 万元的债券。

11. 解：设实际皮皮的暑假作业写了 x 天，则原本计划写（$x+10$）天。

列方程：$2×(x+10)=3x$

解得：$x=20$

答：实际皮皮的暑假作业写了 20 天。

12. 解：设现在可以做 x 套。

列方程：$4.6×2000=(4.6-0.6)x$

解得：$x=2300$

答：现在可以做 2300 套。

《比和比例》

一、比的意义

1. 7 : 9

2. 牡丹花与百合花的种植面积和：

$100-100×\frac{1}{4}=75$（平方米）

$75÷(1+2)=25$（平方米）

答：百合花的种植面积为 25 平方米。

二、比的基本性质

1. 甲乘以 3，相当于比值乘以 3，乙除以 2，相当于比值乘以 2。

比值 $×3×2=$ 比值 $×6$

答：甲与乙的比值变为原来的 6 倍。

2. $\frac{1}{10}×4÷\frac{1}{5}=2$

答：比值变成了 2。

三、比的应用

1. $15÷\frac{3}{4+3}=35$（只）

$35×\frac{4}{4+3}=20$（只）

$20-15=5$（只）

答：小红比小兰多折了 5 只。

2. $35÷\frac{5}{13}=91$（个）

$(91-35)×\frac{3}{3+5}=21$（个）

答：乙盒子里有 21 个乒乓球。

四、百分数

1.（1）>；（2）>；（3）<；

（4）=；（5）<；（6）>。

2. $0.252 < 52.5\% < 5.2 < \dfrac{21}{4} < 5.26$

3. 解：设柏树苗有 x 棵，松树苗有 $(629-x)$ 棵。

列方程：$(1-15\%)x = 629-x$

解得：$x = 340$，$629-x = 289$

答：柏树苗有 340 棵，松树苗有 289 棵。

4. 解：设每把餐椅 x 元，则餐椅总价为 $4x$ 元，每张餐桌为 $(1280-4x)$ 元。

列方程：$4x + 50\% \times 4x = 1280 - 4x$

解得：$x = 128$，$1280 - 4x = 768$

答：每把餐椅 128 元，每张餐桌 768 元。

5. 假设原价为"1"，

第一次涨价：$1 \times (1+15\%) = 1.15$

第二次降价：$1.15 \times (1-15\%) = 0.9775$

实际售价与原价相比：

$(1-0.9775) \div 1 \times 100\% = 2.25\%$

答：实际售价与原价相比降价了，降了 2.25%。

6. 假设第一周消耗的米饭量为"1"，

第二周：$1 \times (1+20\%) = 1.2$

第三周：$1.2 \times (1-10\%) = 1.08$

第三周消耗的米饭量与第一周相比：

$(1.08-1) \div 1 \times 100\% = 8\%$

答：第三周消耗的米饭量与第一周相比多了，多了 8%。

五、百分数和比的综合应用

1. $300 \div (57\% - 12\% - \dfrac{1}{4}) = 1500$（米）

答：这座桥的全长是 1500 米。

2. 解：$48 \times \dfrac{3}{8} \div 40\% = 45$（千克）

$48 + 45 = 93$（千克）

答：原来两筐水果共有 93 千克。

六、折扣和成数

1. $234 \div (1+30\%) = 180$（万人）

答：该景点去年 12 月份接待游客 180 万人。

2. 设前年大米的产量为 1，

去年的产量：$1 \times (1+30\%) = 1.3$

今年的产量：$1.3 \times (1-10\%) = 1.17$

$(1.17-1) \div 1 \times 100\% = 17\%$

答：今年的产量与前年相比增加了一成七。

3. 甲商场：$680 \times 0.8 = 544$（元）

乙商场：$(680-300) \times 0.6 + 300 = 528$（元）

$528 < 544$

答：去乙商场购买更便宜。

4. 甲超市：$12 \times 6 \times 0.7 = 50.4$（元）

乙超市：$12 \times 4 = 48$（元）

丙超市：

$12 \times 6 \div 20 = 3$（个）……12（元）

$12 \times 6 - 3 \times 5 = 57$（元）

答：去乙超市最便宜。

七、税率和利率

1. $68 \times (1+10\%) \times 5\% = 3.74$（万元）

答：酒店三月份需要缴纳 3.74 万元的营业税。

2. $2880 \div (1+20\%) = 2400$（元）

$2400 \times 20\% = 480$（元）

答：其中消费税有 480 元。

3. $6009 \div (1+0.3\% \times \dfrac{6}{12}) = 6000$（元）

答：他存入了 6000 元。

4. 第一种：$3000 \times 2.25\% \times 2 = 135$（元）

第二种：3000×1.75%×1=52.5（元）

（3000+52.5）×1.75%×1≈53.42（元）

52.5+53.42=105.92（元）

答：第一种方法能获得更多利息，可获得 135 元利息。

八、比例

1.（1）9；（2）7；（3）$\frac{1}{6}$；（4）3.6。

2. 2：8=3：12；2：12=3：18；

2：3=12：18（答案不唯一）

3.（1）3：10=$\frac{3}{10}$，0.9：1.5=$\frac{3}{5}$，不成比例；

（2）50：10=5，1：5=$\frac{1}{5}$，不成比例；

（3）$\frac{1}{2}$：$\frac{1}{4}$=2，6：3=2，成比例；

（4）0.6：0.2=3，$\frac{3}{4}$：$\frac{1}{4}$=3，成比例。

4. 36 应变为：15×（12+4）÷5=48

48−36=12

答：36 应该增加 12 变为 48。

九、解比例

1. 解：3.5x=7×45

x=7×45÷3.5

x=90

2. 2：6=x：$\frac{1}{12}$

解：6x=2×$\frac{1}{12}$

x=2×$\frac{1}{12}$÷6

x=$\frac{1}{36}$

（答案不唯一）

3. 解：设需要 x 克面粉。

x：600=2：5

5x=600×2

x=240

答：用 240 克面粉恰好能将肉馅包没。

4. 解：设文具店有 x 支铅笔。

因为铅笔：钢笔 =5：3，圆珠笔：钢笔 =2：3，

所以铅笔：圆珠笔 =5：2。

x：40=5：2

x=40×5÷2

x=100

答：文具店有 100 支铅笔。

十、正比例

1. 解：设锯 7 段需要 x 分钟。

（5−1）：6.8=（7−1）：x

x=10.2

答：锯 7 段需要 10.2 分钟。

2. 解：设这座桥一共长 x 米。

8：460=（8+18）：x

x=1495

答：这座桥一共长 1495 米。

十一、反比例

1. 解：设宽是 x 米。

350×80=320x

x=87.5

答：宽是 87.5 米。

2. 解：设东东步行 x 分钟到达学校。

$$250 \times 24 = 80x$$
$$x = 75$$

答：如果东东步行去学校，到校时间为 8:15，会迟到。

十二、比例尺

1. 长方形实际的长：$6 \div \dfrac{1}{10} = 60$（厘米）

长方形实际的宽：$4 \div \dfrac{1}{10} = 40$（厘米）

$60 \times 40 = 2400$（平方厘米）

答：长方形的面积为 2400 平方厘米。

2. 比例尺 $= 5 \div 100 \div 5000 = \dfrac{1}{100000}$

$6 \div 100 \div \dfrac{1}{100000} = 6000$（米）

答：乙、丙两地实际相距 6000 米。

3. 2 毫米 :6 厘米 =2 毫米 :60 毫米 =1:30

答：这幅设计图纸的比例尺是 1:30。

4. 解：设地图上的长度是 x 米。

$$x : 4800 = 1 : 20000$$
$$x = 0.24$$
$$0.24 \ 米 = 24 \ 厘米$$

答：地图上的长度是 24 厘米。

十三、图形的放大与缩小

1. 放大后长方形的长：$5 \times 3 = 15$（厘米）

放大后长方形的宽：$2 \times 3 = 6$（厘米）

$15 \times 6 = 90$（平方厘米）

答：得到图形面积为 90 平方厘米。

2. $6 \div 2 = 3$（厘米）

$3.14 \times 3^2 = 28.26$（平方厘米）

答：得到图形的面积是 28.26 平方厘米。

《平面图形》

一、角的初步认识

1. A【提示】10 点整时，钟表的时针和分针的夹角小于 90°，是锐角。

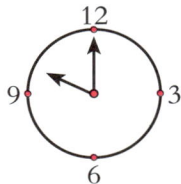

2. D【提示】剪掉的方式不同，结果不同，余下的图形直角的数量可能是 1 个、3 个或 4 个。

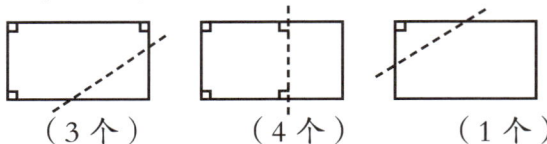

（3 个）   （4 个）   （1 个）

3. 11 个【提示】不要忽略图形外部的角。

4. 锐角有 7 个，直角有 4 个，钝角有 1 个。

二、轴对称图形

1.

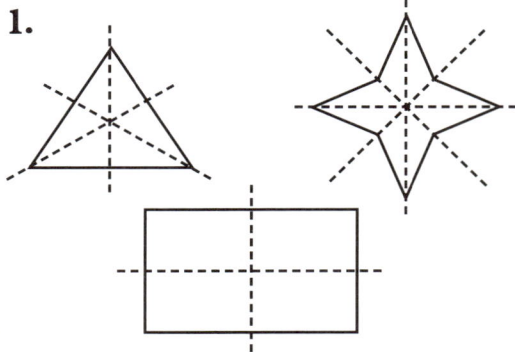

三、测量

1. （1）3；（2）2；（3）500；（4）45。

2. （1）<；（2）>；（3）>；

（4）=；（5）>；（6）>。

3. 半吨 =0.5 吨 =500 千克

500−150−240=110（千克）

答：在不超载的情况下最多还能装 110 千克的橘子。

4. 单向：1500×8=12000（千克）

双向：12000×2=24000（千克）

24000 千克 =24 吨

答：桥梁的承重至少为 24 吨。

四、长方形和正方形的周长

1.

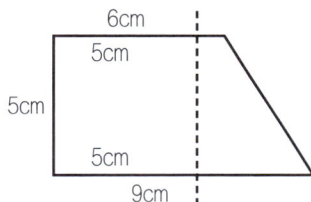

5×4 = 20（厘米）

答：正方形的周长是 20 厘米。

2. 裁剪成大小相等的 3 个长方形如图：

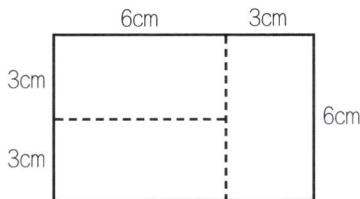

裁剪成 3 个正方形如图：

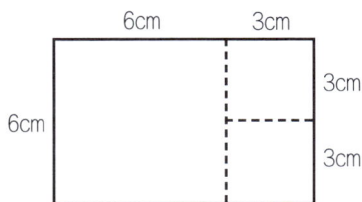

3. 6 分米 =60 厘米

60÷4=15（厘米）

答：它的边长是 15 厘米。

4. （15×10+15）×2=330（厘米）

8×10×4=320（厘米）

330+320=650（厘米）

答：需要 650 厘米长的铁丝。

5. 16×3−10=38（厘米）

（38+16）×2=108（厘米）

108 厘米 = 10.8 分米

答：这个长方形的周长是 10.8 分米。

6. 30 厘米 = 3 分米

14−3=11（分米）

（14−11+11）×2=28（分米）

答：剩下的木板的周长是 28 分米。

五、长方形和正方形的面积

1. 面积减少：20×15=300（平方厘米）

周长增加：20×2=40（厘米）

答：面积减少 300 平方厘米，周长增加 40 厘米。

2.

宽与宽相对拼成大长方形，周长为：

5×3×2+3×2=36（厘米）

长与长相对拼成大长方形，周长为：

$3×3×2+5×2=28$（厘米）

答：大长方形的周长可能为 36 厘米或 28 厘米。

3. 宽：$24÷2÷（2+1）=4$（厘米）

长：$4×2=8$（厘米）

$8×4=32$（平方厘米）

答：长方形的面积是 32 平方厘米。

4. $200×20×3=12000$（平方米）

答：扫雪车能清理 12000 平方米的雪地。

5. $48÷4=12$（米）

$12-10÷10×2=10$（米）

$12×12-10×10=44$（平方米）

答：铺设石子的面积是 44 平方米。

6. $（8+2×2）×（3+2×2）=84$（平方米）

$84-8×3=60$（平方米）

答：石子路的面积是 60 平方米。

六、公顷和平方千米

1.（1）130000；（2）2500；（3）220；（4）4.5；（5）3300，33。

2. $8×（12-8）×1000=32000$（米）

$5×32000=160000$（平方米）

160000 平方米＝ 16 公顷

答：共能收割 16 公顷的田地。

七、角的度量

1. 10，10，1。

2. C【提示】$180°-89°=91°>90°$，为钝角。

3. 5，5，2，5。

4. $∠1=180°-90°-42°=48°$

八、平行四边形和梯形

1. 直线 a 的平行线：

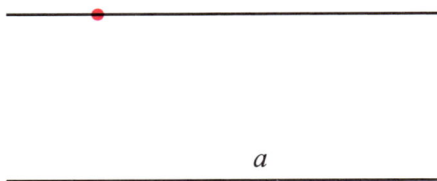

直线 a 的垂线：

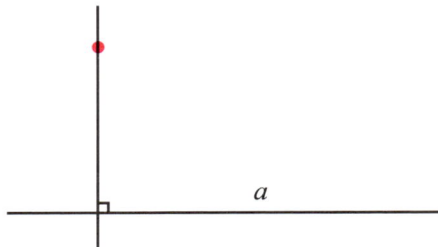

2. 应该走 2 号小桥，这座小桥与河对岸垂直，到河对岸的距离最短。

3. 如图（答案不唯一）。

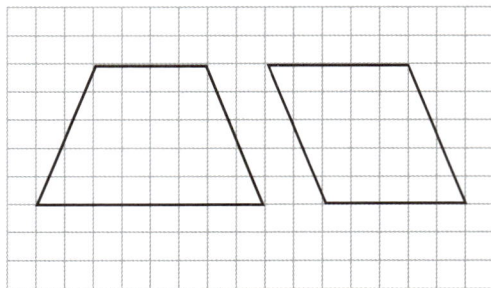

4. 图中梯形有：梯形 ABGH、梯形 ACFH、梯形 ADEH、梯形 BDEG、梯形 CDEF，共 5 个。

九、三角形

1. 若 18 厘米是三角形的最长边：

18 − 15 = 3（厘米）

第三条边大于 3 厘米，最短为 4 厘米。

若第三条边是三角形的最长边：

15 + 18 = 33（厘米）

第三条边小于 33 厘米，最长 32 厘米。

2. 当 9 厘米作为最长边时，有 7 种选择；

当 8 厘米作为最长边时，有 4 种选择；

当 7 厘米作为最长边时，有 2 种选择；

当 5 厘米作为最长边时，有 1 种选择。

一共有 14 种选择。

3.（70−18）÷2=26（厘米）

答：三角形的腰长是 26 厘米。

4. 3.4×3 = 10.2（米）

答：需要 10.2 米长的篱笆。

5. 180° −35° −55° =90°，图 1 原来是直角三角形。

180° −26° −128° =26°，图 2 原来是等腰钝角三角形。

6. 若 45° 为等腰三角形的顶角度数，则底角 =（180° −45°）÷2=67.5°。

若 45° 为等腰三角形的底角度数，则顶角 =180° −45° ×2=90°。

答：另两个角的度数可能为 67.5°、67.5° 或 45°、90°。

十、图形的平移

1. 将右侧的 2 个三角形向左平移 11 格，使图形变为长方形：

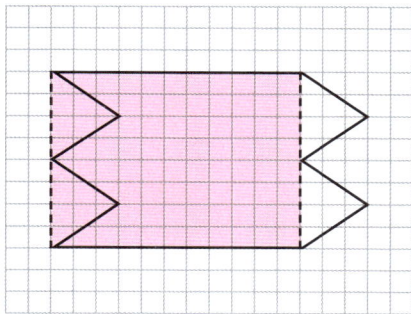

11×8=88（平方厘米）

答：多边形的面积为 88 平方厘米。

2. 经过平移，剩余面积恰好为一个小长方形：

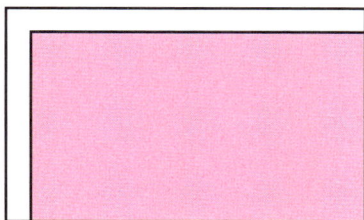

长 = 25−2=23（米）

宽 = 14−2=12（米）

23×12=276（平方米）

答：花园剩余的面积为 276 平方米。

十一、多边形的面积

1. BC=100÷2−15=35（米）

BC×AE=35×12=420（平方米）

答：平行四边形的面积为 420 平方米。

2. 750×2÷50=30（厘米）

答：另一条直角边长是 30 厘米。

3. 三角形的高=平行四边形的高 ×2

　三角形的面积

=底 × 三角形的高 ÷2

=底 ×（平行四边形的高 ×2）÷2

=平行四边形的面积

答：这个三角形的面积是 36 平方厘米。

4. 相框的形状改变时，四条边的长度没有变化，所以周长没有变化。

如图 1，平行四边形相框的高小于 15 厘米，所以面积＜ 20×15=300（平方厘米）。

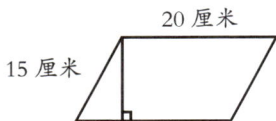
图 1

如图 2，长方形相框的面积＝ 20×15=300（平方厘米）。

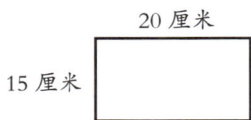
图 2

所以，相框的形状从平行四边形变成长方形，面积变大了。

5.（5+3）×2.5÷2=10（平方米）

答：这个梯形的面积是 10 平方米。

6. 平行四边形的面积＝ 5×3=15（cm²）

三角形的面积＝ 5×2÷2=5（cm²）

组合图形的面积＝ 15+5=20（cm²）

7. 长方形的面积＝ 5×2=10（m²）

梯形的面积＝（1+3）×1÷2=2（m²）

剩余面积 =10−2=8（m²）

答：划分后剩余菜园的面积有 8 平方米。

十二、图形的旋转

1. C，180°，顺，270°，逆，90°。

2. 顺，60【提示】时针每走一个数字，

旋转 30 度，时针从"12"走到"2"走过两个数字，共旋转 60 度。

十三、圆

1. C【提示】A 选项有 3 条对称轴，B 选项有 3 条对称轴，C 选项有 1 条对称轴，D 选项有 3 条对称轴。综上，C 选项与其他图形对称轴数量不一样，故选 C。

2. $5×2+\frac{1}{2}×(2×5π)=25.7$（厘米）

25.7×4=102.8（厘米）

答：风车的周长为 102.8 厘米。

3. 铁环的周长：250×2÷300≈1.7（米）

铁环的直径：1.7÷3.14≈0.5（米）

答：铁环的直径大约是 0.5 米。

4. 车轮滚动路程：2×3.14×10=62.8（米）

车轮周长：3.14×（40÷100）=1.256（米）

62.8÷1.256=50（圈）

答：在表演中车轮大概转动了 50 圈。

5. 内圆半径：8÷4−3=1（厘米）

π×（8÷2）²−π×1²=47.1（平方厘米）

答：这个圆环的面积是 47.1 平方厘米。

6. 外圆半径：50.24÷3.14÷2=8（厘米）

内圆半径：8−2=6（厘米）

3.14×8²−3.14×6²=87.92（平方厘米）

答：这个圆环的面积是 87.92 平方厘米。

《立体几何》

一、观察物体的形状

1. 左面、前面、上面

2.

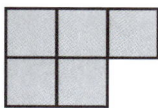 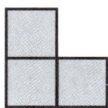 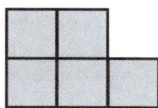

从上面看　　从左面看　　从前面看

3.（1）从正面和左面看到的图形相同。

（2）两个物体都由 5 个正方形组成。

4. 这个立体图形由 20 个正方形搭成。

二、还原立体图形

1. 4

2. 5，7。

3.

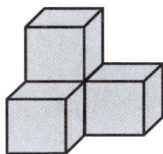

4.

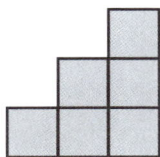

三、长方体和正方体的认识

1.（1）✗【提示】正方体和长方体的特征都是相交于同一顶点的三条棱互相垂直，所以这个立方体可能是正方体，也可能是长方体，故错误。

（2）√【提示】根据正方体的特征，正方体的两个对面互相平行。相交于同一顶点的 3 条棱相等，说明立方体的长宽高都相等，所以这个立方体是正方体，故正确。

2. 不能，若以中间的正方形为底面折正方体，则左面有两个正方形重合，并且缺少上面，所以不能拼成正方体。

四、长方体和正方体的棱长

1. 两个长方体的棱长总和：

（12+6+12）×4=120（厘米）

正方体的棱长总和：

（6+6）×12=144（厘米）

144−120=24（厘米）

答：拼成后正方体的棱长总和比两个长方体的棱长总和多 24 厘米。

2. 65 厘米 =0.65 米

16.8÷4−1−0.65=2.55（米）

答：长方体框架的长为 2.55 米。

五、长方体和正方体的表面积

1. 16 分米 =1.6 米

50 厘米 =0.5 米

（0.5×0.8+1.6×0.8）×2+1.6×0.5=4.16（平方米）

答：鱼缸的表面积为 4.16 平方米。

2.（3.6×1.2+4.8×1.2）×2=20.16（平方米）

答：篱笆的面积为 20.16 平方米。

六、体积和体积单位

1.（1）立方分米；（2）立方厘米；

（3）立方米。

2. 3849000 立方厘米 =3.849 立方米

4298 立方分米 =4.298 立方米

3.849<4.21<4.298

答：3 号衣柜的体积最大。

七、长方体和正方体的体积

1. $1.8×1.2=2.16$

答：大纸箱的体积是小纸箱的 2.16 倍。

2. $48÷12×2.4=9.6$（分米）

$9.6×9.6×9.6=884.736$（立方分米）

答：扩大后的体积为 884.736 立方分米。

3. 14 分米 =1.4 米

80 厘米 =0.8 米

$1.4×0.5×0.8=0.56$（立方米）

答：它的体积是 0.56 立方米。

4. $12×12×12=1728$（立方厘米）

$1728÷6÷12÷4=6$（厘米）

答：长方体金块的高为 12 厘米。

5. $0.6×0.6×(0.5-0.3)=0.072$（立方米）

答：两块石头的体积为 0.072 立方米。

6. $1.6×0.6×(0.9-0.5)=0.384$（立方米）

答：这些地瓜的体积是 0.384 立方米。

八、容积和容积单位

1.（1）2489.2 立方厘米 =2.4892 升

1830 毫升 =1.83 升

1.48 升 <1830 毫升 <2489.2 立方厘米

（2）4290 立方厘米 =4.29 升

4560 毫升 =4.56 升

4290 立方厘米 <4.39 升 <4560 毫升

2.（15-0.6×2）×（5-0.6×2）×

（1.6-0.6）=52.44（立方米）

答：水池的容积为 52.44 立方米。

3.（4.84-0.02×2）×（2.64-0.02×2）×

（1.52-0.02）=18.72（立方分米）

答：鱼缸的容积是 18.72 立方米。

九、圆柱的表面积

1. $3.14×3^2×2+2×3.14×3×10=244.92$

（立方分米）

答：它的表面积为 244.92 立方分米。

2. $2×3.14×0.8×5=25.12$（立方米）

答：烟囱的表面积为 25.12 立方米。

3. 底面圆的半径：

$37.68÷2÷3.14÷2=3$（米）

$3.14×3^2×2+2×3.14×3×6=169.56$（平方米）

答：原来圆柱的表面积是 169.56 平方米。

4. $3.14×0.5^2×2×(3-1)=3.14$（平方米）

答：表面积增加了 3.14 平方米。

十、圆柱的体积

1. $56.52÷2÷3.14=9$（厘米）

$3.14×9×9×20=5086.8$（立方厘米）

答：它的实际容积为 5086.8 立方厘米。

2. $3.14×5×5×25=1962.5$（立方厘米）

答：这个水瓶现在能装 1962.5 立方厘米的水。

3. $452.16÷12÷2÷3.14=6$（厘米）

$3.14×6×6×20=2260.8$（立方厘米）

答：这根火腿的体积是 2260.8 立方厘米。

4. 11.304 平方分米 =1130.4 平方厘米

$1130.4÷2=565.2$（平方厘米）

565.2×20=11304（立方厘米）

答：这个圆柱的体积为 11304 立方厘米。

5. 水的体积：18.84×3=56.52（立方米）

$56.52÷3.14÷3^2=2$（米）

答：水深 2 米。

6. 20÷2=10（厘米）

$3.14×10^2×80=25120$（立方厘米）

25120÷2÷20÷16=39.25（厘米）

答：它的高为 39.25 厘米。

7. $3.14×10^2×（26+24）=15700$（立方厘米）

15700÷2=7850（立方厘米）

答：这个圆柱体的体积是 7850 立方厘米。

8. 正放时水的体积：

$3.14×6^2×5=565.2$（立方厘米）

倒放时无水部分体积：

$3.14×6^2×（12-8）=452.16$（立方厘米）

565.2+452.16=1017.36（立方厘米）

答：水瓶的体积是 1017.36 立方厘米。

十一、圆锥的体积

1. $3.14×2×2×1.5×\dfrac{1}{3}=6.28$（立方米）

答：它的体积为 6.28 立方米。

2. $3.14×3×3×8×\dfrac{1}{3}=75.36$（立方厘米）

75.36 立方厘米 =75.36 毫升

答：能装 75.36 毫升的水。

3. 圆锥的高＝圆柱的高 ×3

32÷（3-1）×3=48（厘米）

答：圆锥的高为 48 厘米。

4. 圆柱的体积＝圆锥的体积 ×3

146÷（3+1）×3=109.5（立方厘米）

答：圆柱积木的体积为 109.5 立方厘米。

《统计与概率》

一、统计表

1. 36+43+21+13+9=122（位）

结果总数大于调查人数，有重复计数情况，所以结果不准确。

2. 6+12+5+7+4=34（人）

45-34=11（人）

答：有 11 人选了跳绳。

二、复式统计表

1. D

2.（1）13；（2）40，52。

3.（1）27；（2）10，17。

4.

朝阳小学三年级四个班
参加植树活动的学生人数统计表

性别＼人数＼班级	三年（1）班	三年（2）班	三年（3）班	三年（4）班	合计
男生	26	30	22	19	97
女生	20	18	29	32	99
合计	46	48	51	51	196

三、条形统计图

1.（1）100；（2）教辅，科学，1000。

2.

东东班级同学对电视节目类型的喜爱情况统计图

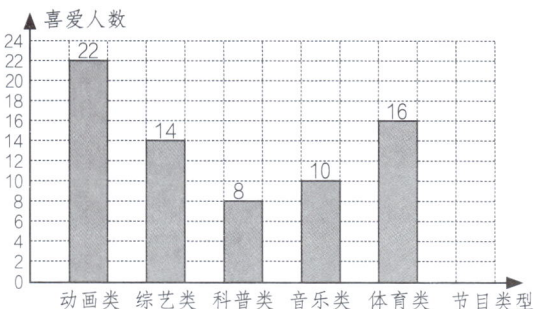

（1）动画类，科普类；（2）12。

3.

三年（1）班学生参加体育活动统计图

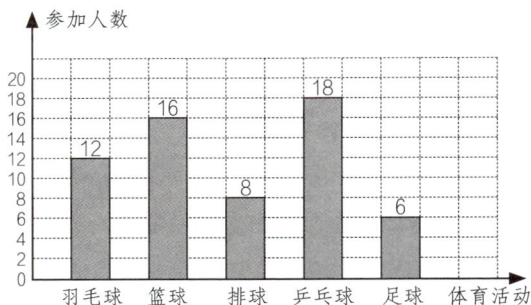

三年（2）班学生参加体育活动统计图

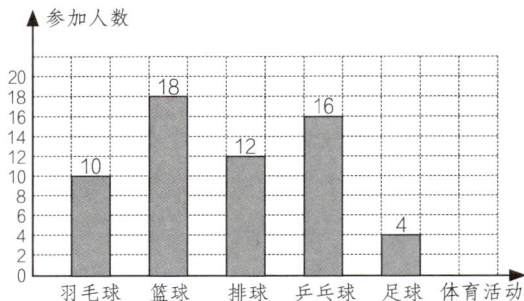

（1）2，60；（2）篮球，足球。

4.

五年（1）班捐书情况统计图

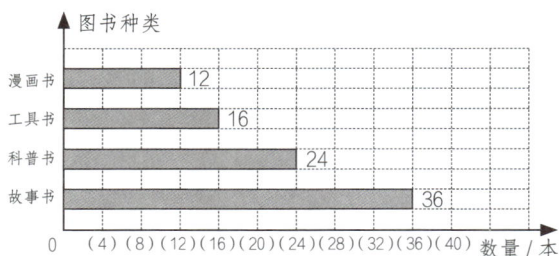

（1）4；（2）88。

四、平均数与条形统计图

1. 第一组同学投篮的平均成绩：

（3+5+2+2+3）÷5=3（个）

第二组同学投篮的平均成绩：

（1+4+4+3+1）÷5=2.6（个）

因为第一组同学投篮的平均成绩大于第二组同学，所以第一组同学的成绩更好一些。

2. $90×4-95-88-92=85$（分）

答：小兰物理考了85分。

3.

朝阳小学四、五年级植树情况统计表

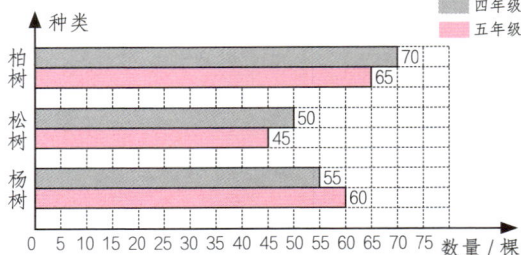

4.

某品牌洗衣机在甲、乙两家商场的第一季度销量情况统计表

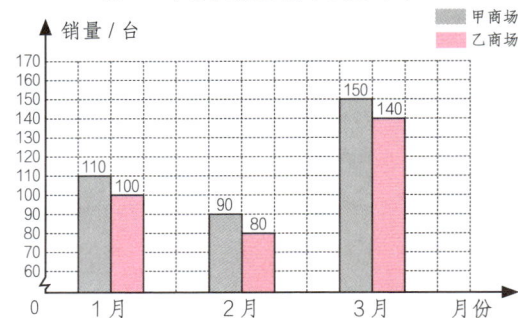

（1）3；（2）117。

五、可能性

1.

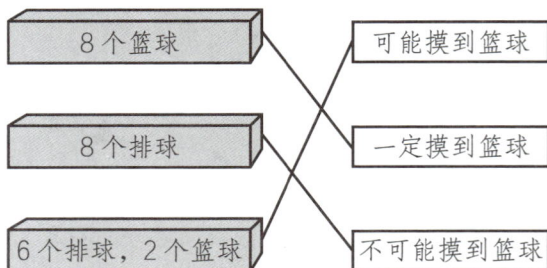

2.（1）笔记本；（2）科普读物。

3.（1）抽到一等奖是不确定事件，故

选 B；（2）小兰和妈妈获得纸巾的可能性最大。

4.（1）白色或蓝色；（2）第三次拿出的球一定是蓝色。

六、游戏的公平性

1. 3+5=4+4=8（个）

168÷8=21（组）

若小兰想要获胜应该后取，保证每次取的个数与东东取的个数和是 8 个，就能获胜。

2. 从盒子中同时取出 2 个小球有下列 6 种不同的可能情况：

（2，4）、（2，5）、（2，7）、（4，5）、（4，7）、（5，7）

两球数字之和分别为：6、7、9、9、11、12

其中大于 10 的有 2 种情况，小于 10 的有 4 种情况，所以游戏是不公平的。

七、折线统计图

1.

某零件工厂上半年的零件产量情况统计图

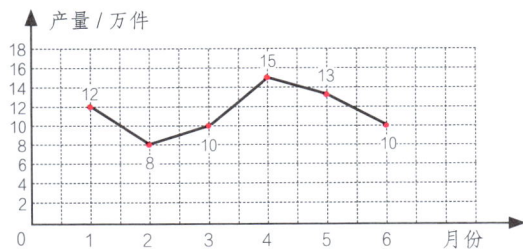

（1）4；（2）11.3。

2.

某市下半年的月平均气温情况统计图

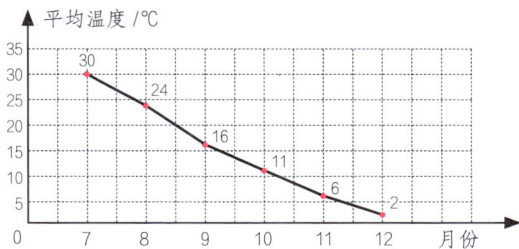

（1）下降；（2）8，9，8。

3.

甲、乙两市去年全年的月平均气温情况统计图

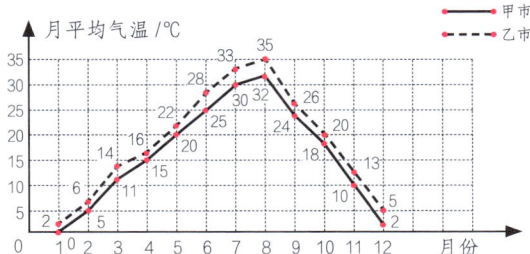

（1）2 月和 4 月；（2）16。

4.（1）二，40；

（2）甲书店 5 月平均每周的图书销量：

（112+166+134+120）÷4=133（册）

乙书店 5 月平均每周的图书销量：

（135+126+153+140）÷4=138.5（册）

甲书店 5 月平均每周的图书销量比乙书店 5 月平均每周的图书销量少。

八、扇形统计图

1.（1）1－（30%+26%+11%+5%）=28%

550×28% ＝ 154（本）

答：6 月卖出文学类图书 154 本。

（2）550×30%=165（本）

答：小说卖得最多，有 165 本。

2.（1）3000；（2）22%，660。

3. 五年级女生：500×42%=210（人）

六年级男生：580×40%=232（人）

232−210=22（人）

答：六年级的男生人数比五年级的女生人数多，多22人。

4. 乙农场养的兔子总数：

1400−240÷40%=800（只）

乙农场养的灰兔：

800×25%=200（只）

答：乙农场养了200只灰兔。

九、统计图的应用

1. B【提示】统计各部分与总数量之间的关系用扇形统计图更合适，故选B。

2. A【提示】需要清晰地看出每个月的销量情况，用条形统计图更合适，故选A。

3.（1）

朝阳小学六年级同学参加社团活动的情况统计表

社团类型	篮球社	漫画社	音乐社	读书社
人数	60	48	42	50
占总人数的百分比	30%	24%	21%	25%

（2）

朝阳小学六年级同学参加社团活动的情况统计图

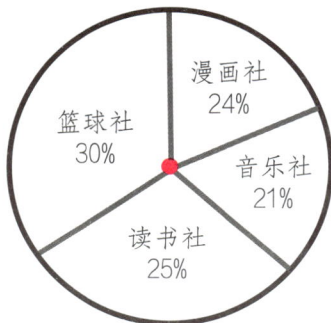

《综合应用》

一、归一问题

1. 1260÷12÷3=35（颗）

1260+35×（12+8）×2=2660（颗）

答：大家一共折了2660颗星星。

2. 1280÷8÷4=40（个）

（4640−1280）÷40÷（8＋6）＝6(小时)

答：还需要6小时。

二、归总问题

1. 24×9=216（页）

9−216÷（24×1.5）=3（天）

答：玲玲全部读完需要的天数比丽丽少3天。

2. 18×8=144（吨）

8−144÷（18+6）=2（天）

答：乙车队把仓库里的货物都运空比甲车队少2天。

三、和差问题

1.（9−1.6）÷2−0.7=3（千克）

9−3=6（千克）

答：小华买了6千克，小强买了3千克。

2. [1270−（128+246）−128]÷3=256（元）

256+128=384（元）

384+246=630（元）

答：第一名的奖金为630元，第二名的奖金为384元，第三名的奖金为256元。

四、和倍问题

1. 20÷（4+1）=4（岁）

4+3=7（岁）

20−4+3=19（岁）

答：现在妹妹7岁，哥哥19岁。

2. 468÷（8+1）=52（吨）

52−18=34（吨）

468−34=434（吨）

答：甲加油站有434吨油，乙加油站有34吨油。

五、差倍问题

1. 28÷（5−1）=7（岁）

7+28+5=40（岁）

答：爸爸今年40岁。

2. （776−20）÷（7−1）=126（千克）

126+776=902（千克）

答：橘子重126千克，苹果重902千克。

六、集合

1.

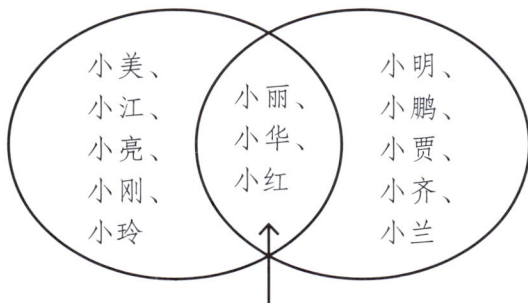

参加唱歌比赛　　参加跳舞比赛

小美、小江、小亮、小刚、小玲　｜　小丽、小华、小红　｜　小明、小鹏、小贾、小齐、小兰

既参加唱歌比赛又参加跳舞比赛

2.

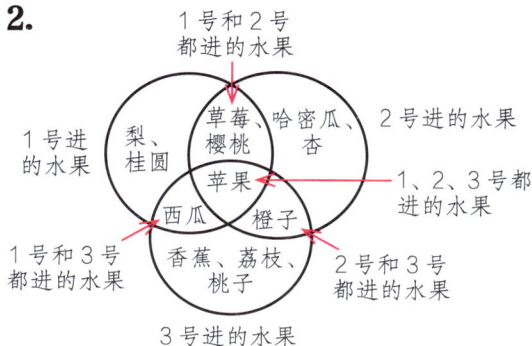

1号和2号都进的水果

1号进的水果　梨、桂圆　草莓、哈密瓜、樱桃　2号进的水果　杏

1、2、3号都进的水果　苹果

1号和3号都进的水果　西瓜　橙子　香蕉、荔枝、桃子　2号和3号都进的水果

3号进的水果

3. 17+9−2=24（人）

答：一共有24人排队。

4. 36+59−18+8=85（人）

答：四年级一共有85人。

七、搭配

1. 3 在 百 位：305、306、308、356、350、358、360、365、368、380、385、386；

5在百位：503、506、508、530、536、538、560、563、568、580、583、586；

6在百位：603、605、608、630、635、638、650、653、658、680、683、685；

8在百位：803、805、806、830、835、836、850、853、856、860、863、865。

12+12+12+12=48（个）

答：一共能组成48个。

2. 4在千位：4590、4950；

5在千位：5094、5904、5490、5940；

9在千位：9054、9504、9450、9540。

2+4+4=10（个）

答：一共能组成10个。

3. 5×8=40（种）

答：一共有40种不同的买法。

4. 5×4=20（种）

答：妈妈有 20 种不同的搭配方法。

5. 9+8+7+6+5+4+3+2+1=45（次）

答：一共要握 45 次手。

6. 5×4×3×2×1=120（种）

答：有 120 种站法。

八、优化

1. 这样安排最省时：

3+5+6+8=22（分钟）

答：最少需要 22 分钟。

2.

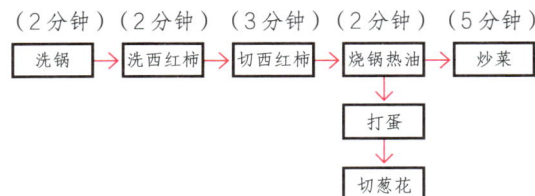

3.

第一次	正 1	正 2	正 3	正 4	2分钟
第二次	反 1	反 2	反 3	反 4	2分钟
第三次	正 5	正 6	正 7	正 8	2分钟
第四次	正 9	正 10	反 5	反 6	2分钟
第五次	反 7	反 8	反 9	反 10	2分钟

2×5=10（分钟）

答：至少需要 10 分钟。

4.

第一次	正 1（6分钟）	正 2（6分钟）	6分钟
第二次	正 3（6分钟）	正 4（6分钟）	6分钟
第三次	正 5（6分钟）	反 1（4分钟）	6分钟
第四次	反 2（4分钟）	反 3（4分钟）	4分钟
第五次	反 4（4分钟）	反 5（4分钟）	4分钟

6×3+4×2=26（分钟）

答：至少需要 26 分钟。

九、鸡兔同笼

1. 假设全是鹅。

（28-18÷2×2）÷（4-2）=5（只）

18÷2-5=4（只）

答：鹅有 4 只，兔有 5 只。

2. 假设全是两轮摩托车。

（30-12×2）÷（3-2）=6（辆）

12-6=6（辆）

答：两轮摩托车有 6 辆，三轮电动车也有 6 辆。

3. 假设小兰都做对了。

（60×3-100）÷（3+1）=20（道）

60-20=40（道）

答：她做对了 40 道题。

4. 假设一星期都是晴天。

（86-8×7）÷（18-8）=3（天）

7-3=4（天）

答：雨天有 3 天，晴天有 4 天。

十、植树问题

1. 1500÷（302÷2-1）=10（米）

答：每相邻两棵树之间的距离是 10 米。

2. 8×（291-1）=2320（米）

答：这条公路全长 2320 米。

3. （60÷2-1）×2=58（棵）

58×2=116（棵）

答：一共需要种 116 棵矮灌木。

4. 28÷（5-1）=7（秒）

56÷7+1=9（次）

答：它56秒最多能闪9次。

5. 22×8=176（米）

答：这片篮球场的最外围全长176米。

6. 54÷6=9（盆）

9+1=10（盆）

答：花坛的每边摆了10盆花。

十一、找次品

1. A【提示】已知加了盐的一杯水稍重，A选项，先称量（5,5）这两组，若不平衡，则盐水在稍重一侧"5"里，若平衡，则盐水在未称量的"3"里。若在"5"里，将"5"分为（2,2,1）三组，先称量（2,2）这两组，若不平衡，则盐水在稍重的一侧"2"里，再称一次即可找到盐水，若平衡，则盐水在未称量的"1"里；若在"3"里，将"3"分为（1,1,1）三组，任选两组（1,1）称量，若不平衡，则盐水在稍重一侧"1"里，若平衡，则盐水在未称量的"1"里。综上，最多3次即可找出盐水。BCD选项中各组分配不均匀，不保证能用天平找到盐水，故选A。

2. A【提示】A选项，先称量（4,4）这两组，若不平衡，则该糖果在稍重一侧的"4"中，若平衡，则该糖果在未称量的"3"里。若在"4"里，将"4"分为（2,2）两组称量，若不平衡，则该糖果在稍重一侧的"2"里，再称量一次即可找出；若在"3"里，将"3"分为（1,1,1）三组，任选两组（1,1）称量，

若不平衡，则该糖果在稍重一侧的"1"里，若平衡，则该糖果在未称量的"1"里。综上，最多3次即可找出这颗质量稍重的糖。BCD选项中各组分配不均匀，不能在少于3次的次数内找到，故选A。

3. 3【提示】第一次按(5,5,5)分三组称量，第二次按（2,2,1）分三组称量，第三次按（1,1）分两组称量。

4. 3【提示】第一次按（2,2,1）分三组称量，第二次按（1,1）分两组称量，即可找出次品。将找到的次品与合格品进行1次称量，确定谁轻谁重，所以至少称3次。

十二、行船问题

1. 280÷7−7.5=32.5（千米/时）

280÷（32.5−7.5）=11.2（时）

答：这只船按原路返回需用11.2小时。

2. 假设两个码头相距300千米。

顺水速度：300÷5=60（千米/时）

逆水速度：300÷6=50（千米/时）

水速：(60−50)÷2=5（千米/时）

300÷5=60(时)

答：一只木筏从甲码头顺水漂到乙码头需要60小时。

十三、列车问题

1. （20+22）×10−220=200（米）

答：另一列火车长200米。

2. （160+120）÷（26−22）=70（秒）

答：快车从后面追上慢车到完全超过需要 70 秒。

十四、数与形

1. 根据观察图形可以发现，最外侧数字从上往下依次加 1，中间的数字是其头顶两个数字之和。

```
                1
             2     2
          3    4    3
        4   7    7   4
      5  11  14 （11） 5
    6  16 （25）（25）（16） 6
```

2. （1）$\frac{1}{2}$；（2）$\frac{1}{3}$，$\frac{1}{3}$，$\frac{2}{3}$；

（3）$\frac{1}{3}$，$\frac{1}{4}$，$\frac{1}{4}$，$\frac{3}{4}$；（4）$\frac{1}{6}$，$\frac{5}{6}$。

3. 17【提示】观察图形可知，每多拼 1 个三角形，需要增加 2 个火柴棍，则拼成 8 个三角形需要的火柴棍数量：3+（8−1）×2=17（个）。

4.（1）14【提示】经观察，1 张桌子坐 6 人，2 张桌子拼一起坐 8 人，3 张桌子拼一起坐 10 人，每拼一张桌子多坐 2 人。所以 5 张桌子拼在一起，可坐：6+（5−1）×2=14（人）；

（2）72【提示】30 张桌子拼成 3 张大桌子，且每桌可坐人数相等，则每个大桌由 10 个桌子拼成，每个大桌可坐 6+（10−1）×2=24（人），则共可坐：24×3=72（人）。

十五、鸽巢问题

1. 45÷8=5（个）……5（个）
5+1=6（个）
答：至少有 6 个鸡蛋分到一个篮子里。

2. 44÷（40−22+1）=2（本）……6（本）
2+1=3（本）
答：至少有 3 本书页数相同。

3. 五种颜色可以看作 5 个"鸽巢"，故至少拿出的毛巾：5+1=6（条）
答：至少拿出 6 条毛巾，才能保证其中一定有两条不同颜色的毛巾。

4. 3 种花色看作 3 个"鸽巢"，在最不利的情况下抽取 12 张牌时每种花色各有 4 张，那么再抽 1 张定会出现 5 张相同花色牌。所以至少抽出 13 张牌，才能保证有 5 张牌是同一花色。

十六、牛吃草问题

1. 设 1 匹马 1 天吃的草为 1 份。
草每天均匀减少：10×5−8×6=2（份）
牧场原有草：(10+2)×5=60(份)
（60−2×10）÷10=4（匹）
答：可供 4 匹马吃 10 天

2. 自动扶梯每分钟走：
（18×6−12×8）÷（8−6）=6（阶）
（18+6）×6=144（阶）
答：扶梯共有 144 阶。

北京市数学特级教师 司梁 主审力荐

扫清知识盲点
规避理解误区
识别题目陷阱

100分

吃透易错题，
得分大赢家
数学篇

综合应用

字在数学发展项目组 编绘

电子工业出版社
Publishing House of Electronics Industry
北京·BEIJING

图书在版编目（CIP）数据

吃透易错题，得分大赢家. 数学篇 综合应用 / 字在数学发展项目组编绘. -- 北京 : 电子工业出版社，2024.1

ISBN 978-7-121-46569-7

Ⅰ. ①吃… Ⅱ. ①字… Ⅲ. ①小学数学课－教学参考资料 Ⅳ. ①G624

中国国家版本馆CIP数据核字（2023）第205957号

责任编辑： 赵 妍 季 萌

印　　刷： 北京市大天乐投资管理有限公司

装　　订： 北京市大天乐投资管理有限公司

出版发行： 电子工业出版社

　　　　　 北京市海淀区万寿路173信箱　邮编：100036

开　　本： 889×1194　1/16　印张：34.5　字数：567.45千字　插页：40

版　　次： 2024年1月第1版

印　　次： 2024年1月第1次印刷

定　　价： 208.00元（全8册）

　　凡所购买电子工业出版社图书有缺损问题，请向购买书店调换。若书店售缺，请与本社发行部联系，联系及邮购电话：（010）88254888，88258888。

　　质量投诉请发邮件至zlts@phei.com.cn，盗版侵权举报请发邮件至dbqq@phei.com.cn。

　　本书咨询联系方式：（010）88254161转1860，jimeng@phei.com.cn。

扫除易错点，轻松学数学

很多小学生经常在解题时出错，比如漏写符号、用错公式等，虽然努力采用"题海战术"去提高，但收效甚微。

要想提高做题准确率，就要找准易错点，有针对性地学习、练习。为此本套书精心设计了以下内容：

1. 归纳整理，全面攻克错题

精心筛选了教材中的典型易错题型，逐条细致地分析、讲解，帮助学生全面、快速地攻克易错点。

2. 错误预警，纠正解题思路

提前给出易错提示，有针对性地引导学生思考，再分步讲解思路，帮助建立解题模型，逐步订正错误思维。

3. 易错拓展，规避相似错误

每节都有相关解题技巧、题目陷阱规律拓展，方便学生举一反三。

4. 跟踪练习，及时巩固技巧

随书赠送跟踪练习题册，让学生巩固技巧，轻松应对变形题。

接下来，一起跟着示范，将易错点逐个击破吧！

目录

1. 归一问题

例

　　某工程公司修建一条铁路,4 个工程队 8 天修了 1008 千米,照这样的速度,6 个工程队 14 天可以修多少千米呢?

思路

1个工程队1天修的长度：

1008÷4÷8=31.5（千米）

6个工程队14天修的长度：

6×14×31.5=2646（千米）

归一问题一般分为"正归一问题"和"反归一问题"，解题时都要先求出一份量是多少。

总量 ÷ 份数 = 一份量

01. **正归一**

比如：买 5 支铅笔要花 10 元钱，买 8 支铅笔要花多少钱？

1 支铅笔的价钱 = 5 支铅笔的价钱 ÷5 支

8 支铅笔的价钱 = 1 支铅笔的价钱 ×8 支

02. **反归一**

比如：买 5 支铅笔要花 10 元钱，20 元可以买几支这样的铅笔？

1 支铅笔的价钱 = 5 支铅笔的价钱 ÷5 支

买铅笔的数量 = 20 元 ÷1 支铅笔的价钱

2. 归总问题

例

学校组织同学们去郊区植树,计划种 894 棵树。41 名同学 2 小时种了 246 棵树,照这样的速度,如果再来 31 名同学帮忙,还需要多少小时才能全部种完呢?

要注意植树人数发生改变时，**植树的总棵数是不变的。**

1 名同学 1 小时植树的数量为：

246÷41÷2=3（棵）

又来了 31 名同学帮忙，还需要的时间：

（894-246）÷（41+31）÷3=3（小时）

　　解决归总问题时，要先求出"总量"，"总量"一般指总路程、总产量、工作总量或物品的总价等。不管一份量和份数如何变化，总量一直不变，它们之间的关系为：

　　总量＝一份量 × 份数

3. 和差问题

例

姐姐和妹妹一共有 72 根头绳，姐姐把自己的头绳分给妹妹 24 根，分完后妹妹的头绳数比姐姐多 8 根，那么原来姐姐和妹妹分别有多少头绳呢？

易错

要注意原来姐姐的头绳比妹妹多，求出**原来两人头绳数的差**是正确解题的关键。

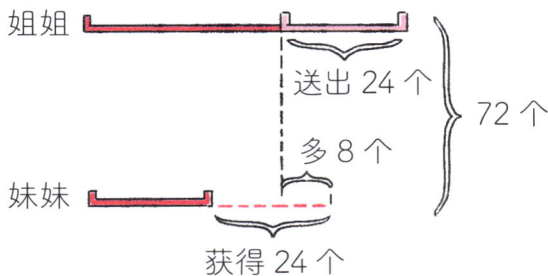

姐姐
送出 24 个
72 个
多 8 个
妹妹
获得 24 个

原来两人的头绳数相差：
24×2-8=40（个）

原来姐姐的头绳数量：
（72+40）÷2=56（个）

原来妹妹的头绳数量：
72-56=16（个）

解决和差问题时要先区分两数谁大谁小，再找出两数的和与差。

大数 =（和 + 差）÷2

小数 =（和 - 差）÷2

4. 和倍问题

例

果园中桃树和杏树共 275 棵,桃树的数量是杏树的 4 倍,那么桃树和杏树分别有多少棵呢?

易错

解题时要注意杏树的数量是倍数关系中的"1倍数"。

桃树和杏树的数量关系如图：

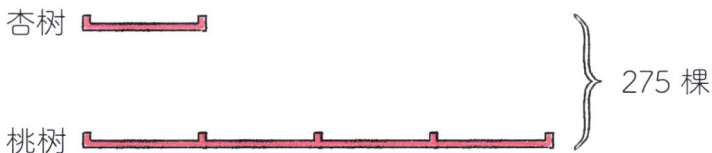

杏树 ⊏⊐ ⎰
⎱ 275 棵
桃树 ⊏⊐⊐⊐⊐⊐ ⎰

杏树的数量为：

275÷（4+1）=55（棵）

桃树的数量为：

275-55=220（棵）

09

拓展

两个数存在"和倍"关系时，已知两数的和以及它们的倍数关系，就能分别求出这两个数。

两数和 ÷（倍数 +1）= 较小数（1 倍数）

较小数 × 倍数 = 较大数（几倍数）

那么当两个数差几，倍数的关系成立时，应该如何求这两个数呢？

01. 比几倍多几

（两数和 - 多的几）÷（倍数 +1）= 较小数

较小数 × 倍数 + 多的几 = 较大数

02. 比几倍少几

（两数和 + 少的几）÷（倍数 +1）= 较小数

较小数 × 倍数 - 少的几 = 较大数

5. 差倍问题

例

　　动物园中，大象的体重是猴子的 9 倍，并且大象比猴子重 568 千克，那么猴子和大象分别多重呢？

思路

易错

找准大象与猴子的体重差对应的倍数是正确解题的关键。

大象体重和猴子体重的数量关系如图：

1 倍数　　　　　　568 千克

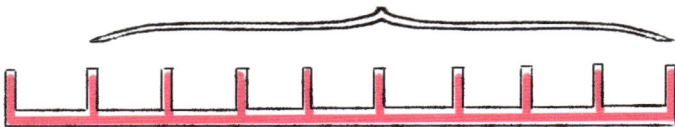

9 倍数

猴子的体重为：

568÷（9-1）=71（千克）

大象的体重为：

71×9=639（千克）

两个数存在"差倍"关系时，已知两数的差以及它们的倍数关系，就能分别求出这两个数。

两数差 ÷（倍数 -1）= 较小数

较大数 = 较小数 × 倍数

想一想，如果两数的倍数关系不是整倍数，该怎么办呢？

01. 比几倍多几

（两数差 - 多几）÷（倍数 -1）= 较小数

较大数 = 较小数 × 倍数 + 多几

02. 比几倍少几

（两数差 + 少几）÷（倍数 -1）= 较小数

较大数 = 较小数 × 倍数 - 少几

6. 集合

例 1

　　学校运动会上，参加跳绳比赛的同学有小明、淘气、笑笑、琪琪、华华、丽丽和萌萌，参加踢毽比赛的同学有玲玲、皮皮、丽丽、小刚、红红、琪琪、小娜，请你将参加比赛的同学的名字填在相应的圈里。

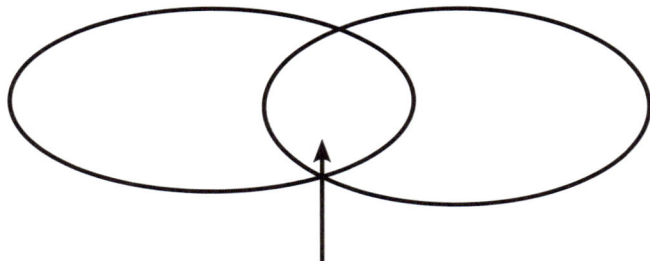

参加跳绳比赛　　　参加踢毽比赛

既参加跳绳比赛又参加踢毽比赛

易错

集合图中**重叠的部分表示两个比赛都参加的学生**，填入时注意不要重复。

有 7 名同学参加跳绳比赛，有 7 名同学参加踢毽比赛，其中丽丽与琪琪两个项目都参加。

参加跳绳比赛　　　参加踢毽比赛

小明、淘气、笑笑、华华、萌萌 ｜ 丽丽、琪琪 ｜ 玲玲、皮皮、小刚、红红、小娜

既参加跳绳比赛又参加踢毽比赛

拓展

用集合图分类归纳事物，比用统计表更直观、形象。

01. 线要封闭

集合图必须是封闭曲线，当两个集合重叠在一起时，重叠的部分表示两个集合都符合的事物。

02. 不要遗漏

先把重叠的部分找出来，再填集合图，填入时，可以填进去一个就划掉一个，以防遗漏。

游乐场真好玩！

我想坐摩天轮。

例2

　　三年级的同学们一起去游乐场玩，有 45 名同学玩过山车，62 名同学玩旋转木马，两个项目都玩的同学有 16 名，那么三年级一共来了多少名同学呢？

思路

易错

计算总人数时要注意**减去重叠的人数**。

根据题目信息画集合图：

玩过山车　　　　玩旋转木马

45 名　　16 名　　62 名

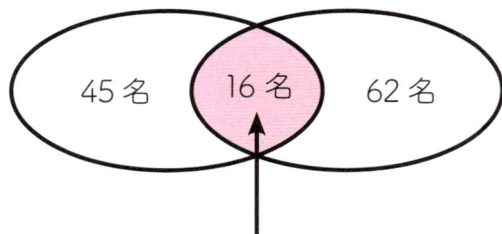

两个项目都玩

来的同学一共有：

45+62-16=91（名）

我们可以用画集合图的方法，来解决一些常见的重叠问题。

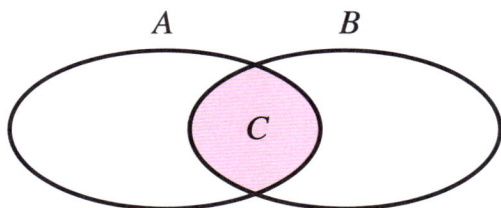

A 　　　 B

C

01. 求总数

总数 $= A + B - C$（重叠部分）

02. 求重叠部分

C（重叠部分）$= A + B -$ 总数

7. 搭配

例1

丽丽有四张数字卡片,卡片上的数字分别为 0、4、7、9,丽丽用卡片能组成多少个不重复的四位数呢?

思路

易错

组成一个整数时，要注意0不能放在首位。

4 在千位的数有：**4079、4097、4709、4790、4907、4970**

7 在千位的数有：**7049、7094、7409、7490、7940、7904**

9 在千位的数有：**9047、9074、9407、9470、9704、9740**

能组成的不重复的四位数有：**6+6+6=18（个）**

拓展

用数字组数时，要注意不重复、不遗漏，可以用列举法列出所有的数。

01. 首位确定

先确定首位，再考虑低位，有序排列可以保证不遗漏。在组数时，如果是小数，那么 0 可以放在整数位。

02. 末位确定

若要求组成的数为偶数，那么数的末尾只能是 2 的倍数。

若要求组成的数为 5 的倍数，那么数的末尾只能是 0 或 5。

例 2

学校食堂早餐的主食有馒头、面条、油条，咸菜有土豆丝、海带丝、干豆腐，亮亮要吃一份主食和一份咸菜，有多少种搭配方法呢？

思路

搭配问题可以用连线的方法来解决，注意**不要遗漏或重复**。

早餐太丰盛了！

将主食与咸菜一一搭配连线:

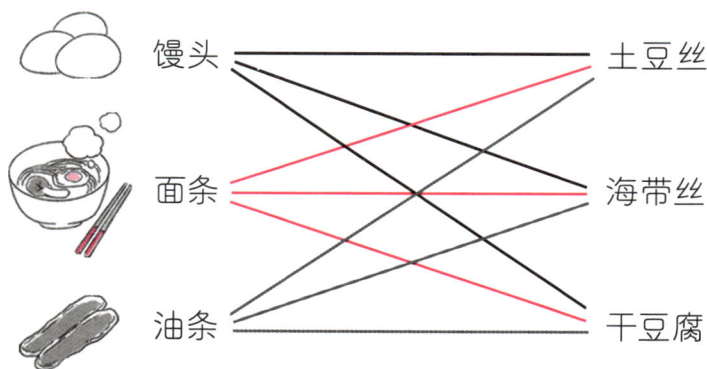

馒头　　　　　　　　　　土豆丝

面条　　　　　　　　　　海带丝

油条　　　　　　　　　　干豆腐

搭配方法一共有:

3+3+3=9（种）

我们可以应用树状图连线法和相乘计算法来解决稍复杂的搭配问题。

01. 树状图连线法

将需要搭配的两类事物排成两行,用线把上、下行事物两两连接,连线时不用考虑事物的先后顺序,但每两个事物之间只能连一条线。

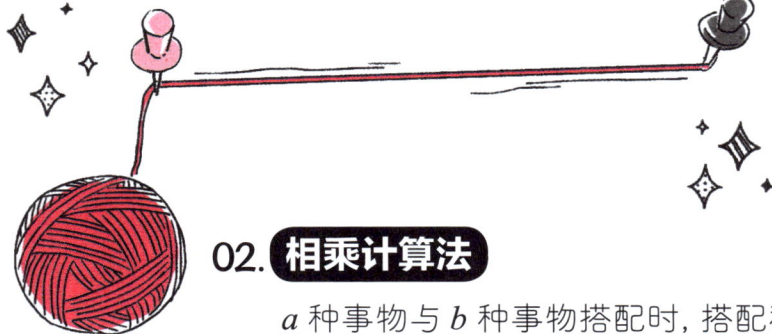

02. 相乘计算法

a 种事物与 b 种事物搭配时,搭配种类 $= a \times b$。

加油!

我进球啦!

例 3

学校组织篮球比赛，三年级一共有 6 个班，初赛时每两个班都要比赛一场，那么一共要比多少场呢？

易错

要注意"每两个班都要比赛一场"属于组合问题，**不要与排列问题混淆。**

每两个班都要比赛一场，所以每两个班之间都要连线一次。

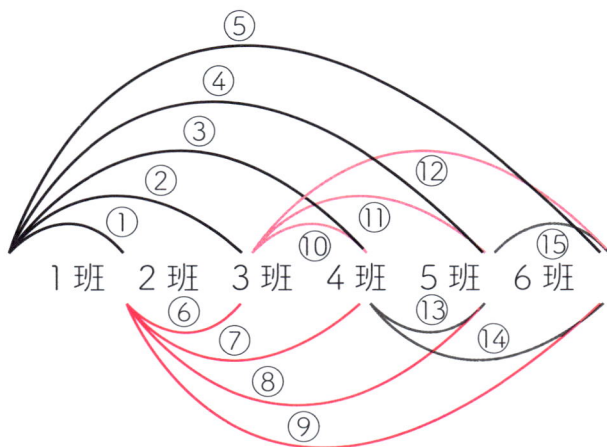

1班　2班　3班　4班　5班　6班

初赛一共要比：

5+4+3+2+1=15（场）

排列与事物的顺序有关，组合与事物的顺序无关。

01. 排列问题

排队、排课表、排座位等与顺序有关的问题属于排列问题。

02. 组合问题

买东西、比赛分组、搭配衣服等不考虑元素顺序的问题属于组合问题。

8. 优化

例 1

　　东东为了喝豆浆需要做四件事:找豆浆粉、烧热水、洗杯子、冲豆浆。已知找豆浆粉需要 2 分钟,烧热水需要 6 分钟,洗杯子需要 1 分钟,冲豆浆需要 1 分钟。那么东东喝到豆浆最快要几分钟?

喝豆浆对身体好。

易错

安排时间时要注意**等待热水烧好的时间里，东东可以找豆浆粉、洗杯子。**

洗杯子和找豆浆粉需要的时间：

$1 + 2 = 3$（分钟）

3 分钟小于 6 分钟，所以可以这样安排：先烧水，等水烧开的时间里洗杯子、找豆浆粉，等水烧开后，再冲豆浆。

东东喝到豆浆最快需要的时间为：

$6 + 1 = 7$（分钟）

解决合理安排时间的问题时，若想更省时间，要把能同时进行的事情同步安排。

01. **弄清事件顺序**

合理安排事情的顺序，明确先做什么，后做什么，不能颠倒。

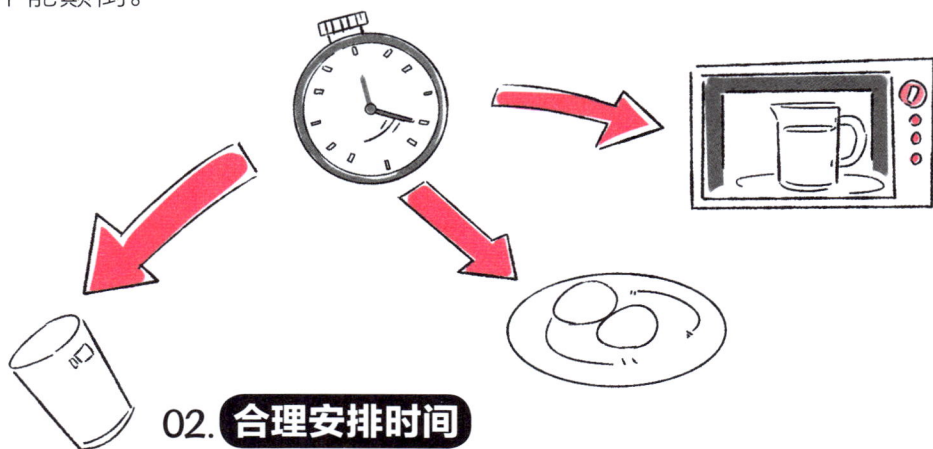

02. **合理安排时间**

若某件事情用时较长，可在等待期间做其他事情，完成时间取决于用时较长的那一项。

例2

　　一只平底锅每次可以烙 3 张玉米饼, 玉米饼的两面都要烙, 每面各要烙 4 分钟。想烙 7 张这样的玉米饼至少需要（　　）分钟。

易错

要想烙饼时间短，就要**提高锅的利用率，尽量不让锅空着**。

每次可以烙 3 面，烙饼时间安排如下：

第一次	1 正	2 正	3 正	4 分钟
第二次	1 反	2 反	3 反	4 分钟
第三次	4 正	5 正	6 正	4 分钟
第四次	7 正	4 反	5 反	4 分钟
第五次	6 反	7 反	\	4 分钟

烙 7 张玉米饼至少需要的时间：

4×5=20（分钟）

如果烙饼时，每次只能烙两张饼，每面都要烙且花费时间相同，那么如何求烙饼至少需要几分钟呢？

01. 烙偶数张饼

烙 2 张、4 张、6 张等偶数张饼时，一般先烙 2 张饼的正面，再烙 2 张饼的反面，用"同步烙"的方法最节省时间。

02. 烙奇数张饼

烙 3 张饼时，用"交替烙"的方法可以节省时间。

| 1正 2正 | 1反 3正 | 2反 3反 |

如果烙 5 张、7 张、9 张等奇数张饼时，可以先交替每 3 张烙一锅，再同步烙剩下的双数张，这样最省时间。

9. 鸡兔同笼

例 1

　　爷爷把家里养的鸡和兔子放在了一个大笼子里，玲玲数时发现有 35 个头、80 只脚，请你帮玲玲算一算，笼子里鸡和兔各有多少只？

思路

我有4只脚。

我有2只脚。

易错

分析鸡兔同笼问题时，**要注意鸡和兔的脚数是不同的。**

假设笼子里全是鸡，那么脚一共有：

$2 \times 35 = 70$（只）

因为鸡比兔少 2 只脚，所以假设全是鸡时，与实际相比脚数每少 2 只，就表示笼子里有 1 只兔被当作了鸡。

兔的数量为：

$(80 - 70) \div 2 = 5$（只）

鸡的数量为：

$35 - 5 = 30$（只）

解鸡兔同笼问题时, 常用的解题策略有哪些?

01. 列表法

当已知条件中的数据较小时, 可以用列表法来解决。用列表法解题时需要注意逐一列举不能遗漏。

02. 假设法

当假设笼子里都是兔时, 先求出来的是鸡的只数;

当假设笼子里都是鸡时, 先求出来的是兔的只数, 注意别混淆。

03. 设未知数法

设未知数时, 要分清头或脚的数量关系, 以此来列方程。

例2

　　数学练习册每本22元，英语练习册每本18元，六年级一班一共买了26本练习册，花了520元，两种练习册各买了多少本？

思路

易错

解"鸡兔同笼"变形题时，要找准题目中**哪个量代表"头数"，哪个量代表"脚数"。**

假如把数学练习册看作"兔"，把英语练习册看作"鸡"，那么两本书的总数就是"头数"，买书花的钱就是"脚数"。

买每本数学练习册比每本英语练习册多花：
22 - 18 = 4（元）

假设买的都是数学练习册，花费的钱数每比实际多 4 元，就有一本英语练习册被当作了数学练习册。

英语练习册的数量：
（22×26-520）÷4=13（本）

数学练习册的数量：
26-13=13（本）

拓展

在"鸡兔同笼"问题中找"头"和"脚"时,一般总和不变的数据是"头"。

01. 得分问题

答 20 道题,答对得 2 分,答错扣 1 分。

可以把试题数量看作"头",把分数看作"脚"。

02. 运费问题

运送 600 只玻璃瓶,每损坏 1 只需要扣运费 1.2 元。

可以把玻璃瓶数量看作"头",把运费看作"脚"。

10. 植树问题

例 1

　　幸福小区旁边有一条长 800 米的小路，如果在小路两侧每隔 2.5 米种一棵树（两端都种），一共要种多少棵树？

思路

易错

注意在一条路的两端都种树时，**种树的数量要比间隔数多1。**

每2.5米为1个间隔，小路单侧的间隔有：
800÷2.5=320（个）

小路单侧种树：
320+1=321（棵）

小路两侧共种树：
321×2=642（棵）

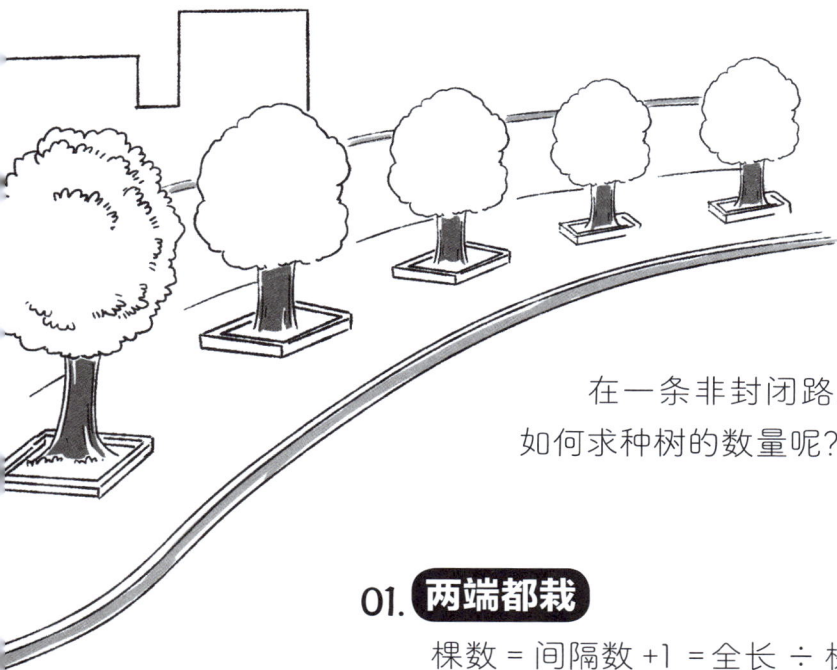

在一条非封闭路上植树时,
如何求种树的数量呢?

01. 两端都栽

棵数 = 间隔数 +1 = 全长 ÷ 棵距 + 1

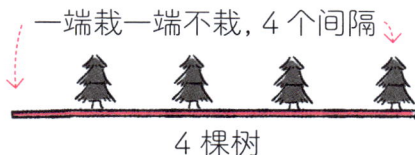

两端都栽, 4 个间隔

5 棵树

02. 两端都不栽

棵数 = 间隔数 -1 = 全长 ÷ 棵距 - 1

两端都不栽, 4 个间隔

3 棵树

03. 一端栽一端不栽

棵数 = 间隔数 = 全长 ÷ 棵距

一端栽一端不栽, 4 个间隔

4 棵树

例 2

一根木头长 12 米, 要把它锯成 4 段, 每锯一次需要 5 分钟, 锯完这根木头共需要多少分钟?

易错

要注意**锯木头的时间取决于锯的次数**，而不是锯的段数。

锯的次数 = 锯的段数 -1

锯这根木头的次数：4-1=3（次）

锯完木头的时间 = 每锯一次需要的时间 × 锯的次数

锯完这根木头共需要：5×3=15（分钟）

拓展

锯木头问题是植树问题（两端都不栽）的一种变形题，其他类似问题都可以套用植树问题的公式来计算。

01. 爬楼梯问题

从 1 层到 n 层，需要爬 $(n-1)$ 层楼梯；
若每爬完一层休息一次，需要休息 $(n-2)$ 次。

02. 队列问题

有 n 个人（或 n 辆车），中间有 $(n-1)$ 个空。

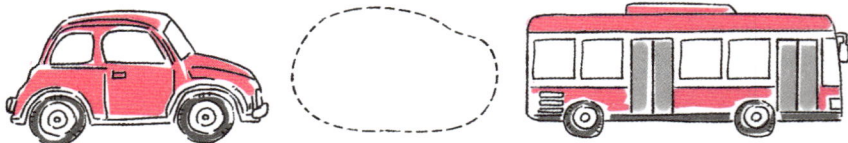

两辆车中间有 1 个空

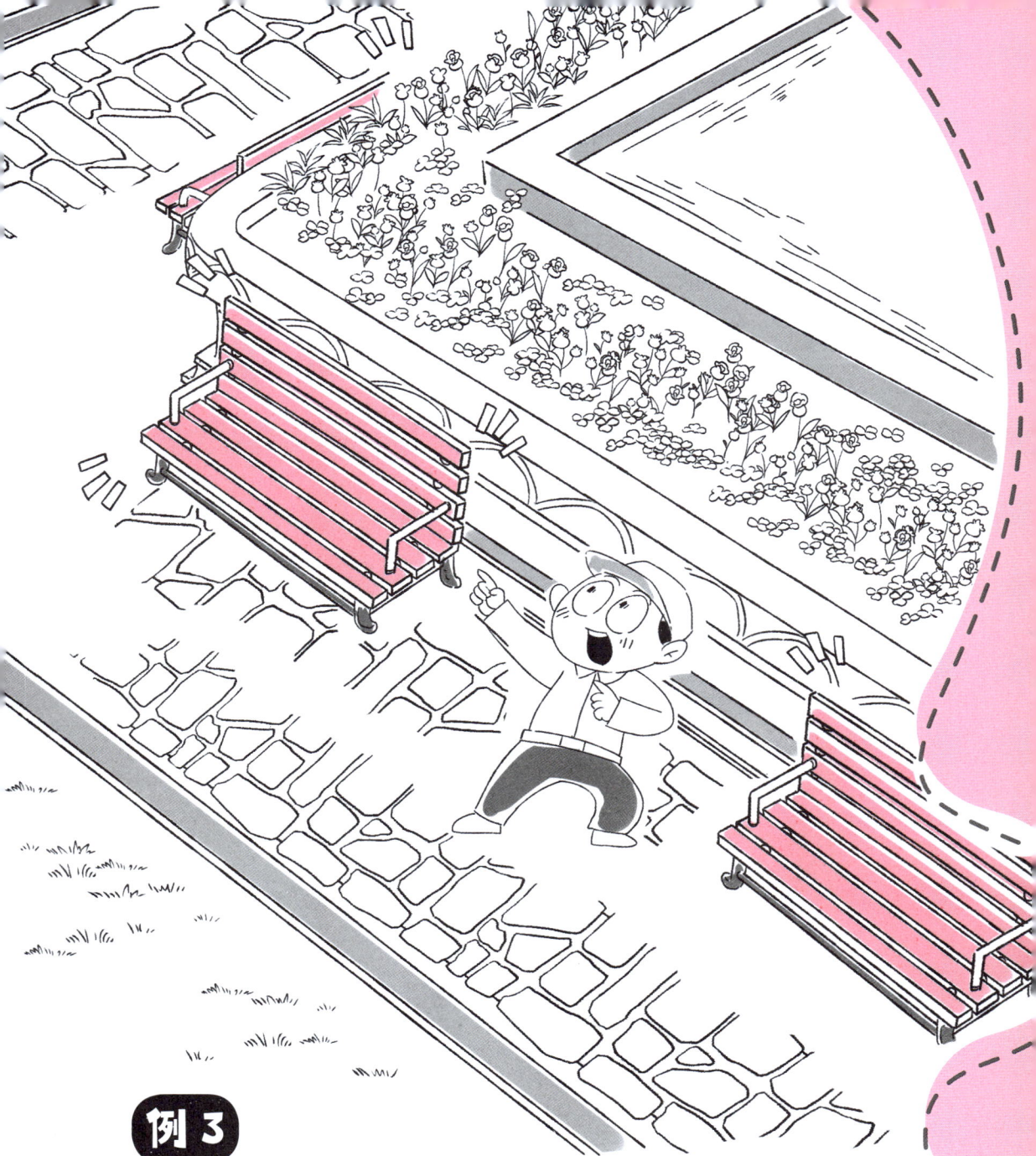

例3

公园有一个正方形花坛，边长为40米，园区工作人员计划在花坛周围每隔5米摆放一把椅子四个角都不摆，共需要多少把椅子？

思路

易错

"四角都不摆"说明**在正方形花坛的每条边摆椅子时,两端都不摆。**

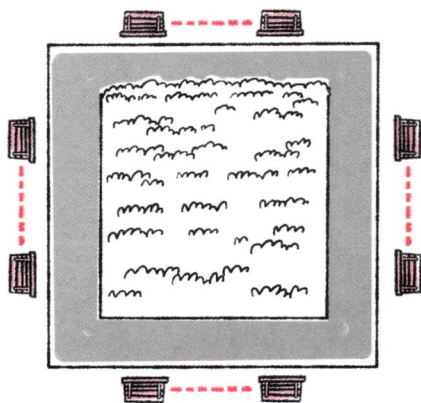

正方形花坛每边摆椅子的数量为:

$40 \div 5 - 1 = 7$(把)

需要椅子的总数为:

$7 \times 4 = 28$(把)

在一条封闭路线上植树，如何求植树的数量呢？

01. 环形植树

植树棵数 = 间隔数 = 全长 ÷ 棵距

02. 正多边形植树

每个顶点都植树：植树棵数 =（每边的棵数 - 1）× 边数

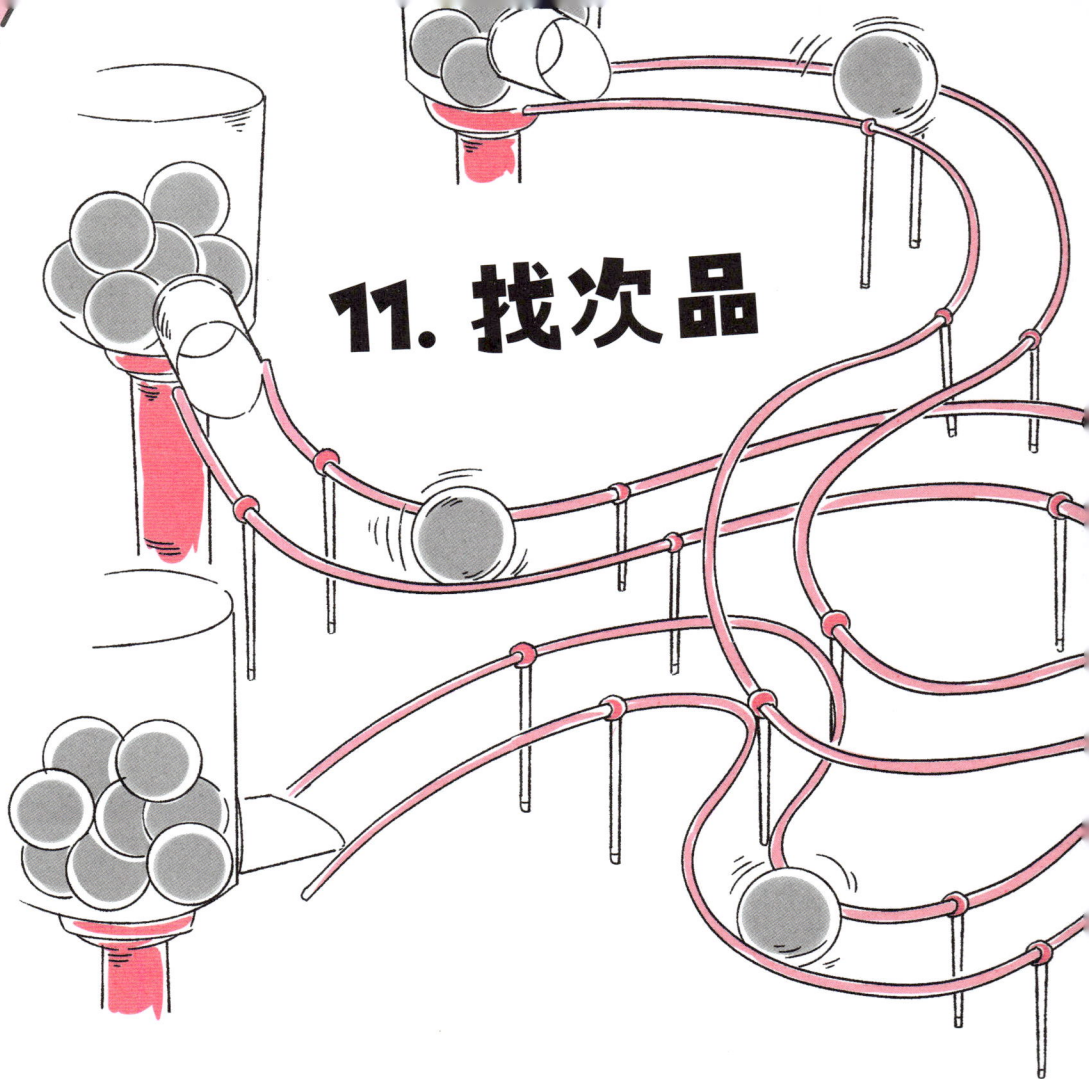

11. 找次品

例1

有 9 个外观相同的小钢球，其中 8 个质量相同，另 1 个质量稍轻，为次品。如果想用天平找到这个次品，下面几组分组情况中，（　）能保证用最少的称量次数找到次品。

A. 按（2，3，4）分成 3 组　　B. 按（3，3，3）分成 3 组

C. 按（4，4，1）分成 3 组　　D. 按（4，5）分成 2 组

易错

分组测量时，**天平两端的小球数量要相同。**

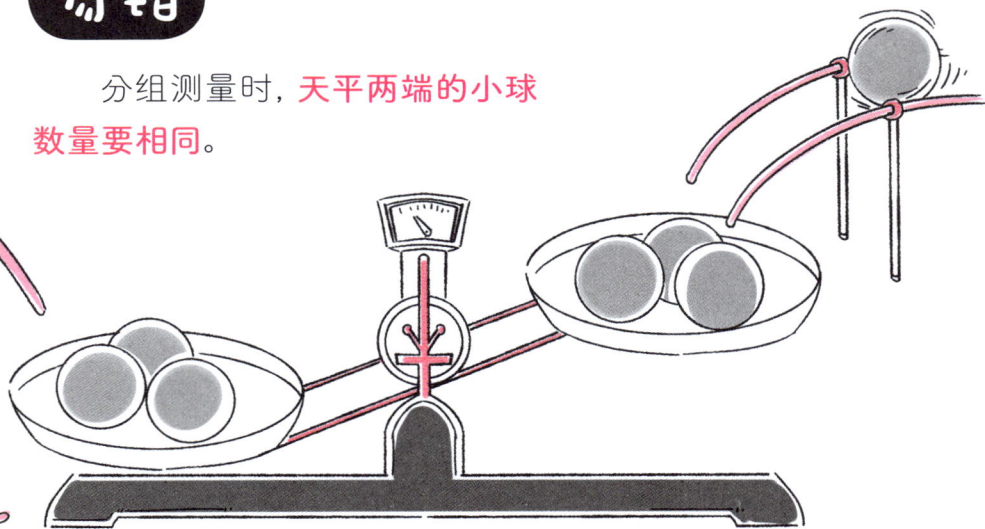

A、D选项：天平两端不平衡，排除。

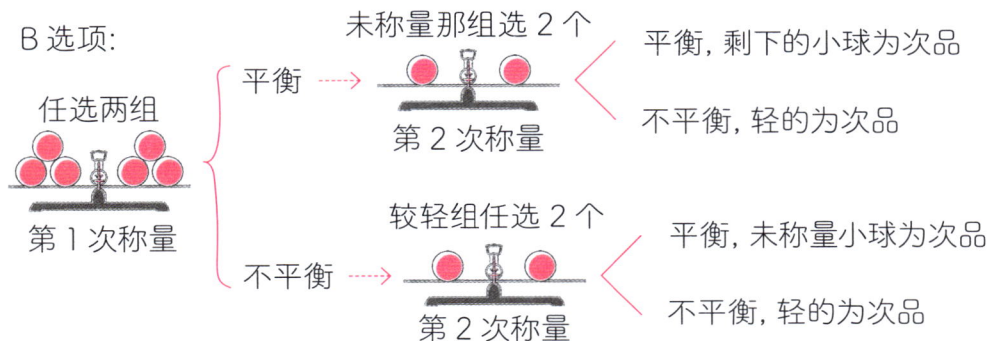

B选项：

任选两组 — 平衡 → 未称量那组选2个 — 第2次称量
- 平衡，剩下的小球为次品
- 不平衡，轻的为次品

第1次称量 — 不平衡 → 较轻组任选2个 — 第2次称量
- 平衡，未称量小球为次品
- 不平衡，轻的为次品

C选项：

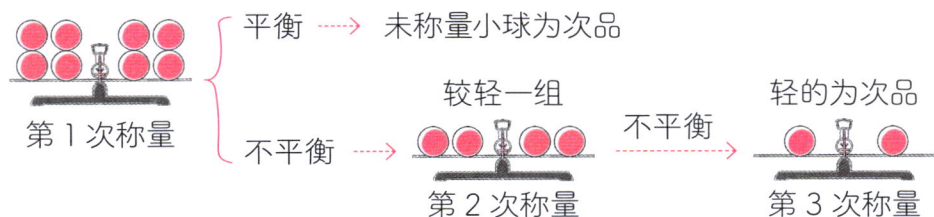

- 平衡 → 未称量小球为次品
- 不平衡 → 较轻一组 第2次称量 → 不平衡 → 轻的为次品 第3次称量

第1次称量

综上，B选项的称量次数最少。

51

拓展

在待测物品中找次品时，如何分组才能让称量次数尽可能少呢？

01. 平均分配

能平均分成 3 份时，要把待测物品平均分成 3 份，比如 9 分为(3,3,3)，12 分为(4,4,4)。

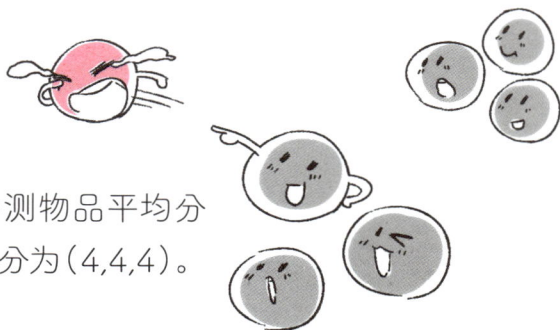

02. 尽量平均

不能平均分成 3 份的，要尽量分平均，每份最多差 1，比如 7 分成(2,2,3)，8 分为(3,3,2)。

例 2

有 10 个外观完全相同的零件，其中 1 个质量稍轻，是次品，用天平至少称（ ）次，能保证从这批零件中找出那个次品。

A.2　B.3　C.4　D.5

思路

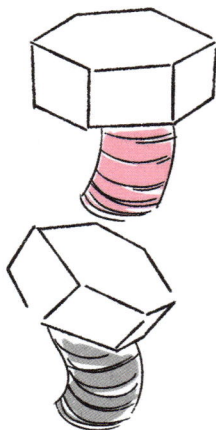

易错

要注意关键词"至少"，是指保证找到次品的情况下，最少称量几次。

按（5,5）分两组

第 1 次称量  ----➤ 次品在较轻的那组

将较轻组按（1,2,2）
分为三组

第 2 次称量  平衡，未称量小球为次品

不平衡，次品在较轻那组

称量较轻那组两个零件

第 3 次称量 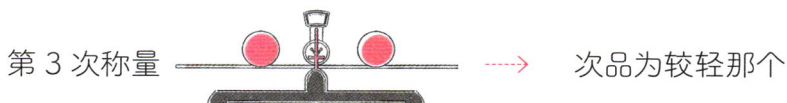 ----➤ 次品为较轻那个

通过称量物品找次品时，需要注意的地方有哪些？

01. 已知次品"轻重"

称量两份物品时，有可能平衡，也有可能不平衡，要考虑到每一种可能性，不能只考虑称一次就恰好平衡的特殊情况。

02. 不知次品"轻重"

不知道次品与合格品比谁轻谁重时，需要再多称1次，来判断次品是较轻还是较重。

12. 行船问题

例

　　某河流的水流速度是每小时 4 千米，一艘客船静水航行的速度是每小时 26 千米，该客船从甲地逆水航行 6 小时能到达乙地，这艘船原路返回到甲地需要多少小时？

易错

受到水流速度的影响，**船顺水时的航行速度和逆水时的航行速度不同。**

逆水速度 = 静水船速 − 水流速度
顺水速度 = 静水船速 + 水流速度

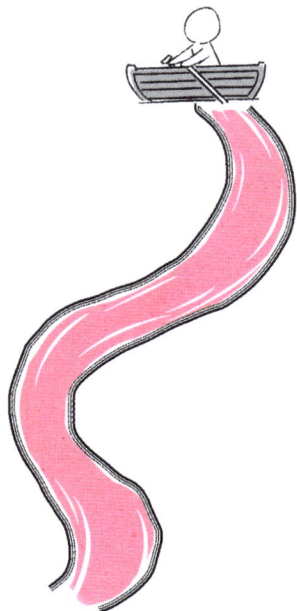

甲 ——————→ 乙
　逆水
　顺水

逆水速度为：
26−4=22（千米/时）

甲、乙两地之间的距离为：
22×6=132（千米）

顺水速度为：
26+4=30（千米/时）

返回时间为：
132÷30=4.4（小时）

在行船问题中, 船速是船只本身航行的速度, 也就是船只在静水中航行的速度, 水速是水流的速度。

01. 船速与水速

船速 =（顺水速度 + 逆水速度）÷2

水速 =（顺水速度 − 逆水速度）÷2

02. 顺水速与逆水速

顺水速度 = 船速 ×2− 逆水速度 = 逆水速度 + 水速 ×2

逆水速度 = 船速 ×2− 顺水速度 = 顺水速度 − 水速 ×2

13. 列车问题

例

一列火车全长 256 米, 即将通过一条 864 米长的隧道, 若火车的行驶速度是 28 米/秒, 则火车全车通过隧道需要多长时间?

思路

易错

要注意只有火车的**车尾通过隧道，才算全车通过隧道**。

火车全车通过隧道，行驶的长度 = 火车车长 + 隧道长。

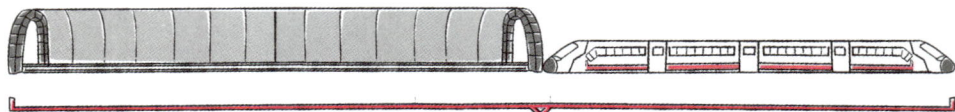

行驶的长度

火车全车通过隧道需要的时间：

$$（256 + 864）÷28 = 40（秒）$$

解答与列车行驶有关的问题时, 一定不要忽略列车本身的长度。

01. 过桥问题

列车全车通过大桥:

过桥时间 = (车长 + 桥长) ÷ 车速

02. 追及问题

甲车追上乙车:

追及时间 = (甲车长 + 乙车长 + 两车距离) ÷ (甲车速 - 乙车速)

03. 相遇问题

甲、乙两车从车头相遇到车尾相离:

经过时间 = (甲车长 + 乙车长) ÷ (甲车速 + 乙车速)

14. 数与形

例1

找规律，并在括号中填入正确的数字：

（1）2+4+6+8=4×（　　）

（2）2+4+6+8+10+12+14+16=8×（　　）

（3）2+4+6+8+10+12+14+16+18+20+22+24+26=（　　）×（　　）

易错

要注意观察数字之间的规律，不要直接计算。

（1）2+4+6+8=20=4×5

8÷2　4+1

（2）2+4+6+8+10+12+14+16=72=8×9

16÷2　8+1

观察（1）（2）的数字规律可知：

等号右边第一个数=等号左边最后一个数 ÷2

等号右边第二个数=等号右边第一个数+1

根据观察到的规律，（3）结果应该是：

2+4+6+8+10+12+14+16+18+20+22+24+26 = 13×14

数字类找规律的题目，把数字序位和数字变量放在一起比较，更容易找到其中的规律。

01. 和差规律

1, 3, 5, 7……规律为：后一项依次比前一项增加 2；

1, 2, 3, 5, 8, 13……规律为：从第三项开始，每项数字为前两项数字之和。

02. 乘积规律

$2+4+6+$……规律为：$2+4+$……$+2n=n\times(n+1)$；

$1+3+5+7+$……规律为：$1+3+$……$+(2n-1)=n^2$。

例 2

观察图形，并填空：

图形 1 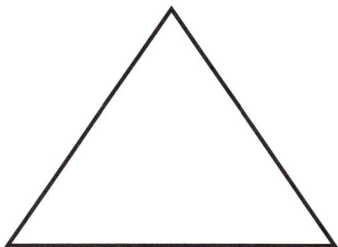 图形 2

图形 3  图形 4

如果按照上述图形的规律继续画下去，那么图形 5 包含＿＿个三角形，图形 10 包含＿＿个三角形。

思路

经观察:

图形		原三角形内新增三角形数量	包含三角形总数(个)	规律
图形 1		0	1	——
图形 2		1	5	5 = 1 + 4×1
图形 3		2	9	9 = 1 + 4×2
图形 4		3	13	13 = 1 + 4×3

总结规律为:

在原三角形内每增加 1 个三角形, 三角形总数增加 4 个。

据此推断, 图形 5 在原三角形内增加了 4 个三角形, 三角形数量:

$1+4×4=17$(个)

图形 10 在原三角形内增加了 9 个三角形, 三角形数量:

$1+4×9=37$(个)

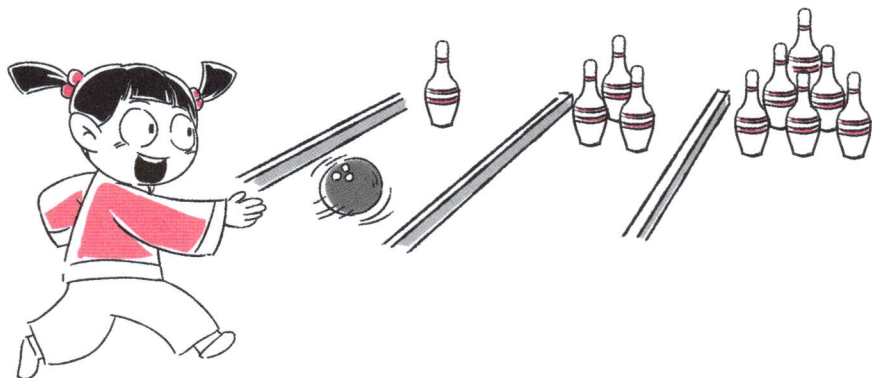

以下为几种典型图形找规律问题的算法总结：

01. 三角形数

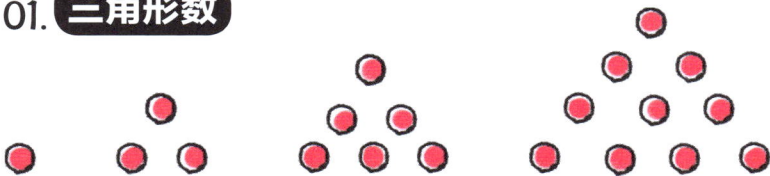

$$1, 3, 6, 10, 15, 21, \cdots\cdots, \frac{n(n+1)}{2}$$

02. 正方形数

$$1, 4, 9, 16, 25, \cdots\cdots, n^2$$

15. 鸽巢问题

例1

把 20 个苹果放进 6 个保鲜袋中，至少有几个苹果能被放进同一个保鲜袋中？

易错

利用"鸽巢原理"解题时，要**找准哪个量代表"鸽巢"，哪个量代表"鸽子"。**

根据鸽巢原理可得：

鸽子个数 ÷ 鸽巢个数 = 商……余数

至少在相同鸽巢的鸽子数 = 商 +1

由此可以把 6 个保鲜袋看作"鸽巢"，把 20 个苹果看作"鸽子"。

$20 ÷ 6 = 3$（个）……2（个）

$3 + 1 = 4$（个）

至少有 4 个苹果放进同一个保鲜袋中。

解"鸽巢问题"的关键点是弄清楚"鸽巢"和"鸽子"的个数。

01. 涂色问题

如把九宫格中每个小方格涂上黑色或白色,求涂色相同的小方格数。可把黑、白两种颜色看作"鸽巢",9 个小方格看作"鸽子"。

02. 生日问题

如求 30 名学生中至少有几人在同一个月过生日。可把 12 个月看作"鸽巢",30 名同学看作"鸽子"。

快停下！糖吃多了对牙齿不好。

例 2

　　盒子里有芒果味、草莓味、菠萝味和蓝莓味四种口味的糖果各 5 颗，每次至少拿出几颗糖果，才能保证其中有两颗口味是一样的？

思路

易错

要注意关键词"至少"和"保证"，意思是**最少拿几颗糖一定满足两颗口味一样，不能只考虑运气好的情况。**

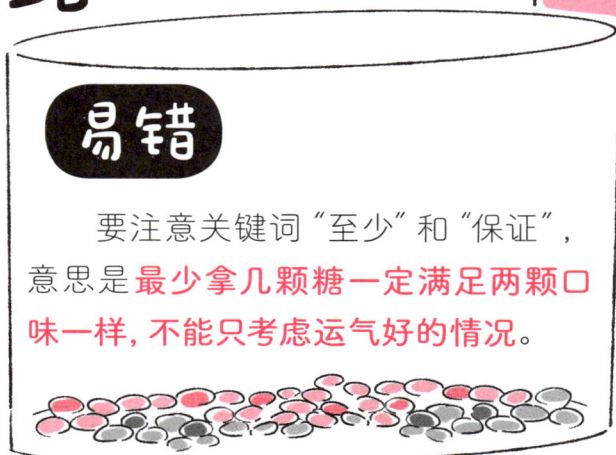

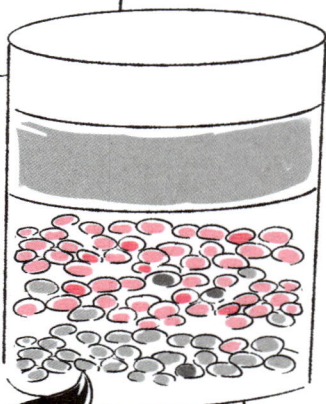

假设情况最不利，连续拿出的 4 颗糖口味都不一样，分别为：芒果味、草莓味、菠萝味、蓝莓味。

因为糖果一共只有 4 种口味，那么拿的第 5 颗糖果无论是什么口味，都能保证得到的糖果中有 2 颗口味一样。

从袋子里摸到两个相同颜色的球,至少需要摸几次?

01. 公式法

至少摸球次数=球的颜色种数+1

摸球次数只取决于球有几种颜色,与每种颜色球的数量无关。

02. 极限法

在最不利的情况下,先摸出所有不同颜色的球,之后无论再摸出哪种颜色的,都能保证一定有两个球颜色相同。

16. 牛吃草问题

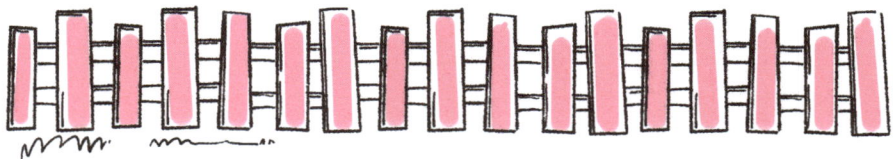

例

　　一片牧场上的牧草每天都匀速生长，这片牧草可供 16 头牛吃 25 天，也可供 20 头牛吃 15 天。那么可供 25 头牛吃多少天呢？

易错

解牛吃草的问题时, 要注意**牛在吃草的过程中, 草也在不断生长**。

$$\begin{matrix}牛吃草\\总量\end{matrix} = 原有草量 + \begin{matrix}草每天\\生长量\end{matrix} × 天数 = \begin{matrix}1头牛1天\\吃的草\end{matrix} × 天数 × 牛数$$

设 1 头牛一天吃的草为 1 份。

16 头牛 25 天吃草:

1×16×25=400(份)= 原有草量 +25 天草生长量

20 头牛 15 天吃草:

1×20×15=300(份)= 原有草量 +15 天草生长量

草每天的生长量:(400 – 300)÷(25 – 15)= 10(份)

原有草量:

25 天牛吃草总量 -25 天草生长量 =400-25×10=150(份)

25 头牛吃草时: **150 + 10× 天数 = 1×25× 天数**

可得能吃的天数为: **150÷15 =10(天)**

拓展

生活中有很多问题是牛吃草问题的变形题,可以遵循牛吃草问题的解题思路来求解。

01. 淘水问题

如船漏水,水匀速进入船内,几人同时花费多少时间把水淘完。

可以把人看作"牛",把淘水前原有水量看作"原有草量",把船的进水速度看作"草的增长速度"。

02. 排队入场问题

如每分钟入场的观众一样多,入场口开放数量不同时,停止排队时间不同。

可以把入场口看作"牛",把开门前原有观众看作"原有草量",把每分钟新赶来的观众看作"草的增长速度"。